U1009521

国家自然科学基金青年项目“信用评级的信息效应与功能效应研究——基于评级机构异质性视角”（批准号71602148）；教育部人文社科青年项目“卖空机制、信息传递与债券市场反应”（批准号16YJC630065）以及武汉大学人文社科青年项目资助

债券市场政府监管与社会监督效率比较研究

——基于投资者保护视角

林晚发 著

WUHAN UNIVERSITY PRESS
武汉大学出版社

图书在版编目(CIP)数据

债券市场政府监管与社会监督效率比较研究:基于投资者保护视角/林晚发著.—武汉:武汉大学出版社,2018.9
ISBN 978-7-307-20461-4

Ⅰ.债…　Ⅱ.林…　Ⅲ.①债券市场—政府监督—研究—中国 ②债券市场—社会监理—研究—中国　Ⅳ.F832.51

中国版本图书馆 CIP 数据核字(2018)第 193962 号

责任编辑:陈　红　黄河清　　责任校对:李孟潇　　版式设计:汪冰滢

出版发行:武汉大学出版社　(430072　武昌　珞珈山)
(电子邮件:cbs22@whu.edu.cn　网址:www.wdp.com.cn)
印刷:北京虎彩文化传播有限公司
开本:720×1000　1/16　印张:16　字数:225 千字　插页:1
版次:2018 年 9 月第 1 版　2018 年 9 月第 1 次印刷
ISBN 978-7-307-20461-4　定价:48.00 元

版权所有,不得翻印;凡购我社的图书,如有质量问题,请与当地图书销售部门联系调换。

摘　要

1997 年银行间债券市场的建立与 2004 年以来交易所债券市场的兴起进一步促进了中国债券市场的发展。截至 2017 年底，虽然中国债券市场规模在绝对量上跃居世界第三，但是中国债券市场规模还未与国家经济发展、GDP 相匹配。另一方面，中国债券市场存在许多不足，比如，不同类型公司之间的融资约束存在显著差异，中国债券市场资源配置效率低下，投资者保护还比较薄弱等。如何降低企业融资约束、提高资源配置效率以及保护投资者权益已经受到理论界与实务界的关注。另外，对于该问题的研究有利于我们深入了解债券市场功能(比如，促进经济增长、稳定金融秩序、分散投资者风险)，最终为实现债券市场功能的政策制定提供理论依据及经验证据。但是，学术界对于影响债券市场功能实现因素的研究还处于起步阶段。

由于特殊的制度背景，影响债券市场功能实现的因素主要为：市场结构错配、政府干预与市场分割严重、监管失位以及信息披露制度不完善等。有研究认为，中国债券市场的监管主要呈现出多头监管与交叉监管的态势，这将导致监管冲突、监管失位以及效率低下。然而，目前对于监管制度的研究还局限在市场有效性的研究上，缺少定量的分析，且较少探讨政府监管对于市场各个功能的影响。更为重要的是，随着证券市场的快速发展与规范，社会监督的出现是否有助于解决市场存在的问题，是否能够促进债券市场功能实现，以及政府监管与社会监督对于债券市场功能实现的作用是替代还是互补的研究还处于空白。

为此，本书以中国债券市场为研究对象，以投资者保护为视角，从企业融资约束、资源配置效率以及债权人财富三个方面入手，利用中国债券市场2006—2015年企业发债数据，以媒体监督作为社会监督的替代变量，理论与实证分析政府监管与媒体监督对于债券市场功能实现的作用。首先，以政府监管、信息不对称以及委托代理理论为基础，结合中国债券市场发展现状、监管现状及其特殊背景，借鉴博弈论相关思想，分析政府监管与媒体监督对于投资者保护的必要性与有效性，以及提出相应的研究假设。其次，根据相应的研究假设，对相关变量进行定义、构建相应的回归模型，运用描述性统计、单变量以及多元回归分析方法，在控制内生性等一系列计量经济学问题与相关稳健性检验后，得出政府监管与媒体监督对于企业融资约束、资源配置效率以及债权人财富的重要性。再次，检验不同政府监管质量、不同企业所有权性质对政府监管、媒体监督与投资者保护之间关系的影响。最后，根据理论分析与实证检验结果，提出降低融资约束、提高资源配置效率与保护债权人财富的一系列政策建议。

通过理论分析与实证检验发现，在整体上，政府监管与媒体监督能够降低企业融资约束、提高企业（行业）资源配置效率以及保护（提高）债权人财富。然而，相对于政府监管，媒体监督在提高企业（行业）资源配置效率以及保护（提高）债权人财富作用上更显著。另外，政府监管与媒体监督效率会受到不同监管质量或企业所有权性质的影响，即在不同的监管质量下，媒体监督效率体现出一定的差异，以及在不同的企业所有权性质下，政府监管与媒体监督效率也存在差异。最后，笔者也发现，企业融资约束、资源配置效率与债权人财富三者是一个有机联系的整体。基于此，本书的研究结论主要如下：

1. 政府监管、媒体监督与企业融资约束

第一，政府监管质量越高、政府监管政策波动性越小、媒体监督越强，企业融资约束越小；然而，相对于媒体监督，政府监管降低企业融资约束的作用更大。第二，随着政府监管质量的提高，媒体监督对企业融资约束的降低作用在减少，这也就是说，媒体监督降低企业融资约束的作用在低质量政府监管环境下更显著。第三，相对于国有企业，政府监管降低对非国有企业融资约束的作用更大，而媒体监督只能降低非国有企业的融资约束，对国有企业融资约束的降低作用不显著。所以总体上，政府监管与媒体监督对非国有企业更有利。总之，本书的结论表明，目前的政府监管与媒体监督都能降低企业融资约束，对于企业的有效运行有着重要作用，然而整体上应该着重提高政府监管质量，从根本上降低企业融资约束。对于企业融资约束的作用，政府监管与媒体监督之间存在显著的互补性，即在政府监管质量较弱时，媒体监督的作用更大，这暗示着，在现阶段的中国，政府监管质量与国外发达国家政府监管质量还存在一定的差距，政府决策者在提高政府监管质量的同时，更应该实现媒体监督功能。更为重要的是，在中国债券市场，由于政府负担的存在，政府会支持国有企业借贷行为，使得国有企业存在“预算软约束”，而民营企业融资将会受到歧视，但这种歧视现象能够通过提高政府监管质量与加强媒体监督而减少。

2. 政府监管、媒体监督与资源配置效率

第一，政府监管质量越高、政府监管政策波动性越小、媒体监督越强，企业或行业的资源配置效率越高；然而，相对于政府监管，媒体监督提高资源配置效率的作用更大。第二，随着政府监管质量的提高，媒体监督提高资源配置效率的作用在降低。第三，相对于国有企业，政府监管提高非国有企业资源配置效率的作用更大，而媒体监督只能提高非国有企业的资源配置效率，对于国有企业资源配置效率的提高作用不显著，这说明政府监管与媒体监督对非国有企业更有利。总之，本书的结论表明，目前的政府监管与媒体监督都能提高资源配置效率，并且这种影响可以通过降低企业融资约束来实现。进一步来说，对于提高资源配置效率的作用，政府监管与媒体监督之间也存在显著的互补性，这与企业融资约束的作用一致，即在政府监管质量较弱时，媒体监督作用更大。另外，国有企业由于政府负担的存在，会进行过度投资行为，导致资源配置效率低下。虽然随着政府监管质量的提高，在一定程度上能够降低国有企业的过度投资行为，但是，政府监管与媒体监督更有利于提高非国有企业的资源配置效率。

3. 政府监管、媒体监督与债权人财富

第一，政府监管质量越高、政府监管政策波动性越小、媒体监督越强，债权人财富更容易受到保护与提高；然而，相对于政府监管，媒体监督保护与提高债权人财富的作用更大。第二，随着政府监管质量的提高，媒体监督对债权人财富的保护与提高作用在降低。这也就是说，媒体监督对于债权人财富的保护作用在低质量的政府监管环境下更显著。第三，相对于国有企业，媒体监督对非国有企业债权人财富的保护与提高作用更大，而政府监管只能保护或提高非国有企业债权人财富，对于国有企业债权人财富的保护或提高作用不显著。这说明政府监管与媒体监督对非国有企业债权人更有利。总之，本书的结论表明，在公司治理与信息不对称理论下，政府监管与媒体监督确实能够提高债权人财富，这种影响可能通过降低企业融资约束与资源配置效率来实现。进一步而言，对于保护与提高债权人财富的作用，政府监管与媒体监督之间存在显著的互补性，即在政府监管质量较弱时，媒体监督作用更大。另外，由于国有企业存在政府部门的隐性担保，政府监管或媒体监督对于国有企业债权人财富的影响不显著，而对于非国有企业债权人财富的影响较为显著。

基于上述的研究内容与研究结论，本书丰富了政府监管、媒体监督、融资约束、资源配置效率与债权人财富的相关文献研究，为之后的研究提供充分的理论基础与实证依据，创新之处体现在以下三个方面：

第一，扩宽了既有研究视角。目前国内对于政府监管的有效性主要通过检验证券市场的有效性以及使用事件研究法来证明，但没有形成统一的结论(Chen et al., 2011；田野、陈全，2012)，鲜有文献对政府监管进行量化，具体研究政府监管的经济后果。另外，已有文献主要从代理成本、财务重述、盈余管理、高管薪酬监督角度研究媒体监督的公司治理效应(戴亦一等，2011；杨德明、赵璨，2012)。然而，本书在对政府监管质量以及媒体监督强度进行量化的基础上，从企业融资约束、资源配置效率以及债权人财富三个视角，实证检验了政府监管和媒体监督对于投资者保护的作用，提出政府监管与媒体监督的重要性与必要性，丰富了政府监管与媒体监督功能的文献研究。

第二，丰富相关理论证据。利用博弈理论，构建混合主体博弈模型，严谨阐述了政府监管与媒体监督的重要性与必要性，并首次以中国债券市场为对象，结合中国债券市场发展与监管现状，对 Glaeser 和 Shleifer(2003)与 La Porta 等(2006) 关于政府监管与社会监督谁更有效的争论进行了检验。通过理论分析与检验，提出政府监管与社会监督在目前中国债券市场中是同等重要的结论，且二者存在互补关系，这些结论丰富了中国债券市场多层次监管理论。另外，也进一步证实了国有企业存在“预算软约束”与过度投资的现象。

第三，借鉴相关最新文献对相关变量的衡量方法进行改进。在资源配置效率衡量上，以往文献对于资源配置效率的衡量主要在 Richardson (2006)与 Wurgler(2000)的模型上进行扩展，但是相关衡量存在一定的问题。本书采用全要素生产率作为企业层面的资源配置效率，同时借鉴 Bartelsman 等(2013)的研究，对行业生产率分解获得行业资源配置效率，以及借鉴 Abiad 等(2008)的研究，使用企业的 Tobin Q 计算非平衡指标获得行业资源配置效率。在融资约束衡量上，国内研究照搬国外融资约束 SA 指数的计算公式，忽略了中国制度背景以及企业特征，本书借鉴 KZ 指数构建方法构建 SA 指数，并对 SA 指数进行验证。在债权人财富衡量上，本书则采用了债券信用利差进行替代。所以，通过对上述变量衡量方法的改进，一方面使得结论更加准确，另一方面也促进了相关后续研究。

目　录

图表索引

第1章 引 言

1.1 选题背景与意义

投资者权益的保护已经受到了理论界与实务界的广泛关注，尤其是在发展中国家，由于发展中国家市场相关法律法规不完善、监管制度不健全，投资者权益受到严重损害。作为最主要的新兴市场，侵害中小投资者利益的行为已经严重制约了中国债券市场的发展。虽然中国债券市场规模在绝对量上跃居世界第三，但是中国债券市场规模还未与国家经济发展、GDP 相匹配。另外，中国债券市场中还存在一系列的不足，比如，一方面，国有企业或者是有银企联系、政治联系的企业，它们融资约束小，即存在“预算软约束”(林毅夫、李志斌，2004)，这将导致中国资本市场资源配置效率低下(周中胜、陈汉文，2008)；另一方面，在中国资本市场中，投资者保护比较薄弱(谢志华等，2014)，从而导致中小投资者利益受到严重的损害，具体反映在投资者财富的增加上。所以，如何保护中小投资者利益以及维持资本市场健康发展已经成为社会关注的焦点问题，学术界已经对相关问题进行了研究。具体而言，有学者从政府监管与制度改革角度对上述问题进行了解释(姜国华等，2006；La Porta et al.，2000、2006)。

监管是一种为了使企业或其经营的其他非政府机构的公共利益得到实现的机制。一方面，公众利益理论认为政府监管能够对公众利益进行保护，能够对市场失灵做出有效的反应。另一方面，私有利益理论却认为政府作为一个经济体，有着使其个体私有利益最大化的动机，从而进行相应的寻租行为，导致政府偏离它的监管目标。中国作为一个发展中国家，债券市场内部存在严重的信息不对称，继而产生逆向选择和道德风险，导致市场失灵，因而资源难以得到优化配置。目前，企业最直接的融资方式来自银行贷款，但是在这个借贷过程中，银行处于信息劣势的地位，如果没有政府的干预，完全依靠市场调节，将会导致市场调节失灵。其原因在于，当银行认为自己处于信息劣势时，必然会提高利率来获得风险补偿，导致一般中性企业退出这种借贷行为，剩下的便是高风险的项目，这样便形成了劣币驱除良币的现象；另外，高风险企业的借贷行为在一定程度上也会产生道德风险。因此，政府的干预是必要的，必须通过一定的政策监管减少信息不对称的影响。

基于政府干预与政府监管的重要性，为了更好地对投资者进行保护，使得企业融资约束降低、市场资源配置效率提高以及投资者财富增多，我国近年来尝试了大量的政策制度修改与制定。债券市场作为本书研究的对象，在其长期的发展过程中已经进行了许多相关改革。具体而言，从1987年国务院颁布实施《企业债券管理暂行条例》①，到1988年财政部在61个城市开始试点发行国债，再到1998年中国国家开发银行开始在银行间债券市场发行金融债券，以及2007年8月《公司债券发行试点办法》的颁布实施，在这些制度颁布的过程中，债券市场走过了萌芽时期，进入了发展时期。另外，在这个过程中，政府监管的重要性得到进一步证实。比如，由于投机风险巨大，1995年国债卖空机制被取消，这对投资者保护起到了重要作用；在1996年与1997年，《企业债券上市规则》与《企业债券发行与转让管理办法》的颁布对企业发债进行了规范；2008年4月颁布的《银行间债券市场非金融企业债务融资工具管理办法》对相关中介机构服务准则以及信息披露进行了规定，以及后来的加强企业债券存续期监管、债券交易实施细则、企业债券风险控制、企业债券风险防范管理、对企业债券发行申请进行分类管理、对非

① 这个暂行条例在1993年8月废止，相应的《企业债券管理条例》颁布实施。

金融机构法人债券账户暂停交易、对债券发行审批制度进行改革等规定，从根本上保护了投资者权益。

在现阶段的中国监管环境中，政府监管起到了决定性作用。然而，有实证研究表明，仅仅依靠政府监管无法实现整体社会的帕累托最优(黄运成，1993；李长爱，2004；冯素玲，2014；Haw et al.，2005)。还有许多研究表明，中国债券市场的监管主要呈现出多头监管与交叉监管的态势，这将导致监管冲突、监管失位以及效率低下(洪艳蓉，2005)。另一方面，中国债券市场内部的信息严重不对称，继而产生逆向选择和道德风险，导致市场失灵，政府监管虽然能够在一定程度上减小这些问题，但在监管寻租与俘获理论下，政府监管对投资者保护的作用将受到限制。基于此，有研究表明中国债券市场不是一个有效性市场①，投资者保护比较薄弱，从而影响债券市场发展。对于中国债券市场不发达或者非有效的原因，虽然相关研究认为政府干预是制约市场发展的最重要的原因(叶宗伟、熊鹏，2003)，但也有相关文献从定性或者检验政策制定的有效性方面肯定政府监管对市场的贡献(孟焰等，2008；田野、陈全，2012)，但关于政府监管对于债券市场功能实现作用(企业融资约束、资源配置效率以及债权人财富)的直接证据还比较缺乏②。

之后，La Porta 等(2006)认为由政府主导的公共执法行为对资本市场发展的贡献不大，公司法中的投资者保护规定需要通过私人诉讼机制起作用，即对于资本市场的发展，司法比立法更重要，以信息披露与民事诉讼为核心的私法比以监管机构的执法主导的公法更重要。披露和责

---

① 有效性市场是 Fama(1970)提出的，他认为在理想市场的状态下，价格应及时充分地反映当前所有的可得信息，这样的市场就是一个有效的市场。许多中国学者以事件研究法、统计检验(游程检验与方差比检验)等方法进行实证检验，得到中国的债券市场有效性较低(高强、邹恒甫，2010；张信东，2005)。

② 一些研究，比如 Shleifer 和 Vishny(1998)、Porta 等(1999)、Fan 等(2011)理论与定性研究表明政府可以通过行政许可审批、行政监管、法律监管以及事后处罚来干预企业的正常政策决定，引导资本、人力等资源的流向，从而影响企业的资源配置效率，实现债券市场的发展。

任规则在诉讼中起到了帮助外部投资者的效果，证券法律能够通过保护市场参与者的维权行为，提高市场参与者对公司进行有效监督的积极性，也就是说，社会监督对市场发展有着重要作用。然而，国内外文献较少关注社会监督对于市场发展的重要性(比如，信用评级机构监督、媒体监督以及个人诉讼行为)，即使有研究，也只是从理论上分析了社会监督的重要性(黄梅波、范修礼，2010)。另外，已有大量文献从微观上的不同角度考察了媒体监督是否具有公司治理作用，从而得到媒体监督能够促进市场发展的结论。但是鲜有文献从市场功能角度分析媒体监督的作用，即媒体监督是否影响企业融资约束、资源配置效率以及债权人财富。更为重要的是，对于政府监管与社会监督功能的替代或互补关系的研究还处于空白。

综上所述，以往监管理论只关注与分析政府监管的必要性与重要性，而缺少对于社会监督的关注。基于此，结合党的十八届三中全会精神(使市场在资源配置中起决定性作用和更好发挥政府作用)提出的契机，本书以中国债券市场为对象，考虑政府监管与社会监督的监管效率，并分析以何种形式监管、如何监管，以及如何提高具体的监管效率，从而达到促进债券市场甚至资本市场的健康发展。

我国的特殊制度环境为深入研究这个问题提供了机会。作为一个发展中国家，在计划经济转变为市场经济的过程中，政府干预与监管行为还广泛存在，并且取得了很好的效果。比如，在1997年亚洲金融危机与2008年美国次贷危机中，政府干预与监管起到了很好的效果，避免了中国经济大幅度的衰退。随着债券市场的规范，企业发债要求、审批、风险控制、执法效率与信息披露等相关规定的颁布，政府监管质量有了显著的提高，但是总体上中国债券市场的监管质量与国外发达国家市场还存在一定的差距，这些为本书量化相关政府监管质量、研究政府监管的具体目标提供契机。另一方面，随着互联网的发展，网络媒体作为社会监督的一个重要内容已经被投资者广泛关注，其通过降低媒体监督成本与提高外部公司治理，已经成为一种重要的舆论监督机制。更为重要的是，中国正处于转型经济中，相关正式制度可能无法实现其原有的目标，这样使得媒体监督能够成为相关法律制度的替代机制发挥相关作用。另外，中国媒体还存在特殊的属性（媒体的独立性、真实性缺乏），在此背景下，需要进一步检验媒体监督对于投资者保护的影响。上述情况为本书考察政府监管与社会监督对于投资者保护效率提供了可能性，也有利于进一步分析政府监管与社会监督之间的关系。最后，对于中国银行信贷体系，四大国有银行主导的信贷功能导致资源配置效率低下（Allen et al.，2005），其原因在于国有银行把信贷资源向国有企业严重倾斜，以补偿国有企业承担政治政策目标的额外支出（林毅夫、刘培林，2001；Boycko et al.，1996），这使得国有企业的投资行为偏离经营绩效最大化目标。所以，上述背景对于研究在不同企业所有权性质下，政府监管与媒体监督对于投资者保护作用的差异提供了环境。

由此，本书基于中国企业债券数据，以"债券市场政府监管与社会监督效率比较研究——基于投资者保护视角"为选题，以媒体监督作为社会监督的替代变量，从企业融资约束、资源配置效率与债权人财富三个方面考察政府监管与社会监督的效率，并对相应的效率进行比较以及考察政府监管与社会监督功能之间的互补关系，另外进一步从企业所有权性质角度分析政府监管与媒体监督对于投资者保护的差异。具体来说，本书具有理论与实践两方面的意义：

（1）理论意义

第一，长期以来，政府干预与市场自由化一直是学术界关注的话题，且大多数文献只定性地分析监管相对于市场自由化的优势、不足以及存在的意义等。然而，本书的研究为政府监管的经济后果与效果补充了新的理论与经验证据，并认为在中国市场经济制度下，政府监管对于市场发展有着重要的作用，从而部分阐述了债券市场发展与经济增长不匹配的原因。

第二，探讨了社会监督中媒体监督对于投资者保护三个方面（企业融资约束、资源配置效率与投资者财富）的作用，为社会监督必要性与存在意义增添新的证据。具体地说，本书基于我国监管制度背景，以监管目标与投资者保护的直接后果这个崭新的视角，实证检验了媒体监督公司治理作用，并在此基础上理清了社会监督与政府监管之间的关系，丰富相应的监管理论。

第三，针对 Glaeser 和 Shleifer(2003)提出的监管比诉讼更有效以及 La Porta 等(2006)认为相关公司法与证券法只有通过诉讼起作用(即诉讼比监管更有效)的这两个矛盾结论进行了检验。结果表明在现阶段的中国债券市场，政府监管能够显著降低企业融资约束，然而，媒体监督在提高资源配置效率、保护债权人财富方面也相当关键。基于此，本书提出应该摒弃政府监管与社会监督谁更有效的结论，并认为在现阶段的债券市场，由于政府监管质量较低，需要同时提高政府监管质量与社会监督水平，以促进债券市场的发展。

第四，以往的研究文献主要从企业内部特征变化分析影响企业融资约束、资源配置效率与投资者财富的因素，本书则从监管角度丰富了融资约束、资源配置效率以及债权人财富相关影响因素文献。本书也结合中国债券市场以及企业性质特征，分析在不同政府监管质量水平与企业所有权性质下，政府监管及媒体监督对于投资者保护效果的差异。经过分析，作者认为政府监管与媒体监督两者是一个互补性的机制，并提出债券市场政府监管与社会监督互补性理论。另外，本书从债券市场角度也为国有企业存在“预算软约束”提供新的证据。

第五，以往的研究重点阐述了投资者保护对于企业融资约束、资源配置效率与债权人财富的影响，较少讨论企业融资约束、资源配置效率与债权人财富三者之间的关系。本书的研究结论对于三者之间的理论关系进行了阐述，即以债权人财富作为政府监管与媒体监督的终极目标，企业融资约束与资源配置效率是政府监管与媒体监督影响债权人财富的两条路径。

(2)实践意义

第一，相对于西方债券市场，我国债券市场的发展还存在一定的差距。通过研究政府监管与社会监督对投资者保护的作用，有助于我们了解债券市场发展的驱动因素，从而为债券市场发展、规范与改革提供方向。另外，本书也要求政策制定者注意到政府监管与社会监督对于投资者保护的重要性，积极提高政府监管质量，促进社会监督普遍性、规范性以及合法性，促进债券市场发展。

第二，与国外研究者认为诉讼比监管更有效(或者监管比诉讼更有效)，从而提出健全诉讼(监管)机制的结论不同，在中国债券市场中，政府监管与社会监督同等重要，这要求政府部门在采取措施引导社会监督合法化、公开化与广泛化，保证社会监督功能实现的同时，更需要努力提高政府监管质量，提高事前监督与事后惩罚效率，从根本上解决债券市场中的各种诟病，促进债券市场的发展。

第三，党的十八届三中全会指出“使市场在资源配置中起决定性作用和更好发挥政府作用”。本书结论直接给出了该指示精神的理论根据以及作用机理，进一步提出了市场在资源配置中的重要性。

第四，本书的实证检验表明，在不同的政府监管质量水平以及企业所有权性质下，政府监管与社会监督对于投资者保护作用的差异。具体地，在低质量的政府监管下，社会监督对投资者的保护作用更显著，在非国有企业中，政府监管与社会监督对于投资者的保护作用更显著。这些结果有着重要政策指导含义，为进一步制定相关政策提供经验证据，同时暗示了政府监管制度改革以及引导社会监督的主要方向。

第五，进一步来说，本书对债券市场监管(监督)效率进行研究得到相关结论，这些结论可以扩展到整个资本市场，为评价资本市场发展提供相关研究视角，并为整个资本市场的改革、规范与发展提出科学的依据。

1.2 研究目标与动机

本书研究的主线是债券市场政府监管与社会监督效率研究，主要体现为对投资者的保护。研究的主要问题为：从投资者保护的三个方面(融资约束、资源配置效率与债权人财富)研究政府监管与社会监督对于投资者保护的作用。在此基础上，进一步分析比较政府监管与社会监督在三个方面效率的高低，以及政府监管与社会监督对于投资者保护功能的互补关系，最后检验政府监管与社会监督对于投资者保护功能是否受到企业所有权性质的影响。

围绕上述内容，本书的具体目标为：

第一，构建博弈模型，证实单一政府监管与单一社会监督对投资者保护的作用，以及政府监管与社会监督对投资者保护作用的互补关系。

第二，构建政府监管、社会监督、融资约束、资源配置效率以及债权人财富等指标，使用中国债券市场企业发债数据，采用最新的计量经济模型，实证检验政府监管、媒体监督对融资约束、资源配置效率以及债权人财富的影响，比较政府监管与媒体监督在上述三个方面作用的大小，以此验证监管比诉讼更有效(Glaeser & Shleifer, 2003)还是诉讼比监管更有效(La Porta et al., 2006)。

第三，从政府监管质量与企业所有权性质角度，实证分析社会监督效率在不同政府监管质量下的差异，以及政府监管与社会监督效率在不同企业所有权性质下的差异。

之所以要开展这个方面的研究，主要还由于存在以下动机：

在党的十八届三中全会要求建立市场在资源配置中起决定性作用的指示精神下，纵观国内外文献，研究的方向主要集中在监管制度对于市场有效性的研究上(孟焰等，2008；Chen et al., 2011)，同时对于中国市场存在的问题以及政策建议的提出都只是定性且泛泛而谈，缺少定量的分析(张成栋，2005)，也较少探讨证券市场监管对于市场各个方面的影响，具体包括企业融资约束、资源配置效率以及债权人权益保护的三个方面。另外，随着资本市场的快速发展与规范，不同监管主体的出现是否有助于解决市场存在的问题，以及是否有利于对投资者进行保护、促进债券市场发展的研究文献尚处于空白。

第一，中国债券市场在绝对量上已经得到了飞速的发展，但是相对于西方债券市场，中国债券市场与国民经济或者 GDP 的相对量上还处于劣势。为何中国债券市场规模还未与国家经济发展相匹配？本书则以投资者保护为视角，考察政府监管与社会监督效率，试图在一定程度上解释中国债券市场的发展现状，丰富中国债券市场监管理论，丰富多层次监管理论的应用，以此解决相应的问题。

第二，已有理论研究表明政府监管在一定程度上能够减弱债券市场失灵，也有实证文献从不同的角度证实媒体监督有着公司治理作用。但是对于两者与投资者保护经济后果的关系研究还处于空白，同时，对于政府监管与社会监督效率大小的争论还一直存在。本书试图构建博弈模型对两者效率之间的关系做出解答，并对此进行进一步分析，为回答政府监管与社会监督效率大小的争论给出相应的经验证据。

第三，已有理论与实证研究发现媒体监督功能受到法制化水平以及企业所有权性质的影响，但是对于上述影响的具体结论尚没有统一。或者说，随着政府监管质量的提高，媒体监督对于企业影响作用是增强还是减弱，又或者是媒体监督作用在国有和非国有企业孰大孰小？这些问题都没有得到很好的解答。本书试图从企业融资约束、资源配置效率以及债权人财富角度进行相应的模型分析与理论阐述，并通过实证检验提供相应的经验证据。

第四，国内早期研究通过采用其他间接变量对资源配置效率进行替代，或者是使用投资效率来衡量资源配置效率，然而，这些衡量方式将在一定程度上造成资源配置效率衡量偏差，最终制约资源配置效率的深入研究。基于此，本书有必要借鉴最新的研究成果对资源配置效率进行准确衡量，并对传统的度量方法进行相应的改进。

第五，国内存在多种方法对融资约束进行度量，但是这些度量都是完全仿照国外的研究方法(比如直接使用国外 SA 计算公式)，并没有结合中国企业特征进行分析。另一方面虽然存在关于政策制度影响融资约束的研究，但是对于媒体监督与融资约束之间关系的研究还处于空白，本书将进一步以信息不对称与委托代理理论分析媒体监督与融资约束的关系，从而丰富媒体监督公司治理理论。

第六，对于国内投资者财富的研究主要基于股票市场，大多数研究也采用事件研究法来分析股东财富的变化。虽然股票与债券都属于证券投资产品，但是两种证券特征也存在诸多不同，且两个市场的投资者的投资偏好也不一致，因此有必要分析影响债权人财富的因素来促进债券市场的发展。另一方面，现有文献较多从企业内部特征分析影响投资者财富的因素，较少从外部环境、政策角度分析影响债权人财富的因素。本书试图构建债权人财富相关变量，从政府监管与媒体监督角度分析债权人财富的影响因素，以提高债券市场投资者积极性，促进债券市场的发展，并把债券市场相关结论扩展到整个证券市场，促进中国资本市场的发展。

1.3 研究问题界定

本书主要关注的是债券市场政府监管与社会监督效率。但是这个效率概念过于笼统，可以包括社会财富的提高，社会公平性、稳定性，或者资源配置效率提高等多个方面。本书则通过总结监管目标，提出以投资者保护为研究视角，具体以企业融资约束、资源配置效率以及债权人财富三个方面来进行效率分析①。

进一步来讲，政府监管与社会监督影响投资者保护的三个方面的作用会受到许多因素的影响。比如，市场法制化水平、金融发展水平、企业所有权性质以及行业特性(保护程度、垄断程度)等，本书主要考察社会监督功能在不同政府监管质量下的差异，以及政府监管与社会监督功能在不同所有权性质企业中的差异。

为此，本书主要研究三个方面的问题，第一，分别检验政府监管与社会监督对投资者保护的作用，具体来说，政府监管与社会监督对企业融资约束、资源配置效率以及债权人财富的影响，并比较上述影响大小；第二，检验政府监管与社会监督对投资者保护的关系，即政府监管与社会监督对于投资者保护的作用是竞争的还是互补的；第三，检验在

---

① 在文献综述部分将进一步详细分析以投资者保护为研究视角，以融资约束、资源配置效率以及债权人财富为研究层面的原因。

不同的监管质量下，社会监督对于投资者保护作用的差异，以及在不同的企业所有权性质下，政府监管与社会监督对于投资者保护作用的差异。对涉及的相关主要概念进行如下界定。

(1)政府监管

在早期法律以及经济文献中，对于监管尚没有明确的定义，定义监管被认为是相当困难的，比如，Breyer 在其著作中指出监管以及它的形式是相当难以定义的(Breyer，1982)。另外，有学者认为监管是通过法律形式和经济理论表现出来的，监管不仅仅只涉及一定的概念，也包括一系列的现实意义(Ogus，1994)。比如，环保机构发出限制空气污染的指令；食物药品机构认定的宣传许可；垄断企业需要提供商品或服务的比例等(Breyer，1982；Ogus，1994)。在理论研究中，监管是一种为了使企业和其经营的其他非政府机构的公共利益得以实现的机制(Lehne，2006)。后来有研究主要基于公众利益理论对监管在政府与私立机构之间的关系进行理解。公众利益理论认为监管是为了对公众利益进行保护，大多数学者基于这个观点把监管当作市场失灵的反应(Bernstein，1955)。一些研究者正在评估这种定义以及试图通过系统化分析对这一术语做进一步的分析(Ogus，2004)。另外，以往的研究把监管区分为经济和社会的监管。比如，Viscusi 等(2005)认为经济监管可分为两种类型：结构监管及行为监管。结构监管关注的是市场结构监管，结构监管主要发生在自然垄断、不完全竞争或者过度竞争的市场，例如，对入境、出境的限制，强制要求企业在没有得到允许的情况下不能提供专业服务。行为监管则被用于监管生产者与消费者的市场行为，例如，价格管制、最低质量标准等。这些监管的日的是为了减小企业行为所带来的福利损失以及保证市场的稳定。社会监管则包括：环境的监管，职业健康与安全以及消费者保护。

大多数关于监管意义的认识基于“市场失灵”的框架：如果自由市场出现一定的失灵时，监管则是必要的，也就是说监管是由不同的政府部门或机构发布实施的具有法律效力规则的集合。这些法规旨在引导机构或者机构员工积极进行相关活动，实现监管的相关目标。所以，本书定义债券市场政府监管为，能反映出政府制定和实施政策和法规的能力，允许和促进私营部门发展，从而促进债券市场的发展。如果政府这些能力强，就可以认为政府监管质量高。

(2)社会监督

社会监督是指由国家机关以外的社会组织和公民对各种法律活动的合法性进行的不具有直接法律效力的监督(黄建武，2008)。本书所说的社会监督即来自没有官方背景的民间机构、社会团体、新闻媒体以及公司个人对市场主体行为的监督。为了研究的可行性，本书借鉴 Dyck 等(2008)、戴亦一等(2011)与杨德明和赵璨(2012)的研究，认为媒体是独立于立法、行政和司法之外的“第四权”。鉴于媒体监督在目前社会中起到了主要的监督作用，所以本书选择媒体报道作为社会监督进行后续的研究。一般情况下，媒体报道越多、媒体负面报道越多，社会监督越强。

(3)投资者保护

对于投资者保护的研究，大致可以分为两类：一是投资者保护的经济后果；二是投资者保护的影响因素。对于后者，目前较多的研究主要构建投资者保护指数或者股价的累计超额收益作为投资者保护的替代变量。然而，投资者保护指数的构建过于主观，容易导致实证结果的偏误。基于此，本书以投资者保护的经济后果为切入点，即投资者保护有利于降低企业融资约束、提高资源配置效率以及保护债权人财富，考察政府监管与社会监督的效率。

第一，企业融资约束。关于企业融资约束的衡量，现有研究主要分别采用单指标、多指标以及现金—现金流敏感性来衡量，不同的衡量方法有着不同的优劣。对于多指标的衡量，目前采用较多的是 KZ 与 SA 指数，但是对于 SA 指数的构建，现有文献直接照搬国外 SA 计算公式，没有考虑到中国企业的具体特征。基于此，本书采用单指标、构建经过检验的 SA 指数以及现金—现金流敏感性来对企业融资约束进行衡量。

第二，资源配置效率。对于资源配置效率的定义，在现有中国实证研究中，易与资源配置效率混淆。原则上，资源配置效率应该是资源配置效率的子集，并且目前的研究一致认为资源配置效率属于宏观概念，而资源配置效率则应该是微观概念。所以，本书采用全要素生产率作为企业层面的资源配置效率，其原因在于，资源配置效率，一般指生产单位的生产效率，通过提高内部生产管理能力和生产技术实现，这里强调的是资源，不仅仅是资本。所以，一般情况下，企业的技术效率越高，企业的资源配置效率越高。另一方面，借鉴 Bartelsman 等(2013)的思想，对行业生产率进行分解以获得行业资源配置效率，或者借鉴 Abiad 等(2008)思想，对企业的 Tobin Q 进行分解获得行业资源配置效率。

第三，债权人财富。对于股东财富，多数研究以股票的价格来衡量，但是对于债券持有人财富，不能简单地以债券的价格来衡量。一方面，因为股票市场与债券市场中的投资者的投资偏好存在不同，债券市场中的投资者主要是风险规避型，另一方面，债券持有人财富不仅仅体现到期的本金，还应包括利息的贴现，所以需要选择一个新的变量来衡量。许多研究认为债券信用利差越大，债权人财富越小(Adams & Mansi, 2009)。基于此，本书选择债券信用利差来作为债权人财富的替代变量。

(4)政府监管与社会监督效率

经济学上把效率定义为单位投入所带来的产出比。那么针对监管效率，Moskow① 认为如果国家在实现其目标的过程中，使得企业的正常生产活动所带来的损失降到最小，则认为这种监管是有效率的。基于此，本书认为监管效率应该包含两个方面，一是保护投资者利益，促进企业之间的竞争来提高整个市场效率，二是降低监管成本，提高事前监管效率以及事后惩罚效率。所以，应该从多角度对监管效率进行衡量，本书从投资者保护视角，以企业融资约束、资源配置效率以及债权人财富三个层面，多维度地分析监管效率。具体地说，政府监管与社会监督如果能够降低企业融资约束、提高资源配置效率以及提高债权人财富，

---

① Moskow 为芝加哥联邦储备银行的第八任总裁兼首席执行官，任职时间为 1994 年 9 月到 2009 年 8 月。

则监管或监督是有效率的。

(5)政府监管效率与社会监督效率比较

政府监管与社会监督效率主要体现在降低融资约束、提高资源配置效率和保护、提高投资者财富。所以，政府监管效率大于(小于)社会监督效率意味着，当且仅当政府监管降低融资约束、提高资源配置效率和保护投资者财富的作用大于(小于)社会监督，如果在上述三个方面，政府监管作用不全是大于(小于)社会监督作用，则政府监管与社会监督是同等重要的。在比较政府监管与社会监督作用大小时，本书主要采取系数的经济意义(标准化系数)进行比较。

1.4 研究思路与研究方法

(1)研究思路

本书的研究思路首先是以中国债券市场为研究对象，把市场中的监管分为政府监管与社会监督，从投资者保护视角，以企业融资约束、资源配置效率以及债权人财富三个直接后果研究不同主体的监管效率，并在此基础上比较不同主体监管效率的差异。其次，检验政府监管质量高低是否影响社会监督效率，以及政府监管与社会监督效率是否受到企业所有权性质的影响。最后，结合中国债券市场背景以及相应的实证研究结果，提出相应的政策建议。

(2)研究方法

本书将按照理论分析与实证检验相结合的方法进行研究。理论分析部分，首先运用博弈论分析思路，构建相应的理论模型，理论阐述政府监管与社会监督对于投资者保护的必要性与有效性，并结合信息不对称、委托代理理论、监管理论以及中国资本市场监管现状提炼出相应的假设。其次，基于政府监管质量与企业所有权性质的差异，理论分析政府监管与社会监督效率的差异，并提出相应假设。实证分析部分，在收集债券市场上市公司数据的基础上，借鉴金融计量经济学、会计学和统计学等相关领域的标准方法和最新研究成果，构建计量模型对相应的研究假设进行检验分析，具体包括多元回归方法、贝叶斯计量等分析法。针对不同的研究主题，采用不同的回归模型以及不同的稳健性检验方法进行分析，从而使得研究结论更加稳健。

1.5 研究内容与研究框架

首先，以政府监管、社会监督、信息不对称以及委托代理理论为基础，对相关文献进行综述，结合中国债券市场发展现状、监管现状及其特殊背景，借鉴博弈论相关思想，分析政府监管与社会监督对于投资者保护的必要性与有效性，以及提炼出相应的研究假设。其次，根据相应的研究假设，对相关变量进行定义，构建相应的回归模型，运用描述性统计分析、单变量分析以及多元回归分析方法，在控制内生性等一系列计量经济学问题与相关稳健性检验后，得到政府监管与社会监督对于降低企业融资约束、提高资源配置效率以及保护债权人财富的重要性。再次，检验不同政府监管质量、不同企业所有权性质对于政府监管与媒体监督效率的影响。最后，根据理论分析与实证检验结果，为提高政府监管质量、加强媒体监督、促进债券市场发展提出一系列政策建议。

具体而言，本书研究的内容与框架安排如图 1-1 所示。

第 1 章为本书的引言，主要介绍了选题背景、意义，重点阐述了研究目的、动机研究问题界定、研究思路与研究方法，最后总结了本书的创新之处，以及勾勒出研究内容的总体框架。

第 2 章为本书的理论基础与文献综述，通过对政府监管理论的回顾与总结，阐述政府监管与社会监督对于市场发展的重要性与必要性。通过介绍信息不对称与委托代理理论的起源、原理与应用，为本书研究假设的提出建立坚实的理论基础。其次，对国内外政府监管效应与媒体监督效应的实证文献进行梳理，掌握国内外政府监管与社会监督的最新研究动态，并在此基础上总结相应的研究不足；通过分析企业融资约束、

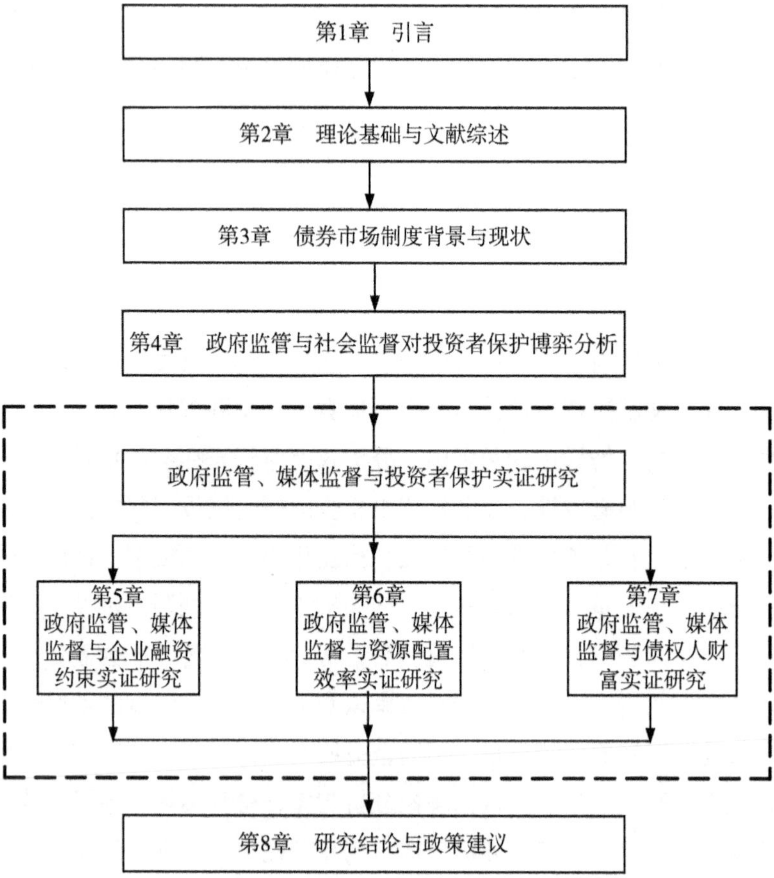

图 1-1 本书研究框架

资源配置效率以及投资者财富相关影响因素，了解相关问题的研究前沿，为本书的研究创新提供一定的方向。另外，本章也对投资者保护的经济后果相关文献进行综述，为从企业融资约束、资源配置效率以及债权人财富三个方面进行分析提供理论基础与解释。

第 3 章介绍了债券市场制度背景与现状。在系统梳理债券市场制度变迁的基础上，对中国债券市场的企业、发展以及未来进行分析，以便为政府监管与社会监督的存在提供制度背景与理论依据。其次，介绍了中国债券市场的发展现状、监管现状以及现状形成的原因，提出监管与监督的必要性，为本书的研究动机提供依据。

第 4 章则是构建博弈模型理论分析政府监管、社会监督对于投资者保护的重要性。通过构建混合博弈模型，得到各个主体相应的效用函数，分析各个主体在相关假设下的最优策略，为后续提出相应研究假设提供理论基础。

第 5—7 章为本书的实证部分，以企业融资约束、资源配置效率与债权人财富三个层面分析政府监管与媒体监督的效率。这三个层面并不是独立的，三者作为投资者保护的重要方面，体现了投资者保护的直接效应；另一方面，作为投资者保护最重要的目标——保护与提高债权人财富，政府监管与媒体监督可以通过影响企业融资约束或资源配置效率来影响债权人财富，进一步来说，政府监管与媒体监督可以通过影响融资约束来影响资源配置效率。所以，这三个视角是递进的，也是统一的。相关具体研究内容为：

第 5 章主要检验政府监管、社会监督对企业融资约束的影响。根据信息不对称理论与委托代理理论，结合中国债券市场政府监管与媒体监督现状，以及国有企业的“预算软约束”，并提出相应的假设。第 6 章主要检验政府监管、社会监督对于资源配置效率的影响。根据信息不对称理论与委托代理理论，结合中国债券市场政府监管与媒体监督现状，以及国有企业政治性目标与政府负担，并提出相应的假设。第 7 章主要检验政府监管、社会监督对债权人财富的影响。根据信息不对称理论与委托代理理论，以及相关资产定价知识，提出相应的假设。另外，在上述分析的基础上，进一步理论分析在不同的政府监管质量与企业所有权性质下，政府监管与媒体监督效率的差异，并提出相应研究假设。之后，作者采用债券市场 2006—2015 年发债上市公司数据，利用多种企业融资约束衡量方法、企业(行业)资源配置效率衡量方法、债权人财富指标，在控制内生性问题以及采用多种稳健性检验的基础上，对政府监管、媒体监督与企业融资约束、资源配置效率与债权人财富的关系进行分析，比较政府监管与媒体监督效率，并在此基础上，按照不同政府监管质量与企业所有权性质进行分组，检验政府监管与媒体监督效率是否存在差异，最后对存在的差异进行解释。

第8章为研究结论和政策建议。在前7章的理论分析、制度背景、博弈分析以及相应实证检验的基础上，总结归纳出本书主要研究结论、研究局限以及预计未来研究方向。对相应的研究结论进行扩展，为政府监管质量的提高、媒体监督作用的实现，以及如何合理平衡政府监管与媒体监督之间关系、如何提高政府监管与媒体监督效率等相关政策的制定提出理论支持与经验证据。

1.6 研究创新

本书丰富了政府监管、媒体监督、融资约束、资源配置效率与债权人财富的相关文献研究，为以后研究提供充分的理论基础与实证依据，具体研究创新体现在以下三个方面：

第一，扩宽了既有研究视角，丰富了政府监管、媒体监督的相关文献研究。目前国内对于政府监管有效性主要通过检验证券市场有效性，以及使用事件研究法来证明，但没有形成统一的结论（Chen et al.，2011；田野、陈全，2012），鲜有文献对政府监管进行量化，具体研究政府监管强度的经济后果。另外，已有文献主要从代理成本、财务重述、盈余管理、高管薪酬监督角度研究媒体监督的公司治理效应（戴亦一等，2011；杨德明、赵璨，2012）。然而，本书在对政府监管质量以及媒体监督强度进行量化的基础上，从企业融资约束、资源配置效率以及债权人财富三个方面，实证检验了政府监管、媒体监督对于投资者保护的作用，提出政府监管与媒体监督的重要性与必要性，丰富了政府监管与媒体监督功能的文献研究。

第二，丰富相关理论证据。利用博弈理论，构建混合主体博弈模型。严谨阐述了政府监管与媒体监督的重要性与必要性，并首次以中国债券市场为对象，结合中国债券市场发展与监管现状，对Glaeser和Shleifer（2003）与La Porta等（2006）关于政府监管与社会监督谁更有效的争论进行了检验。在此过程中，提出政府监管与社会监督功能在目前中国债券市场中是同等重要的且它们之间也存在互补关系的结论。本书还进一步证实了国有企业存在“预算软约束”与过度投资的现象。

第三，在资源配置效率衡量上，以往文献对于资源配置效率的衡量主要在 Richardson(2006)与 Wurgler(2000)的模型上进行扩展，但是相关衡量存在一定的问题。一方面，本书采用全要素生产率作为企业层面的资源配置效率，另一方面，借鉴 Bartelsman 等(2013)的研究结果，对行业生产率分解获得行业资源配置效率，以及借鉴 Abiad 等(2008)的研究结果，使用企业的 Tobin *Q* 进行分解获得行业资源配置效率。在融资约束衡量上，已有文献对融资约束的 SA 指数计算完全借鉴国外的计算公式，忽略了中国制度背景以及企业特征，本书则借鉴 KZ 指数构建方法构建 SA 指数，并对 SA 指数进行验证。在债权人财富衡量上，采用了债券信用利差进行替代。所以，通过对上述变量衡量方法的改进，一方面使得研究结论更加准确可靠，另一方面也促进了相关后续研究。

第 2 章　理论基础与文献综述

本章将对书中所涉及的理论以及相关文献进行详细介绍与综述。在理论基础方面，详细介绍了理论的起源、发展与现状以及如何与研究相结合；文献综述方面，在回顾以往研究成果的基础上做出相应的综述与评价，并间接引出本书研究的必要性。具体来说，首先，详细介绍了监管理论，为研究政府监管与社会监督的必要性与重要性提供基础，并在此基础上介绍了信息不对称与委托代理问题，为研究政府监管、社会监督与企业融资约束、资源配置效率、债权人财富相关关系提供理论基础；其次，回顾政府监管与社会监督效应的相关文献，证实政府监管与社会监督功能的存在性，同时通过对投资者保护经济后果相关文献综述，引证出以企业融资约束、资源配置效率与债权人财富作为投资者保护替代指标的科学性与合理性；最后，对相应的文献进行综述与分析评价，并勾勒出后续的研究内容。

2.1　理论基础

本书主要基于监管理论、信息不对称以及委托代理理论展开研究。具体思路在于，首先，通过对市场自由化理论与监管理论的阐述，了解政府监管的重要性与必要性；其次，通过对信息不对称与委托代理理论的介绍，了解政府监管影响投资者保护的机制。所以，以下主要对这三个理论进行介绍。

2.1.1 监管理论

20 世纪 30 年代以前，理论界存在市场自由化与政府监管的两种观点，市场自由化与政府监管也一直是理论界争论的焦点。前者观点的代表人物为亚当·斯密，他提出"真实票据"理论，认为市场"无形的手"能够调节银行的经营活动，可以控制通货或者紧缩；后者的代表人物为亨利·桑顿，他主张应该对银行进行集中管理，对相应纸币数量进行控制，避免经济处于萧条中。在 20 世纪 30 年代到 70 年代间，由市场自由化引起的美国经济危机，使得古典经济学受到严重的质疑，以致主张国家干预的凯恩斯主义开始受到重视。凯恩斯主义思想认为，对经济政策制定以及活动实施进行行政干预，可以避免市场失灵带来的严重后果。但是，在 20 世纪 70 年代到 90 年代间，凯恩斯主义的宏观经济政策使得美国经济处于严重的停滞状态，许多自由学派从不同角度批判了政府干预，这使得金融自由论重新焕发生机，从而导致新古典宏观经济学占据主导地位。在 20 世纪 90 年代以后，市场自由主导的经济理论并没有解释市场中存在的缺陷，尤其没有对金融危机爆发给出合理解释。

亚当·斯密认为市场本身是有效率的，并认为市场存在一只无形的手，阿罗和德布鲁认为这种情况是真实的，但是必须有一定的条件(这些条件包括：没有完全竞争，没有外部性，没有公共产品)。随后，Greenwald 和 Stiglitz(1984) 认为信息的费用支出可以被看作固定成本，借贷数量的增加并不影响这个费用。由于信息存在固定费用，市场可能不是完全竞争的，如果是不完全竞争，市场在一般情况下也不会有效。在目前的市场中，不存在某种激励使得市场参与者主动去收集信息，所以市场必定在一定程度上是信息低效率的，即不是所有的信息都可以从知情者发送到信息劣势的投资者。因此，关于市场能够导致有效率产出的这一判断在今天已经得不到相关理论的支持，市场自由化的新古典主义经济政策可能导致社会中存在大量的失业、生产的下降、社会和政治动荡，并威胁资本主义世界的生存。Besley(2006) 也认为如果放松了这些假设，市场将失灵，最终导致帕累托最优无法实现。大萧条的后果正好印证了市场失灵这一观点，即使是最发达的资本主义经济体也不能实现自我监管与自我调控。

最早关于监管理论的文献研究是基于社会财富最大化目标展开的。传统福利经济学认为，政府监管的存在是合乎情理的。庇古认为外部性、信息不对称以及不完全竞争的存在将会导致市场失灵，政府需要规范市场来应对这种失灵。所以，市场失灵使得政府监管无处不在。但是，Coase(1960)认为在竞争压力的推动下，市场效率也在提高，市场拥有处理市场失灵的潜在动力，且无需受到外界其他条件的限制，其原因在于，合同可以代替监管，如果潜在的外部性可以被合同覆盖，那么监管是不必要的。然而，这些合同也被政府监管，对合同的监管程度远超出政府对其他行为的监管，所以说，政府监管无处不在。另外，过度竞争可能会损害安全性和可靠性，因为可能导致消费者无法观察或验证商品和服务的质量。基于上述分析，监管理论可以被认为是政府干预过度竞争的集合，以及监管理论可以从私有利益视角进行解释。最近，现代监管理论扩展了一些关于结构性市场失灵的问题。比如，Hart(2009)认为监管仅仅是对金融危机的反应，不管是否存在更有效的解决方案，在公众压力下的市场结果都被视为不理想的。凯恩斯认为国家干预的目的在于提高市场力量来实现高水平的经济活动以及充分就业，并使市场更加具有生命力(Kethineni，1991)。

金融市场的本质为资源的优化配置。金融市场可以被看作整个经济体系的“大脑”、决策的中心。其一旦失败，不仅会使得行业的利润大幅度降低，而且还会使得整个经济系统的运行处于瘫痪状态。这使得人们重新审视政府干预的安全性与市场自由的效率性之间的权衡。下面将对市场自由化理论以及监管理论进行展开介绍。

(1)基于市场自由化的经典理论

Galbraith(1970)认为经济自由主义根植于古典和新古典主义的经济学中。他们相信在没有系统的政府干预下，市场竞争可以对市场进行调节。这个调节是基于市场有能力通过提供一个健康的价格机制使得市场达到均衡。然而，这种情况主要发生在19世纪，因为在这个时期，自由国家的特点是政治与经济的脱节，不发达的政治市场缺少激励去缓解经济衰退和贫困(Gallarotti，2000)，因此，价格、就业和经济增长仅仅是一种剩余财产权。在没有政治控制的情况下，19 世纪的政策制定者并没有导致经济衰退、失业与贫穷，因此他们不需要宏观经济调控。

直到第一次世界大战结束后，古典自由主义让位于嵌入式自由主义。Lehne (2006)认为在经济衰退时期，社会对商品和服务的需求较低，那么价格将下降，非有效的生产者将减少，工人将被解雇，管理不善的工厂将倒闭，生存下来的好企业将更有效地供应社会的货品来加强整体经济，继而使得需求增加，这将促使生产者增大生产能力来提高价格，经济周期将重新开始。市场自由思想的经济学家把裁员、破产和经济衰退作为一个内在的、自然的过程，认为其最终将改善经济。此外，他们还认为政府行为更有可能破坏市场体系的自然复原能力，而不是减少对经济的破坏(Lehne，2006)。

然而，市场自由化成立的第一个重要条件是市场完全竞争，竞争性市场效率理论的一个重要前提是信息的充分与完全性。更准确地说，个人或企业拥有的信息不受他们在市场所见所闻的影响，或者不随他们将要实施的任何行动而改变。在这种情况下，福利经济学理论断言每个竞争均衡都是帕累托有效的，这个局部有效不仅仅包括金融市场，也包括生产、加工、传播以及利用信息的过程。相反，不完全信息或者是不完全竞争市场，在一般情况下，市场不能达到帕累托最优(Greenwald & Stiglitz，1986)，另外他们还指出政府干预可以使所有个体都变得更好。在现实的市场环境中，即使没有其他进入堡垒，信息的成本也是相当昂贵的，所以一般我们假定市场不可能是充分竞争的，从而得到在没有政府干预时，帕累托效率不是最优的。随后，Akerlof(1970)以其经典的“柠檬市场模型”为基础，确定了信息不对称是市场失灵影响的重要因素。Stiglitz 和 Weiss(1981)在 Akerlof(1970)的基础上，进一步确定信息不对称影响市场失灵的机理，即通过信贷配比行为影响市场失灵。后续金融市场的一系列失败证实了金融市场失灵的存在，这才使得政策制定者开始考虑宏观调控。20 世纪 30 年代的大萧条支持了宏观经济在资本主义国家的作用，因为政府干预可以防止未来的经济在随后的长期时间里处于停滞的状态(Gallarotti, 2000)。

(2)政府监管理论

监管是一种机制，其目的是为了使企业和其经营的其他非政府机构的公共利益得到实现(Lehne, 2006)。本书对于监管在政府与私立机构之间关系角色的理解主要基于两个基本理论，公共利益理论与私有利益理论。关于监管的经济理论存在两个研究方向。第一个方向是假定监管者有充足的信息和执法能力，并能有效地提高公众利益，这里假定监管者是仁慈的，目标是追求公共利益，学者们把这个方向叫作公共利益的监管理论。对于公共利益理论，监管是为了给公众带来保护与利益，大多数学者基于这个观点把监管作为市场失灵的反应(Bernstein, 1955)。公共利益理论是市场失灵以及政府有效介入的基础，根据这些理论，监管能够提高社会福利。另一个方向则认为当监管者面对成本、需求、质量以及其他维度的企业行为时，监管者没有足够的信息，所以他们的执法不是充分有效的。更重要的是，一般情况下，相关研究都认为所有的经济主体都会追求自己的利益，这使得他们的活动不包括所有公共利益要素。在这些假定下，没有理由认为监管将促进公众利益，这是因为经济主体的目标与成本之间的差距能够使得一些主体追求他们的利益，即使这些追求是以损害公共利益为代价。学者们把这个理论叫作私有利益理论。私有利益理论解释了利益集团行为的监管，使得财富转移到更有效的利益集团，这往往减少了社会福利。利益集团可以是公司、消费者、监管机构或其工作人员、立法者、工会等。下面将详细介绍关于政府监管的基础理论。

① 公共利益理论

公共利益理论起源于完全信息假设、完美的环境以及监管者的无私行为。根据这个理论，对企业或其他经济行为的监管有助于公共利益的提高，这个公共利益可以被描述为对于个人私有资源最好的分配。然而，在西方早期的经济理论中，稀缺资源的分配是由市场机制进行的，且是有效的，即在一定的条件下，资源由市场机制分配是最优的

(Arrow, 1985)。但是，关于市场有效的条件在现实中并不是一定成立的，所以资源分配从理论视角来说不是最优的，从而产生了追求提高资源分配的最佳方案。资源分配的低效率被描述为市场失灵，市场失灵被描述为稀有资源没有实现自己的最高价值①，市场的均衡便可以理解为稀有资源的最优分配，这种均衡的存在需要一系列假设条件的支撑(Boadway & Bruce, 1984)。当市场失灵时，政府监管能够使得资源配置效率达到最优(Arrow, 1985)。在早期公共利益理论的发展中，市场失灵是解释政府监管功能的一个方向(Baumol, 1978)，但是很快这种理论就受到了批判。这种批评导致了公共利益理论的进一步发展(Ogus, 2004)。其原因在于，在原始的公共利益理论中，交易成本和监管信息的成本被假定为零，但现实中这些并不等于零，通过考虑这些成本将使公共利益理论得到更全面的发展。可以说，在考虑相关成本的前提下，政府监管才能更有效地处理一些市场失灵问题。

② 监管寻租理论

私人利益理论被用来解释政府监管者追求私人利益的现象。这无非就是利用政府权力进行财富的重新分配。比如，如果企业的利润低于最优值时，那么企业可以投资于游说行动来争取有利的监管环境(Owen & Braeutigam, 1978)。市场失灵的存在为政府干预提供了可能性，但是由于监管主体私人利益的存在，政府干预也会存在失灵的情况，尤其是在法制水平比较低的国家。这是因为政府很难获得不同个体的具体信息，从而导致腐败行为的出现(Shleifer & Vishny, 1993)，即政府高官利用自己的职权进行寻租，使得某些既得利益集团通过操纵政府以谋求个人私利(Rajan & Zingales, 2003)，因此政府所追求的目标不是实现社会财富

---

① 在市场条件下，这种价值体现在商品的价格和服务上。市场失灵也隐含着某种差异，这种差异体现在特定商品与服务的价格价值与边际成本(资源成本)之间。在市场理想化情况下，企业将会扩大生产直到增加一个单位的边际资源成本等于其边际效益或价格。价格与边际成本的均衡表示了竞争市场的一个均衡。如果成本比给定的市场价格低，那么企业将进一步扩大生产。如果成本高于价格，企业将削减生产，直到价格再次等于边际成本，从而导致企业利润增加。

最大化，而是追求自身利益的最大化。基于此，政府干预可能是把双刃剑，可能帮助实现社会财富最大化，但也可能阻碍社会财富最大化(Shleifer & Vishny, 1993; Rajan & Zingales, 2003)。所以，寻租理论使我们对政府私有的一面进行重新审视，意识到监管者在监管过程中会出现寻租行为，从而加剧市场的不公平性，以致监管效率无法得到提高。

③ 监管俘获论

从修正的公共利益理论出发，结合私人利益理论衍生出监管俘获论，即基于监管者自身利益最大化视角阐述监管失灵的原因。所谓监管俘获，可以理解为，政府监管是为了满足特定利益集团的需要(比如，立法者的需要)，监管者被特定利益集团俘获(比如，执法者)，政府监管可能成为某些特定集团(即被监管者)赚取超额收益的手段。该理论认为，政府监管不能实现公众福利最大化的目标，只能提高生产者的利益。斯蒂格勒通过对比监管与不受监管行业效率发现，政府监管并不能提高企业效率，但是政府监管有着减弱利益集团之间竞争的作用，市场失灵不是政府监管的唯一原因。Becker(1983)对监管俘获论进行了扩展，他把监管者当作一个经济理性的人，即有着实现自身利益最大化的目的，所以在监管过程中可能被相关利益者所贿赂与引导，导致相关目标难以实现。

所以，在公共利益理论下，政府监管能够对投资者进行保护，保护投资者财富，实现资源的优化配置。但是，如果政府部门存在寻租行为或者被某些利益集团所俘获，那么政府监管将会偏移最初的目标，以致投资者保护程度降低。

(3)社会监督

市场完全自由化导致市场失灵，虽然政府监管能够在一定程度上减轻这种情况，但是过多的政府监管会导致证券市场效率低下等不良现象。基于此，许多学者提出在政府监管存在的条件下，要发挥社会监督的力量(Goodhart et al., 2006)。其原因在于，第一，社会监督能够为监管政策完善提供相应的参考。随着经济迅速发展，社会需求不断多样化，社会机构与人民大众的积极参与能够有利于监管政策的完善，并提高政府监管质量。第二，社会监督能够有效地弥补监管不到位、监管滞后以及监管失效。社会监督、媒体报道以及人民群众参与自身利益性，能够弥补监管不足。第三，社会监督能够降低政府监管滥用权利进行谋私的可能，以及降低相应的政府监管成本。人民群众的眼睛是雪亮的，能够使得政府监管在阳光下进行，以及引导政府监管的方向。相关研究也证实了这一点，比如，Goodhart 等(2006)认为在政府监管的同时，应该建立社会监督机制，由于社会监督对于企业的监督作用能够有效加强金融市场以及企业信息的披露，减少由于信息不对称所引起的一系列问题，这将有利于企业融资，更有利于保护投资者权益。同时，Borio (2003)也认为政府干预强度若很大，就会严重破坏市场资源配置的能力，进一步降低市场效率，并提出政府应该引导市场以及社会监督，使资源配置更有效率。La Porta 等(2006)通过 49 个国家的数据研究了证券法律对于证券市场的发展，尤其是法律如何对股票的发行进行监管，通过检验这些规定与股票市场发展之间的关系，来提供证券法律监管有效的证据。研究结果表明，由政府主导的公共执法行为对于股票市场发展的贡献不大，然而法律强制性的信息披露或者通过私有部门按照一定的责任规则的诉讼将有益于股票市场的发展。当离开市场力量时，金融市场是不发达的。证券法律的有效是通过提高市场参与者的积极性来实现的，而不是政府干预的介入，这正如 Barth 等(2003)所言，私人监督对银行部门发展有着积极作用。

社会监督基于两种机制能够对企业进行有效监督，一是通过声誉机制对企业进行监督。声誉机制理论认为，管理层会重视其声誉以稳固其职位、获得更多的报酬以及在人才市场获得更好的择业机会。文献表明，社会监督能够影响经理人声誉，对经理的行为进行约束(Dyck et al., 2008; Joe et al., 2009)。在证券市场中，最优法律安排理论表现为，最优的政府政策是放任证券市场自由发展，不加以任何监管(Coase, 1960)，这主要是由于企业声誉机制的作用。比如，证券发行者有披露所有可利用信息的动机来获得更高价格的激励，这是因为不进行相关披露行为会使投资者假定这些证券是最差的(Grossman & Hart,

1980)。随后，投资者能够依靠这些披露信息进行准确投资，但是这个前提是假设这些披露的信息是真实的、有价值、有信誉的，或者会因为错误报告遭受相应处罚。然而，投资者对这些信息进行正确性验证是有成本的，所以发行者为了表明其发行的证券是优质的，必须借助其他机制来传递一个信号以表明他们发行证券的优质。比如，审计师和承销商有信用地证实证券的质量，即对他们的证券提供声誉保证(Benston, 1985)。上述分析说明，证券法律对于证券市场的发展是不相关的，提高合同成本以及政治干预的存在有时甚至是有害的(Romano, 2001)。社会大众对企业的评价能够使得企业规范自己的行为，加强社会监督能够影响企业声誉，规范企业行为。

二是社会监督通过引导政府监管的介入对企业进行监督。比如，社会监督对于资本市场制度相关不足或漏洞进行广泛报道，形成社会舆论压力，敦促资本市场的政策制定者对公司准入制度、退出制度、定价制度以及信息披露制度加以修改，从而实现对企业的有效监督(Besley & Prat, 2001)。李培功、沈艺峰(2010)较早地实证检验了媒体监督对公司治理效应的影响，认识到媒体监督对于公司治理的途径，即媒体报道通过引起相关政府部门的行政干预从而实现公司治理效果。

但是，仅仅依靠社会监督也是不足的。一方面，由于企业从欺骗投资者身上获得的利益是相当可观的，这将导致声誉、相关合同以及侵权法对于保护投资者来说不是充分有效的；另一方面，私人侵权诉讼与合同诉讼成本相当高，而且无法预期诉讼的结果，这些对投资者维权提出了挑战。为了降低实施成本以及机会主义成本，政府可以通过证券法设计相关合同框架，以及规范私人合同框架来提高市场纪律与私人诉讼的效果。Hay和Shleifer(1998)、Glaeser和Shleifer(2001, 2002)认为法律能够减小私人诉讼的不确定性与成本，使得私人诉讼概率增大，从而有利于市场的发展。所以，政府监管与社会监督有着互补关系。

基于政府监管有导致市场失灵的可能，并结合社会监督对于市场功能实现的作用，把政府监管与社会监督作为一个整体来分析对市场功能的影响将是十分有意义的。

2.1.2 信息不对称理论

在信息不对称理论提出之前，传统的经济学中存在一个基本假设，即经济人拥有完整的信息，市场是无摩擦的。在此基础上，Modigliani 和 Miller(1958)提出了著名的 MM 理论，企业外部融资与内部融资是没有差异的，资本结构与企业价值不相关。阿罗和德布勒提出一般均衡的基本假设也假定信息是完整的，即生产者与消费者在进行决策时都有着完整的信息。然而，在现实生活中，不同交易双方的信息往往是不完整的。比如在二手品市场中的卖方比买方更清楚二手品的情况，即拥有更多的信息；在借贷市场，借款方比贷款方更清楚自身的还贷能力；在保险市场，投保方比保险公司更清楚自身情况。所以，市场中的信息是不完备的、不对称的。

20 世纪 70 年代，信息不对称理论由三位美国经济学家提出，该理论认为市场交易双方之间信息分布的不对称能够影响企业、投资者行为以及市场资源配置效率。在契约理论与经济学中，信息不对称理论认为市场交易双方拥有不同的信息，即一方比另一方拥有更多更好的消息。在这种情况下，拥有信息优势的一方将会改变他们的行为，而处于信息劣势的一方将试图阻止这些行为的出现，上述行为的改变将会导致效率降低、市场失灵(逆向选择与道德风险)。

关于逆向选择最早是由 Akerlof(1970)在《柠檬市场》一文中提出的。该思想认为，在旧车市场，买卖双方的信息是不对称的，二手车的卖方比买方拥有关于旧车的更多信息，所以买方只能对二手车进行平均定价来避免信息不对称所带来的风险。这种定价方式导致质量高的二手车退出市场，买方在此基础上进一步压低价格，依此循环下去，最终导致劣币驱除良币，交易无法完成，市场失灵。本书借鉴该思想讨论金融市场中的借贷关系，金融市场中存在借贷双方，借方为企业，贷方为证券市场中的投资者(股票与债券购买者)。企业与投资者之间存在信息不对称，企业比投资者更了解自身盈利情况、风险状态、投资等情况，投资者只能通过一些特定的渠道进行了解，所以企业处于信息优势地位，投资者处于信息劣势地位。由于投资者的信息劣势，投资者无法识别企业的经营与信用情况，就只能按照所有发行证券公司的平均价格作为其愿意购买价格。一般情况下，对于质量高的证券，它的实际价格应该高于这个平均价格，而对于质量低的证券，其实际价格应该低于这个平均价格。对于处于信息优势的企业来说，它们能够判断出市场价格与实际价格之间的差异。对于平均价格高于实际价格的低质量企业，它们会积极参与市场交易，促成交易，获得现金来进行生产投资；而对于平均价格低于实际价格的高质量企业，它们感到融资成本较高，从而避免从市场中募集资金进行生产。基于上述分析，金融借贷市场中的信息不对称现象，将会使得投资者的资金流向低质量的企业，而高质量的企业融资困难，资金的使用效率降低，资源配置效率降低。另外，在逆向选择下，企业将面临着更大的融资约束。其原因在于，在信贷市场中，银行对企业的盈利状况了解不完全，银行为了避免风险损失，通过价格歧视实行信贷配给，这就是所谓 S-W 模型，即对信息披露程度高的企业提供较多的贷款以及较低的利率，而对于信息披露程度低的企业则较少提供贷款或者贷款利率较高。一般情况下，信息披露程度并不是企业未来收益的直接影响因素，所以银行会对信息披露程度低的企业提高贷款利率，在此过程中，一些具有良好经营盈利与较高预期收益的企业因为贷款利率高而放弃借款，最终导致企业融资约束增大。上述现象都是在信息不对称下逆向选择的结果。

在交易之前，逆向选择是交易双方由于信息不对称在交易之前产生的问题，同样地，在交易之后，信息不对称又会产生道德风险问题。道德风险是指借款企业对在市场中筹集到的资金进行变更投资，投资高风险、对企业管理层有利的项目，或者进行帝国构建，这些行为降低了资本的使用效率，同时损害了投资者利益。另一方面，道德风险的存在也使得企业的融资约束受到影响。企业一旦从借贷市场中获得借款后，如果企业进行高风险的投资项目，便会增大企业的违约风险，降低了企业还贷的可能性，增加银行的不良贷款，使得银行在对企业进行借贷时，提高信贷门槛，加强对企业的信用评估与企业预期盈利能力的预测，以减少信息不对称下道德风险给信贷部门带来的风险损失。银行的这些措施将无疑增大了企业的融资约束，尤其是中小企业的融资约束。另外，对于现实资本市场，MM 理论的假设并不成立，由于信息不对称的存在，导致交易成本以及信息收集成本的产生，使得企业融资成本增大，企业的外部融资将会受到一定的约束，这使得企业过度依赖于企业内部资金。所以，当企业内外融资成本相差较大时，也就是信息不对称程度较大时，企业的融资约束增大(Myers & Majluf, 1984)。

信息不对称在市场中主要体现在三个方面，投资者与投资者之间的信息不对称、企业与企业之间的信息不对称、企业与投资者之间的信息不对称。信息经济学认为，信息不对称造成了市场交易双方的利益失衡，影响社会的公平、公正以及市场配置资源的效率、企业融资约束、投资者财富。20 世纪 70 年代以后，信息不对称理论得到了经济学家们广泛的应用。通过把信息不对称理论引入金融市场中，使得信息不对称理论的价值得到体现。首先，该理论肯定信息对于市场的作用，增强了企业与投资者对金融中介功能的认识；其次，该理论认为亚当·斯密所提出的市场机制“无形的手”调节资源配置有着一定缺陷，并指出完美的市场环境条件是不存在的，完全依靠市场机制对市场进行调节并不足以使市场处于最优；最后，该理论支持了政府在市场经济的作用，通过政府与社会力量的介入，能够减小信息不对称引起的市场失灵的危害，从而提出政府监管与社会监督在市场中的作用。

2.1.3 委托代理理论

委托代理理论是现代公司治理理论与现代企业理论的重要组成部分，主要分析企业内部各个组成成员之间的关系。在公司经营权与所有权分离的背景下，企业所有者(委托人)与经营者(代理人)在预期目标不一致、双方信息存在不对称、风险偏好不同、承担责任的不对等以及契约不完备的情况下，使得委托人与代理人在行为以及价值取向上存在不一致性。正是由于委托人与代理人相关目标的不一致，代理人通过对信息的占有优势，采取偏离委托人的目标价值函数进行生产决策，追求自身利益最大化，损害委托人以及公司利益，从而产生委托代理问题。

代理问题的基本分析框架如下：由于委托人与代理人之间的效用函数不一致，以及存在信息不对称，从而导致委托人对代理人的激励不到位；又或者由于监督成本的存在，委托人对于代理人的监督不完善。所以代理人为了实现自身价值的最大化，实施不利于委托人利益的行动，又或者利用其对企业了解的信息优势采取有利于自身的决策，最终会带来非效率损失(表现为道德风险和逆向选择)和代理成本。

如果代理问题存在，代理人基于自身利益进行投资，那么将导致企业的资源配置效率降低、融资约束增大。在资源配置效率方面，代理人乐于扩大生产规模，甚至把企业的自由现金流投入 NPV 小于 0 的项目中，以扩大其构建的帝国。这是因为代理人可以分享扩大生产规模所带来的诸多好处，如在职消费、个人声誉和报酬的提高等。这些行为将会导致企业过度投资，资源配置效率降低，损害投资者利益。第二，Stiglitz 和 Weiss(1981)、Lambert 等(2007)则认为如果委托人意识到代理人会进行过度投资，委托人会在资金使用以及供给方面对其进行限制，这将导致企业投资不足，资源配置效率降低。所以，过度投资与投资不足主要是由委托代理问题引起的，但是归根结底，信息不对称是导致资源配置效率的基本前提条件。如果市场中不存在信息摩擦，即信息完全公开透明，经理人的行为完全可以被投资者察见，从而减弱代理问题，经理人的投资行为将实现最优，资源配置效率也将处于最优。代理问题的存在使得出现一系列理论假说来解释代理人的投资行为。比如，认为代理人把企业作为其获得私人利益的来源，从而导致企业资本的非效率使用(Rajan & Zingales, 1998)。在现金流代理假说下，代理人往往把企业的自由现金流投入能够为其带来私有利益的项目中，尽管这些项目净收益小于 0，最终导致过度投资、资本使用效率低下(Jensen & Meckling, 1976)。帝国构建假说表明如果企业规模较大，这将会给代理人带来非正常的收益，其中包括经理人市场中的声誉，以及社会地位。所以，代理人通常会进行大规模的投资，以扩大企业规模，这将导致投资过度、资本使用非效率(Stulz, 1990)。职业防御假说认为，代理人进行过度投资有利于其自身地位的巩固(Morck et al., 1989)。

在融资约束方面，MM理论认为在完美的市场中，企业外部融资与内部融资是等价的。但是，Bernanke和Gertler(1989)以及Gertler(1992)认为委托人与代理人之间的委托代理问题将会增大企业外部融资成本，所以企业的投资不仅受到投资需求的影响，也受到企业内部资本的影响。在存在代理问题的情况下，贷款人如果对企业进行监督，便会存在监督成本，当贷款人的监督成本超过其资金的机会成本时，贷款者便不会贷款给企业，企业融资约束增大；如果贷款人的监督成本小于其资金的机会成本时，贷款者愿意贷款给企业，但是会要求较高的回报来补偿其付出的监督努力，以致企业融资外部成本大于内部融资成本。

基于上述分析，由于企业内部代理问题的存在，一方面，代理人有着最大化私人利益的动机，从而导致企业投资非效率，资源配置效率降低，损害投资者利益。另一方面，代理问题会加大企业外部融资成本，使得外部融资成本高于内部融资成本，导致企业融资约束增大。

2.2 文献综述

本节将对政府监管效应、社会监督效应(这里特指媒体监督效应)、企业融资约束、资源配置效率以及投资者财富相关文献进行总结，并进行相应的评述，以勾勒出研究方向与创新之处。

2.2.1 政府监管效应相关文献

政府监管、法律机制能够对投资者进行保护，阻止经理人的自利行为以及大股东通过隧道效应侵占小股东的利益，从而降低代理成本，提高资源配置效率。目前相关文献认为政府可以通过行政许可审批、行政监管、法律监管以及事后处罚来干预企业的正常政策决定，引导资本、人力等资源的流向，从而影响企业资源配置效率(Shleifer & Vishny, 1993, 1994; La Porta et al., 1999; Fan et al., 2011)。然而在研究证券市场监管效率上，相关文献则主要通过检验证券市场的有效性来证明，但没有形成统一的结论。有的研究者认为监管是有效率的。Ryoo 和 Smith(2002)检验了韩国股票市场 1988 年 3—10 月间股价指数是否服从随机游走过程来判断市场是否有效率。分析过程如下，把股票价格分为 5 个区间，使用 55 只交易活跃的股票为样本，在每个区间上检验随机游走假说。结果表明，涨跌停板制度可以防止股票价格服从随机游走过程，说明涨停板的监管制度是有效的。Nourayi(1995)探讨美国证券和交易委员会(SEC)对已上市的纽约证券交易所(NYSE)和美国证券交易所(ASE)公司执法行动的效果。结果表明，SEC 的执法是有效果的，即股票价格较易受到执法负面效果的影响。在国内的研究中，大部分研究表明中国监管制度的监管作用是存在的，能够提高市场效率。Chen 等(2011)发现中国证监会的选择性执法监管是有作用的。张艳(2002)从中国市场实际出发，提出了市场信息监管的重要性。邹辉文、黄明星(2010)采用事件研究法分析股市的政策事件所产生的市场反应，研究表明，在政策事件发生时，股票的价格有着明显反应，同时股票市场的波动也较大，从而说明随着近年来中国股票市场监管的加强，监管效率在不断提高。檀学燕(2010)以中国股票市场为例，使用分形理论检验了股票市场制度变迁对于股票市场有效性的影响。结果表明，市场有效性随着制度的加强更加趋近于有效。李长爱、申慧慧(2008)实证检验了财政部 19 号文件(收回行政监督权)是否导致监管效率的改变。结果表明，财政部收回行政监督权后，审计质量有着明显的提高。另外，也有相关文献通过对上市公司理财、违规处理事件的实证研究说明证券市场监管的有效性。比如，陈工孟、高宁(2005)以 1999—2001 年政府部门对上市公司违规事件的处理情况为研究对象，分析政府监管对公司股票的影响，研究结果表明，不同形式的处理对公司股票的影响存在差异，公开谴责、警告和罚款这三种方式对公司股票有显著的负影响，而公开批评的处理方式的影响作用却不显著。田野、陈全(2012)以 2004—2009 年 ST 为样本，分析政府监管在市场中的作用，结果表明，政府监管是比较有效率的。孟焰等(2008)通过利用中国证券市场 ST 公司为样本证实了监管制度化的有效性。季华等(2010)以 2002—2006 年有重要资产注入的上市公司为样本，实证检验了证券市场监管对资产注入绩效的影响，结果表明，从资产注入对绩效的影响上，证券市场监管是有效率的。

但是也有相关研究表明监管制度的监管效率并不高。Huber(1997)使用多元方差比的方法检验维也纳证券交易所股票收益的随机游走过程，研究发现，在 1990 年至 1992 年间，随着市场体制的成熟以及流动性的增大，回报率更接近随机游走，这表明政府监管是无效率的。Chen 和 Yuan(2004)使用中国上市公司 1996—1998 年上市公司样本，分析中国证监会在对企业配股过程中的监管作用，结果表明，这个作用是相当有限的，许多公司通过盈余管理来达到配股的要求。Haw 等(2005)也使用 1996—1998 年中国上市公司数据，研究监管的作用，结果表明，企业有动机进行盈余管理达到监管的要求，但是这些监管并不被投资者所看重，这也说明监管的作用不突出。张宗新、朱伟骅(2007)认为中国证券监管效率整体低于国际平均水平。同时，以中国 1994—2006 年间违规的上市公司为样本，检验证券监管的效率，结果表明证券监管并没有体现出其实质的作用，以致监管效率不高。李长爱(2004)认为目前的政府监管存在着监管头绪混乱、职责划分不清等问题，这将导致监管成本增大、监管效率降低，并对此提出了相应的建议。

国外还存在一系列文献研究了政府监管的宏观效应。一方面，政府监管存在积极效应，比如，Cebula 和 Clark(2014)认为政府监管能够促成更有效的经济系统，提高真实的资本收入。Berg 等(2012)研究结论发现发展中国家的政府监管与腐败之间存在显著的负向关系，即较强的政府监管能够减少腐败产生。另一方面，政府监管也存在一定的负面效应，比如，Busse 和 Groizard(2006)认为过度的监管会影响 FDI 对于经济的促进作用，Westley(1998)通过研究美国的劳动市场，发现政府监管提高了低技术劳动力的成本，从而导致收入不平等性加大，基尼系数增大。Dawson(2006)的研究结论也发现政府监管与经济增长之间的关系是负向的，这是因为政府监管越严，私有投资越小，政府投资越大。所以，上述对于政府监管宏观效应的研究结论还存在一定的分歧。

2.2.2 媒体监督效应相关文献

现代企业的一个显著特点是企业所有权和经营权的分离，以及由此产生的委托代理问题。良好的公司治理能有效地减轻代理问题，保护投资者权益。公司治理机制可以分为内部公司治理机制和外部公司治理机制。一般来说，公司内部治理机制包括董事会、监事会以及股东大会等，而外部治理机制则主要包括债权人监督、独立中介机构、政府监管、媒体舆论监督等。现有关于公司治理的文献中，一些研究证实了媒体监督的公司治理作用。在美国企业公司治理的报告中，媒体扮演着一个重要的角色，比如，媒体对安然舞弊事件的揭露。目前，相关财务研究者开始对媒体公司治理作用进行研究。也有研究认为，媒体的监督功能对法律制度进行相应的补充，即在一些法律制度弱的地区，媒体监督能够在一定程度上弥补法律制度的缺失(Dyck & Zingales, 2002; Dyck & Zingales, 2004; Dyck et al., 2008; Joe et al., 2009)。

关于媒体的公司治理作用，一些研究分析了媒体监督影响公司治理的路径。现有研究主要从以下两个方面总结了媒体监督如何发挥公司治理的作用：一是媒体对于资本市场制度相关不足或漏洞进行广泛报道，形成社会舆论压力，促使资本市场的政策制定者对公司准入制度、退出制度、定价制度以及信息披露制度加以修改，从制度上要求企业具有较高的公司治理(Besley & Prat, 2001; Dyck & Zingales, 2002; Dyck et al., 2008)；二是作为资本市场中一个重要的参与者，经理人的薪酬主要取决于企业业绩(显性)与市场声誉(隐性)，企业一旦被媒体负面报道后，企业业绩将会下降，经理人的显性薪酬与声誉将受到影响。所以，媒体监督可以迫使经理人减少从事相关个人私利的行为，维护企业业绩与自身声誉(Fama, 1980; Fama & Jensen, 1983; Dyck & Zingales, 2002)。对于中国债券市场行政审批的特殊性，媒体报道能够引起行政机构的介入，促使企业改正其不良行为，提高企业公司治理强度(李培功、沈艺峰，2010)。声誉理论认为，管理层会重视其声誉以稳固其职位、获得更多的报酬以及在人才市场获得更好的择业机会。相关文献已经证实，媒体报道能够影响经理人声誉，对经理人的行为进行约束。也就是说，通过报纸、网络等途径传播的媒体可以在公司治理中扮演重要角色(Dyck & Zingales, 2002, 2004; Joe et al., 2009; Dyck et al., 2008)。通过理论分析与实证检验，Dyck 和 Zingales(2004)发现，媒体监督能够减少大股东的隧道效应与管理层的壕沟效应。通过比较分析代理问题严重与不严重的公司所受到媒体关注的不同，Dyck 等(2008)发现，代理问题严重的企业更容易受到媒体的关注，而当媒体关注这些企业后，这些企业将会采取措施来缓解代理冲突。Joe 等(2009)又发现，媒体还会对董事会的效率进行关注，缺乏效率的董事会如果受到媒体报道后，会强制董事会纠正其行为，提高企业价值与股东财富。国内关于媒体监督的公司治理效应研究方面，李培功、沈艺峰(2010)较早地实证检验了媒体监督对公司治理效应的影响，提出媒体监督对于公司治理的途径，即媒体报道通过引起相关政府部门的行政干预从而起到相应的公司治理效果。随后，一系列学者从代理成本、财务重述、盈余管理、高管薪酬监督角度研究媒体监督的公司治理效应(戴亦一等，2011；于忠泊等，2011；罗进辉，2012；杨德明、赵璨，2012)。于忠泊等(2011)从盈余管理视角研究了媒体关注的公司治理作用，结论表明，媒体的大量报道给管理层形成一种无形的压力，从而迫使管理层改变他们的投资策略，实现公司治理作用。戴亦一等(2011)研究发现媒体报道越多，企业的财务重述行为越少，从而支持了媒体报道的公司治理作用。罗进辉(2012)认为媒体报道能够起到公司治理作用，降低公司的双重代理成本。郑志刚等(2011)也认为媒体报道通过影响经理人的声誉，约束经理人行为，进而起到公司治理作用。

在一个开放的资本市场经济中，市场信号对于企业(管理层)提高资源配置效率存在重要作用。Zingales(2000)认为媒体在指导企业(管理层)资本配置决策时发挥了作用，这个作用也许是正面的，也许是负面的。Dyck 和 Zingales(2002)充分发展了这一想法，考虑到媒体收集、汇总与传播信息的功能，然而在一定程度上，这些信息会影响管理者的声誉功能，使得管理者会考虑媒体报道及评论的影响来确定他们的决策。Dyck 和 Zingales(2002)专注于媒体如何使得企业管理者以及董事从事社会所接受的行动，经过分析发现，媒体通过影响公司政策以降低控股股东资源转移行为是其路径之一。Liu 和 McConnell(2013)使用1990—2010年636个并购样本实证检验媒体监督对于企业资本配置决策的影响。结果发现，当媒体高度关注时，管理层会注重自己声誉资本的损失，从而放弃企业价值减少的并购行为。Kahan 和 Rock(2006)发现在某一对冲基金公司中，如果该公司处于亏损，而且又受到大量媒体的关注，则会使得管理层引咎辞职或者是改变策略。

然而，媒体报道还能够通过降低企业与投资者之间的信息不确定，以及投资者与投资者之间的信息不对称，进而对资源配置效率、融资约束、投资者财富产生影响。首先，媒体负面报道有利于减小企业与投资者之间的信息不对称程度(Fang & Peress，2009；Tetlock，2010)。通过构建理论模型，Tetlock(2010)分析了公共新闻报道在降低信息不对称方面的作用，同时使用道琼斯新闻网上所有美国上市公司的二百多万条新闻，分析媒体报道是否改变了企业外在的信息环境。Fang 和 Peress(2009)认为，即使媒体不提供真正有意义信息，媒体报道也可以缓解信息摩擦和影响资产的定价。Bushee 等(2010)认为媒体报道有着加快信息传播、减少信息摩擦乃至增大金融市场信息效率的作用，并且以1182个中型成长性公司为研究对象，收集608296个媒体报道，实证研究得到媒体报道能够作为资本市场中的信息中介，减少企业与投资者之间的信息不对称。Dyck 和 Zingales(2002)认为媒体的功能主要在于信息收集汇总，以及对公众提供可靠的信息。Zingales(2000)认为当媒体提供的信息是精确的以及可信时，阅读者可以利用这个信息进行投资活动。Frankel 和 Li(2004)实证发现媒体消息的数据与信息不对称之间并没有产生预期的正相关关系。张雅慧等(2011)以媒体关注的上市公司为例，基于风险补偿假说以及过度关注假说，发现被媒体报道的股票在事件日周围存在显著的负超额收益。

另外，国内也存在一些文献研究得出媒体的监管效应较低的结论。比如，倪子靖、史晋川(2009)认为相关利益集团存在与政府“合谋”可能，也同样存在通过游说、交易等各种手段进行“寻租”、“规制俘获”等可能，因此，其独立公正的监督职能无法得到充分彻底的发挥。贺建刚等(2008)基于五粮液案例研究，也认为媒体监督未明显改善大股东的利益输出行为。

2.2.3 投资者保护经济后果相关文献

IOSCO 制定的《证券监管的目标和原则》中第三十条证券监管原则中明确提出，证券监管的三大目标为：确保市场公平、有效与透明，保护投资者以及减少系统风险(International Organization of Securities Commissions, 2010)。证券市场监管目标主要是通过设计一定的制度来保护投资者利益。比如，Lambiase(2004)认为证券市场的监管主要目的在于保护投资者，Zingales(2009)认为未来的政府监管就是为了保护投资者利益。但有些学者认为，证券市场监管应该是宏观层面的，而不仅仅是保护个人的利益，即他们认为证券市场监管的最终目标是为了实现有效的金融市场，并提高资源配置效率。比如，Gillen(2006)认为证券市场监管应当提高资本市场的竞争性与市场流动性、降低代理成本、交易成本以及信息成本等，并提高信息披露水平以及减少内部交易；Anand(2010)认为政府监管有利于减小系统性风险；Christensen 等(2011)认为政府监管对于资本市场有着重要影响，其表现在市场流动性增加以及资本成本降低。以上关于监管目标只涉及市场效率的提高，但是这种监管目标正受到关注个人利益理论的广泛冲击。然而，在国内的研究中，有学者认为应该从市场效率以及投资者两个视角来考虑监管的作用(杨谊等，2009)。

基于监管目标的多重性(投资者保护与市场资源配置效率)，本书则认为最主要的目标在于投资者保护。其原因在于，投资者保护有利于保护投资者财富(Morck et al., 2000; Leuz et al., 2003)、提高资源配置效率(Wurgler, 2000; Beck & Levine, 2004; Foley & Greenwood, 2010)以及降低企业融资约束(Fazzari et al., 1988、2000; La Porta et al., 2002、2006)。同时也存在一些文献结论表明投资者保护提高了企业获得外部融资的能力(La Porta et al., 2006)。Wurgler(2000)发现在投资者保护法律较强或者金融市场发展程度强的国家，企业面临的融资约束较小。Demirguc-Kunt 和 Makismovic(1998)研究了法律与金融系统的差异如何影响企业的外部融资。结果表明，在一个投资者保护法律较强的国家，企业将会获得较大比例的长期贷款。Fazzari 等(1988, 2000)认为在投资者保护较强的国家，投资与现金流之间的敏感度会减小，即融资约束相对较小。在国内的研究中，于文超、何勤英(2013)认为投资者保护程度高的地区，企业融资约束相对较小。

其他一些研究则认为投资者保护能够提高资源配置效率。Mclean 等(2012)通过使用44个国家微观数据进行实证研究，得到的结果表明投资者保护能够降低企业的融资约束，提高企业的投资效率与资源配置效率。另外，Foley 和 Greenwood(2010)认为在对投资者保护较强的国家，企业能够提高资本或者资金的使用率，即提高资源配置效率。Beck 和 Levine(2004)证实了投资者保护对资本市场规模、企业估值、企业支付行为、资源配置效率以及经济增长有着重要作用。Almeida 和 Wolfenzon(2005)发现较差的投资者保护导致资本配置受到约束。在完美的、成熟的资本市场中，资本在市场中的流动完全取决于资本回报率的高低，公司的投资与融资决策受限于投资收益与成本的大小。对于公司层面的资源配置效率，信息不对称以及代理问题是其最重要的影响因素。在国内的研究中，许多学者通过使用投资效率代替资源配置效率来研究投资者保护与资源配置效率之间的关系。于文超、何勤英(2013)使用2004—2009年中国民营上市公司数据，实证研究了投资者保护与资源配置效率之间的关系。结果表明，投资者保护水平越高的地区，企业的资源配置效率越高(投资效率)。黎来芳等(2012)通过使用2006—2008年制造业上市公司数据研究发现，投资者保护能够显著降低企业的过度投资行为，进而提高企业的资源配置效率。罗琦、秦国楼(2009)利用2001—2005年中国上市公司A股数据，实证检验投资者保护与投资效率的关系。实证研究发现，投资者保护强的环境下，企业的投资不足与过度投资都得到改善，以致资源配置效率得到提高。罗琦、王寅(2010)研究表明，投资者保护能够很好地缓解企业投资不足与投资过度，即提高企业的资源配置效率。

在对投资者保护强的市场中，往往会伴随股票市场价值的增长(La Porta et al.，1997)、较多的股利分配(La Porta et al.，2000)、较多的投资机会与投资效率(Wurgler，2000)。Shleifer 和 Wolfenzon(2002)认为在投资者保护弱的国家，控股股东的侵占效应损害了投资者财富。投资者保护越强的国家，管理层与控制股东进行自利活动(掏空公司资源)的空间与机会较小，所以更可能投资有利于股东价值的投资项目(Wurgler，2000；Shleifer & Wolfenzon，2002)。另外，Klapper 和 Love(2004)认为投资者保护能够降低内部人掏空企业的行为，从而保护投资者财富。另外一些研究从企业行为角度对投资者保护进行研究，投资者保护法律鼓励企业披露更准确的财务报告(Leuz et al.，2003)以及更多的套利行为(Morck et al.，2000)，这两个结果将会体现在股票价格上，使得股票基本面价值得到精确反映，从而有利于投资者进行相关投资决策。在国内的研究中，王鹏(2008)使用中国各地区 2001—2004 年各投资者保护指标，研究投资者保护对企业绩效的影响。结果发现，投资者保护水平能够降低控股股东对于上市公司的隧道效应，使得公司绩效增大，进而保护投资者财富。罗琦、秦国楼(2009)研究认为投资者保护能够限制企业内部控制人的隧道效应与掏空效应，从而在一定程度上保护投资者权益。

基于以上关于研究投资者保护与企业融资约束、资源配置效率以及投资者权益关系的文献总结，投资者保护能够降低企业融资约束，提高企业资源配置效率以及保护投资者财富这一结论已经得到国内外文献的支撑，所以，本书认为监管的主要目标就是保护投资者权益。另外，通过对投资者保护经济后果的文献总结，也为本书后续从投资者保护为视角，从三个层面(融资约束、资源配置效率以及投资者财富)来分析政府监管与社会监督效率提供理论依据。同时，这三者之间是相互联系的整体。具体而言，投资者保护的最终的目的在于提高投资者财富，所以研究问题的落脚点在于政府监管与媒体监督是否能提高投资者财富。然而这种影响作用是否可能通过提高资源配置效率来实现？是否可能通过降低企业融资约束来实现？进一步来说，企业融资约束是否会对资源配置效率产生影响？上述问题虽然在理论上存在一定的可能，但是在中国资本市场相关制度不完善、配套设施不健全的环境下，急需进一步的解答。所以综上所述，无论是从监管的目标，还是从债权人财富的影响路径上，或者三者之间的关系上分析，以此三者作为本书研究的三个层次是科学合理的。

2.2.4　融资约束影响因素相关文献

MM 理论认为，在一个完美的资本市场中，企业的资本结构不影响企业投资与绩效，也就是说，企业的外部融资与内部融资是等价的。然而，由于资本市场的信息不对称，企业管理者与所有者之间的代理问题广泛存在，这使得企业外部融资成本高于内部融资成本，从而造成企业的融资约束，影响企业的正常投资活动，损害企业的价值。造成企业融资约束的主要理论基础在于信息不对称理论与代理理论。信息不对称理论认为，由于市场参与者的异质性，他们对相关信息的了解是存在差异的，具有信息优势的一方进行积极的投资行为、高卖低买、积极调整他们的投资组合，从而使得信息劣势者在投资决策中处于不利地位，产生逆向选择，导致相关企业的融资约束加大。相关文献也证实了信息不对称与企业融资约束之间的直接关系（Demirguc-Kunt & Maksimovic，1999；白重恩等，2005；张纯、吕伟，2007）。Demirguc-Kunt 和 Maksimovic（1999）研究发现外在的信息环境对企业的融资约束影响重大，如果资本市场信息不对称程度越大，则企业获得银行贷款的概率越小，以及贷款期限越短。其原因在于，在不确定的环境中，长期贷款使得银行面临坏账的几率增大，而且不易对坏账进行管理监督。张纯、吕伟（2007）从信息不对称以及市场关注角度分析了影响融资约束的因素。结果表明，如果企业的信息披露水平越高，分析师关注度越高，企业的融资约束越小。其理论在于降低了企业的融资成本，进而降低了企业的融资约束。白重恩等(2005)认为企业与银行或者投资者之间的信息不对称以及道德风险制约了企业获得外部融资的能力，即影响企业融资约束。另一方面，Jensen 和 Meckling(1976)认为代理问题导致了企业融资约束，这是因为委托代理问题将会导致代理人从事更多的自利行为，从而损害相关委托人利益，所以在进行外部融资时，外部债权人将会索取更多的风险溢价，这将会影响外部融资成本，使得企业融资约束增大。

目前国内外研究主要集中在探讨企业融资约束的影响因素方面。本书则主要从 4 个方面进行总结，具体为政治联系、金融发展、政策制度、企业自身特征(白重恩等，2005；罗党论、甄丽明，2008；何贤杰等，2012；Shleifer & Vishny，1994；Richardson et. al，2010；Goss & Roberts，2011)。

在政治联系与企业融资约束方面，国内外研究都认为相对于无政治联系的企业，存在政治联系企业的融资约束相对较小(Johnson & Mitton，2003；Claessens et al.，2008；Engelberg et al.，2012；罗党论、甄丽明，2008)。在对东南亚经济体的研究中，Johnson 和 Mitton(2003)通过利用亚洲金融危机这个外生冲击，发现在金融危机中，马来西亚政府对于有政治联系的企业补助显著大于没有政治联系的企业，这说明政治联系能够使得企业获得更多的财政补助，也就是所谓的“预算软约束”。Khwaja 和 Mian(2005)使用巴基斯坦 1996—2002 年超过 9000 家企业的贷款数据，研究政治联系企业与银行之间的关系借贷。发现相对于没有政治联系的企业，政治联系的企业有超过 45%的概率更能获得银行贷款，国有银行更愿意给有政治联系的企业贷款。另外，有政治联系的企业还伴随着较高的违约概率，这个概率比没有政治联系的企业高 50%。Charumilind 等(2006)使用 1997 年亚洲金融危机之前泰国数据分析政治联系企业是否会获得银行的长期信贷，研究发现相对于没有政治联系的企业，有政治联系的企业更容易获得长期贷款，并且所要求的抵押较小。Claessens 等(2008)发现巴西企业能够得到银行贷款的一个重要渠道是政治联系背后的经济效应。然而，在银企关系的研究中发现，当企业董事会成员存在银行背景时，更容易获得银行贷款，且银行贷款规模、额度更大，期限更长，信用担保将更低。Sisli-Ciamarra(2012)通过使用手工数据，检验存在银行关系的董事会对于企业融资约束的影响，实证结果表明，存在银企关系的企业更容易获得私有贷款，以及改善企业的债务资本结构，其原因在于降低了借贷成本，以及要求较小的债务抵押。Engelberg 等(2012)证实如果公司的员工与银行员工之间存在联系(例如，参加了同一所大学学习或曾在同一公司)，这将使得企业获得更有利的贷款合同条款，如贷款金额较大、限制性条款较少以及借贷成本较低。相似地，Chakravarty 和 Yilmazer(2009)也证实这种关系能够影响贷款人的决定，即是否同意或者拒绝给企业贷款。Burak 等(2008)使用 282 个企业 14 年间的数据实证检验发现，当银行家进入公司董事会时，外部融资机会增大，投资-现金流敏感性降低。当然，政治联系与企业融资约束之间的关系还会受到其他因素的影响。比如，Faccio(2006)认为政治联系在高度腐败、政府干预强度大的国家更容易降低企业的融资约束。国内对于政治联系与企业融资约束的关系研究主要基于政治联系的信息效应与资源效应。比如，于蔚等(2012)利用 1999—2009 年民营上市公司数据，实证检验了政治关联与企业融资约束之间的关系，并详细探讨影响的机理机制。研究发现，存在政治关联的企业的融资约束小，进一步发现信息效应与资源效应是政治关联影响融资约束的两个机制。邓建平、曾勇(2011)通过使用 2004—2008 年民营上市公司数据对金融关联与企业融资约束之间的关系进行研究，结果发现金额关联与融资约束之间存在显著的负相关关系，金融关联比政治联系更能降低企业融资约束。罗党论、甄丽明(2008)通过构建理论模型分析政治联系在企业融资中的重要作用，并采用 2002—2005 年中国民营上市公司数据，实证检验了政治联系与企业融资约束之间的关系，研究表明，相对于没有政治联系的民营企业，有政治联系的民营企业的融资约束更小。另外，国内研究也发现法制化水平等因素也会影响两者之间的关系。比如，余明桂、潘红波(2008)利用 1993—2005 年上市公司数据，分析了政治联系对于企业获得银行贷款的帮助，实证结果表明，有政治联系的企业能够获得较多的银行贷款以及较长的贷款期限，这个结果在法制化水平低或者金融发展水平低的地区更加显著。

在金融发展与企业融资约束方面，国内外文献一致认为金融市场发展水平与投资者保护水平通过影响企业获得贷款的概率，进而影响企业融资约束(La Porta et al., 1997; Khurana et al., 2006; 沈红波等, 2010)。La Porta 等(1997)使用 49 个国家数据实证检验发现，投资者保护弱的国家，拥有较弱的资本市场(股票市场与债券市场)，这使得企业融资受到限制，即企业融资约束较大。Demirguc-Kunt 和 Maksimovic (1999)使用 30 个国家 1980—1991 年公司债务期限数据，实证检验金融市场发展水平与企业债务期限之间的关系，发现金融发展水平影响企业获得长期贷款的概率。Khurana 等(2006)使用 35 个国家 1994—2002 年 12782 个企业数据实证检验金融发展对于企业投资现金流敏感性的影响。研究发现，金融发展水平越高，企业投资现金流敏感性越小。这也就是说，金融发展水平越高，企业的融资约束越低。Love(2003)提供了微观证据证实金融发展能够降低融资约束，并且这种影响受到公司规模、成长周期与法律环境的影响。Beck 等(2005)通过使用国别数据，检验中小企业与经济发展之间的关系，研究发现小企业面临着较大的增长约束，其原因在于获取外部资本的难度较大，然而，金融机构的发展能够降低中小企业面临的融资约束。在国内的研究中，沈红波等(2010)使用 2001—2006 年制造业数据，从宏观角度分析金融发展水平对企业融资约束的影响，结果表明，企业所处的地区金融发展水平越高，企业的融资约束越小，另外也发现国有企业的融资约束小于民营企业。朱凯、陈信元(2009)研究发现，金融生态发展水平越发达的地区，企业的融资约束较低。饶华春(2009)使用 2003—2007 年中国上市公司数据检验金融发展与企业融资约束之间的关系，研究发现金融发展水平能够系统性地降低企业的融资约束，并且这种降低作用在民营企业中更强，进一步指出金融中介对于缓解企业融资约束的重要性。

在政策制度与企业融资约束方面，国内外研究也证实了政策制定或者制度变迁对于企业融资约束有着显著的影响(Dinc, 2005; 罗宏、陈丽霖，2012)。一般情况下，随着一系列监管政策的颁布，监管质量得到提高，这在一定程度上降低了企业融资约束。Dinc(2005)认为由于政府干预的存在，大型国有控股银行对于企业的贷款存在显著的选举效应，也就是说，政府会出于某些目的(选举)，将对企业追加贷款，或者对贷款的担保要求较低。这说明政府干预能够影响企业融资约束。Fan 等(2006)使用 39 个发展中国家与发达国家的国别数据，实证检验制度环境对企业资本结构与融资约束的影响，实证结果表明，一个国家的法律、税收制度、腐败以及资本供给能够影响企业的资本结构与债务比率，进而影响其融资约束。在国内的研究中，罗宏、陈丽霖(2012)以 2009 年增值税转型改革为契机，研究政策性税收改革对企业融资约束的影响，研究结果表明，增值税转型有利于降低企业的融资约束。何贤杰等(2012)研究认为企业披露社会责任报告有利于降低企业的融资约束，这种影响主要通过降低企业与投资者之间的信息不对称来实现，这表明企业社会责任披露制度将会影响企业融资约束。也有相关研究认为宏观环境条件对企业融资约束有着显著影响。比如，黄志忠、谢军(2013)利用 2002—2010 年上市公司季度数据，理论与实证检验了宏观货币政策与企业融资约束的关系，结果表明，宽松的货币政策能够给企业提供较多的外部贷款，从而减小其融资约束。这个结论得到了张蕴萍等(2017)研究的支持。应惟伟(2008)研究认为在外部经济环境不良的情况下，企业的融资约束将会增大，而在经济环境良好的条件下，企业的融资约束相对较小。

企业的自身特性也是影响融资约束的重要因素，所以相关研究认为可以采用企业特性来对企业融资约束进行度量。第一，企业规模与企业年龄对融资约束的影响。Shleifer 和 Vishny(1994)认为企业融资规模越小，企业的融资约束越大，并且分析得到小规模企业融资约束大概是大规模企业融资约束的两倍。Beck 等(2005)利用 56 个国家数据证实了相对于小企业，大企业更容易获得外部融资，以及较低的贷款成本，从而实现较高的经济利润。郭丽虹、徐晓萍(2012)利用 1378 个中小企业数据实证检验企业特征与企业融资约束之间的关系。结果表明，企业规模越大，企业融资约束越小。从信息不对称角度来看，公司年龄是信息不对称的衡量变量，公司年龄越小，企业信息不对称越大，企业融资约束越大(Cabral & Mata, 2003)。第二，企业所有制性质也可以衡量企业的融资约束，白重恩等(2005)认为中国私有企业的融资约束较大。郑江淮等(2011)以股权结果为视角，分析企业国有股份比重对于融资约束的影响，研究表明，企业国有股份比重越大，外部融资约束越大。第三，企业公司治理水平对融资约束的影响。张金鑫、王逸(2013)利用2003—2005年与2008—2010年中国上市公司数据，通过采用四种方法度量公司的会计稳定性水平，在此基础上实证检验会计稳定性与企业融资约束之间的关系，结论表明，会计稳定性高的企业，其融资约束越小，这表明资本市场中的投资者在投资时会参照公司的财务报告信息。程小可等(2013)通过使用2009—2011年中国上市公司数据，基于信息不对称理论，从企业融资成本角度实证检验了企业内部控制水平与企业融资约束之间的关系。研究发现内部控制水平高的企业，其融资约束低。张纯、吕伟(2007)使用2004—2006年上市公司数据，从信息不对称理论入手，研究机构投资者与企业融资约束之间的关系，研究结果发现，机构投资者持股比例越高，企业融资约束越低，且这个关系在民营企业中更明显。王少飞等(2009)从投资者保护视角，以信息不对称理论为基础，研究审计意见对企业融资约束的影响，结果表明，企业的非标准无保留审计意见能够降低投资者与企业之间的信息不对称，增加投资者参与市场交易的积极性，从而减少企业的融资约束。第四，市场竞争程度对于企业融资约束的影响，MacKay 和 Phillips(2005)认为在市场竞争程度较大的行业，银行要求企业的担保合同较严格，契约较完善，这使得企业的融资约束增大。Povel 和 Raith(2004)从风险角度分析企业如果处于市场竞争程度大的行业中，其面临的不确定性风险越大，未来的可预计收益越不稳定，投资者投资情绪不高，导致企业融资约束增大。陈胜蓝等(2012)通过使用2004—2009年中国上市公司数据，实证检验了市场竞争对于企业融资约束的影响，结果发现，企业所处的市场竞争程度越激烈，其融资约束越大。第五，部分研究文献基于三种理论认为出口能够减小融资约束，即出口能够使得企业生产效率提高，获得更多的现金流；出口容易获得国际财团的支持，更容易得到国际相关银行的贷款，降低融资约束；出口使得企业现金流受到国内某个固定政策影响较小。周世民等(2013)利用 2002—2007 年民营上市公司数据，使用 PSM 倾向匹配方法与 DID 双重差分法实证检验企业出口行为是否能够减小企业自身的融资约束，研究结论表明，出口在一定程度上能够减少中大型民营企业的融资约束，对小型民营企业作用不显著。最后，Whited(1992)利用债券市场数据，研究发债企业的融资约束，研究结果发现，债券信用评级越高，企业的融资约束越小。潘越、戴亦一(2008)以中国双重上市公司为样本，实证分析双重上市特征对融资约束的影响，研究表明，双重上市企业的融资约束明显减少。

2.2.5　资源配置效率影响因素相关文献

关于影响资源配置效率的影响因素，许多学者从制度背景、市场竞争情况以及投资者等角度进行分析(周中胜，2008；方军雄，2009；花贵如等，2010；祝继高、陆正飞，2011；杜兴强等，2013)。第一，中国的制度背景影响了资源配置效率。周中胜(2008)使用 1999—2004 年上市公司数据，研究证实产权制度安排和行业市场竞争程度会对资源配置效率产生显著影响。祝继高、陆正飞(2011)以符合配股条件的全部 1998—2004 年上市公司为样本，分析了政府监管的配股资源配置效率，研究结果表明，政府监管对于配股审批降低了资源配置效率。另外，Chen 和 Yuan(2004)与 Haw 等(2005)的研究也支持了祝继高与陆正飞(2011)的结论。杜兴强等(2013)以 2006—2010 年 IPO 上市公司为样本，分析证券发行审核制度的有效性，结果表明“发审委联系”的企业更容易获得发行资格，从而导致资源配置效率低下。第二，市场的竞争情况影响了资源配置效率。方军雄(2009)认为市场分割情况影响资源配置效率，尤其在我国债券市场中，市场分割状况比较明显。进一步，陆铭等(2004)认为地方保护主义也能影响资源配置效率，因为其可以影响市场分割状况。第三，关于投资者情绪影响资源配置效率，Polk

和 Sapienza(2009)通过研究啄食理论，认为投资者情绪影响企业投资行为进而导致资源配置的扭曲，资源配置效率降低。花贵如等(2010)使用2000—2008 年上市公司数据分析了投资者情绪对资源配置效率的影响，结果表明在中国资本市场中，投资者情绪导致资源配置效率降低。

上述研究没有直接度量出资源配置效率的大小，只是采用相关间接变量进行替代，这势必会造成相关实证研究结论出现偏差。所以，有必要从资源配置效率的衡量方法角度对相关文献进行梳理与综述。

从微观上来说，资本的流动使得资本的边际收益与边际成本相等，从而使得资源配置效率达到最优。从宏观来说，资源配置效率是指资本从边际收益低的行业(地区)流入边际收益高的行业(地区)，在这个流入过程中的及时性与规模性体现了资源配置效率。岳书敬(2011)对资源配置效率的度量进行了总结，认为目前中国资源配置效率的研究主要从两个角度进行展开。一是借鉴新古典一般均衡理论思想，认为当资本的价格与资本边际生产率相等时，资源配置效率才达到最优。所以，使用资本边际生产率的方差变动能够体现资源配置效率大小(龚六堂、谢丹阳，2004)。但是这个方法存在一定的局限性，原因在于资本边际生产率的计算，以及不能直接度量出资源配置效率具体数值，从而制约了后续影响因素的研究。二是目前关于度量资源配置效率的研究中，应用最广的当属 Wurgler(2000)的定义方法。他提出了一种用参数来衡量市场资源配置效率的方法，并认为市场资源配置效率高体现为在资本回报率高的行业上追加投资，在资本回报率低的行业上抽回资本。后续的大多数研究借鉴该方法，或者对 Wurgler(2000)的模型进行扩展对资源配置效率进行衡量，并在此基础上，对资源配置效率时间、区域以及行业层面比较分析，以及研究资源配置效率影响因素。

一系列国内研究者借鉴 Wurgler(2000)的思想对资源配置效率进行相关研究。韩立岩、蔡红艳(2002)首先采用 Wurgler(2000)的方法，计算了 1991—1999 年间中国市场的资源配置效率，并通过进一步实证检验得到，股票市场规模、股市流动性与信贷市场规模与资源配置效率负相关。然而，潘文卿、张伟(2003)利用 1978—2001 年国内省市数据，在参考 Wurgler(2000)构建资源配置效率的基础上，分析金融发展、信贷市场、股票市场与资源配置效率之间的关系，得到的结果与韩立岩和蔡红艳(2002)的结果存在差异。随后，韩立岩、王哲兵(2005)对我国资源配置效率进行分析，发现我国整体资源配置效率较低。借鉴 Wurgle(2000)的研究，方军雄(2006)利用 1997—2003 年中国工业化数据，分析市场化进程与资源配置效率之间的关系，研究发现，市场化程度越高，资源配置效率越好。方军雄(2007)在其之前(方军雄，2006)研究的基础上，探讨市场化进程与资源配置效率之间的关系是否受到企业所有制的影响，研究结果发现，由于国有企业有着政策性负担及政治性目的，国有企业与非国有企业中的资源配置效率存在显著差异，前者小于后者，并且随着市场化程度的深入，两者差异逐渐减小。李青原等(2013)利用 1999—2006 年中国地区工业数据，分析金融发展与地区资源配置效率的关系，发现金融发展能够提高中国地区实体经济资源配置效率。

然而，随着研究的深入，许多学者借鉴 Fazzari 等(1988)的模型构建思想，提出了以“投资-投资机会敏感性”来衡量企业的资源配置效率。其可行性在于，企业的投资支出如果对投资机会较为敏感，并且是积极的，那么可以认为资本流入了需要的地方。这个思想与 Wurgler(2000)基于行业层面提出的资源配置效率一致。最为典型的为 Abiad 等(2008)的研究，他们利用印度、约旦、韩国、马来西亚以及我国台湾地区五个新兴市场数据，使用修改的 Tobin Q 值，采用投资与 Tobin Q 之间的敏感性来替代企业资源配置效率，分析金融自由化对于企业资源配置效率的影响，发现相对于金融深化，金融自由化更能提高企业资源配置效率。另外，由于 Tobin Q 的分子是资本与债务的市场价值，分母是有形与无形资产的重置成本，所以他们认为在没有测量误差与完美市场中其值应该等于 1。基于此，他们采用市场中的三个近似变量来构建 Tobin Q。第一，尽管边际 Q(市场价值的增量与相应投资支出的比率)能够对资本的未来边际回报进行很好的估计，但是数据的限制则要求相关研究使用平均 Q 来替代边际 Q。第二，由于无形资产的数据难以获得，相关研究只在分母中加入有形资产值(Blanchard et al.，1993；Chari & Henry，2003)。第三，数据的限制使得相关研究只能使用债务的账面价值而非市场价值。

借鉴 Abdul 等(2008)的思想，范学俊(2008)使用 1992—2000 年间的季度数据，构建相应的泰勒系数来度量相应的资源配置效率，在此基础上，利用向量自回归模型以及误差修正模型分析金融自由化与资源配置效率之间的协整关系、长期与短期关系。应千伟等(2010)在考虑 2004 年贷款利率改革的背景下，以 2001—2007 年上市公司平衡面板数据为样本，分析贷款利率改革对资源配置效率的影响，研究发现，随着贷款利率改革的深入，资源配置效率没有得到提高，甚至可能下降，且在金融发展水平较低的地区更为显著。另外，在此研究中，通过对 Tobin *Q* 的改进，使得 Tobin *Q* 更能体现真实投资。于文超、何勤英(2013)利用 2004—2009 年民营企业数据，分析投资者保护、政治联系与企业资源配置效率之间的关系，研究发现，投资者保护越强，资源配置效率越高，而且对于有政治联系的公司，这两者关系更加显著。陈德球等(2012)利用 2005—2007 年中国上市公司数据，以投资-Tobin *Q* 敏感性来代替企业资源配置效率，同时构建相应的政府质量指数分析政府质量与企业资源配置效率之间的关系，研究发现，政府质量越高，资源配置效率越高。应千伟等(2010)则认为在中国股票市场非有效的情况下，股票市场信息并不能完全被预测，传统的 *Q* 值并不能完全代替企业的投资机会，所以他们在此基础上，构建了一个新的基准 *Q* 值来反应企业真实的投资机会。

另外，也有相关研究直接把投资效率作为企业资源配置效率，即借鉴 Richardson(2006)的研究，采用投资不足与投资过度来度量企业资源配置效率。比如，杨继伟、聂顺江(2010)利用 2001—2008 年上市公司制造业数据，借鉴 Richardson(2006)的研究，采用投资不足与投资过度来度量企业资源配置效率，分析股价信息含量与资源配置效率的关系，研究发现，股价信息含量有利于提高资源配置效率。李青原(2009)利用 1999—2005 年上市公司数据，借鉴 Richardson(2006)的研究，以投资不足与投资过度来度量企业资源配置效率，从会计信息角度分析影响企业资源配置效率的因素。研究结果表明，会计信息质量越高，企业资源配置效率越好。另外，李云鹤等(2011)使用 2002—2007 年上市公司数据，实证发现在企业的不同生命周期中，公司治理对企业资源配置效率影响存在差异。周春梅(2009)检验盈余质量与企业资源配置效率之间的关系，并对其影响路径进行分析，研究发现，盈余质量与企业资源配置效率之间存在显著的负相关关系，并且认为代理成本是其一个影响路径。

最后，还存在其他研究对企业资源配置效率进行度量。比如，Titman 等(2004)有别于 Richardson(2006)模型的计算相应的残差作为企业资源配置效率，他们把企业资源配置效率定义为超额投资，令 $CI_{it} = \frac{CE_{it}}{(CE_{it-1} + CE_{it-2} + CE_{it-3})/3} - 1$ 为企业资源配置效率，CE 为 i 公司第 t 年投资额与主营业务收入的比值。Galindo 等(2007)则通过使用每单位资本的销量以及每单位资本的营业利润来作为边际产品投资的替代变量，进而得到相应的企业资源配置效率，在此基础上，通过使用 12 个发展中国家数据检验金融自由化对于企业资源配置效率的影响。

2.2.6 投资者财富影响因素相关文献

LLSV 一系列法与金融的文献表明，法律制度对投资者保护有着重要作用。另外，委托代理理论认为，管理层与股东之间存在代理问题，大股东与小股东之间也存在代理问题，所以公司治理是影响投资者保护的重要因素(罗本德、张宗益，2006；姜国华等，2006；La Porta et al.，2000)。但是也有研究表明，机构投资者作为外部公司治理机制，能够显著增大对投资者利益的保护(姚颐等，2007；Shleifer & Vishny，1986)。有些学者认为制度也可能影响投资者权益，正如 Roe(2006)指出，可以通过监管来实现外部投资者保护，在面临法律缺失的国家，监管比诉讼更有效(Glaeser & Shleifer，2003)。

任何政策的颁布都在于提高投资者财富，投资者财富增加是政府监管与社会监督的目标。早期对投资者财富的研究主要集中在政策颁布的市场反应。La Porta 等(1998)通过跨国数据研究，认为国家的法律保护水平能够直接影响投资者财富，所以相关政策的市场反应也就是政策对投资者财富的影响。另外，在研究相关制度改革对投资者财富的影响中，以股权分置改革为对象。丁志国等(2006)认为股权分配改革无论对流通股东还是非流通股东都存在一定的财富创造效应，也就是说能够提高投资者财富。吴德胜等(2008)也认为股权分置改革能够增加流动股股东的财富，其增加值为股改前的7%。李茂良等(2014)则通过举例2009年10月9日证监会发布关于上市公司现金分红决定的外生事件，考察这一政策的出台对于投资者财富的影响，结果表明，半强制分红政策的颁布能够增加投资者财富。姚颐、刘志远(2011)也认为投票权制度的改革有利于对投资者权益的保护。

其次，相关研究也关注并购对于投资者财富的影响。Billett 等(2004)研究了20世纪80年代到90年代间，兼并与合并对目标公司与收购公司债券持有人的财富变化的影响，研究结果发现，如果目标公司的债券处于投资级别，那么该公司的债券持有人将会在并购公告中获得显著的正向收益，但是，合并公司的债券持有人的财富将会显著降低。然而，Asquith 和 Kim(1982)研究了并购合并能否影响企业债权人与股东财富，结果发现，并购合并并不会导致证券持有人财富的增多或减少。另外，Asquith 和 Wizman(1990)的研究认为企业进行杠杆收购时，会造成债券持有人财富的损失。但是，如果拥有较强契约保护的债券，则能够在一定程度上增多债券持有人财富。至于国内的研究，郝项超等(2011)使用期权定价模型估算债券价值，并以此作为债券持有人财富，研究上市公司并购是否带来债权人财富的变化，研究表明，上市公司的并购活动并没有增加债权人财富，反而目标公司处于较低的财务风险下，将会损害债权人财富。

再次，存在相关研究探讨机构投资者对投资者财富的影响。刘志远、花贵如(2009)发现机构投资者的积极主义行为能够在一定程度上抑制大股东的掏空行为，从而保护投资者收益，但是这个保护作用在不同的所有制企业中有所区别，相对于国有企业，在非国有企业中，机构投资者的参与更能保护投资者权益。Shleifer 和 Vishny(1986)认为机构投资者的积极监督行为具有公司治理功能，可以对管理层行为起到一定的监督作用，使得投资者利益在一定程度上受到保护。但是，姚颐等(2007)通过利用股权分置改革这一契机，利用机构投资者对对价方案的投票支持情况，以对价送达率、对价报出率以及对价支付因子为投资者保护的替代变量分析机构投资者对于投资者保护的作用，实证表明，机构投资者并没有实现对投资者的保护。

最后，企业内部特征变化也将会影响投资者财富。张美霞(2007)利用 2000—2005 年基金经理变更公告，检验基金经理人变更公告的市场反应来分析投资者财富的变化，实证表明，基金经理的变更公告并没有导致投资者财富发生显著变化。高雷、宋顺林(2007)研究发现控股股东的掏空行为(关联担保)损害了投资者利益。Chen 等(2011)研究发现股票期权计划的市场反应并不显著，这说明股票期权计划并没有提高股东财富。另外 Leuza 等(2003)发现内部人通常采用盈余管理来侵占小股东私人利益，从而损害投资者利益。

2.3　文献评述

以上文献表明，尽管存在一些文献分析并购对债券市场投资者财富的影响，但是关于政府监管与媒体监督效应、融资约束影响因素以及资源配置效率影响因素的研究都是以资本市场为研究对象，较少以债券市场为对象进行分析。所以，本书通过对相关资本市场文献进行总结与综述，为以债券市场为视角进行相应的研究提供理论与实证依据。另外，文献综述也表明投资者保护能够降低企业融资约束、提高资源配置效率以及保护投资者财富。企业融资约束、资源配置效率以及投资者财富作为投资者保护的三个经济后果，已经开始受到学者们的注意。

由于资本市场的信息不对称，企业管理者与所有者之间的代理问题广泛存在，企业外部融资成本高于内部融资成本，造成了企业融资约束。国内外研究主要从五个方面(政治联系、金融发展、政策制度、企业自身特征、信息不对称)探讨影响企业融资约束的因素，然而大部分研究是以股票市场为对象进行研究。在政治联系与融资约束的研究中，由于政治联系的信息效应与资源效应使得政治联系企业的融资约束相对较小。在金融发展与企业融资约束的研究中，金融发展水平越高，市场机制就越强，投资者保护越强，投资者投资积极性越强，企业融资约束越低。在政策制度与企业融资约束的研究中，由于政策的制定与颁布造成政府监管质量的提高，监管质量越强，企业与投资者之间的信息不对称程度降低，投资者保护加强，造成企业融资约束降低。在企业特征与企业融资中，规模大、年龄大、公司治理水平高的国有企业的融资约束较小。所以，可以采用相关单变量对企业融资约束进行度量。然而，目前对于融资约束的度量问题，存在着多种度量方法，尚没有统一。比如，单变量法、投资与现金流敏感性、SA 指数等。更严重的是，国内的研究完全仿照国外对于融资约束的指标定义，而没有考虑相关会计准则、制度背景的区别，从而导致相关度量偏差。

国内对于资源配置效率的早期研究没有明确对资源配置效率进行量化，而是以其他间接变量作为资源配置效率的替代变量，比如投资者权益，贷款发放是否合理合规、审核情况等，这也将制约资源配置效率的研究。关于资源配置效率量化方面的研究起源于 Wurgler(2000)，他首次提出了一种参数方法对资源配置效率进行衡量，其后一系列文献在此基础上对影响资源配置效率的因素进行分析，其中包括从制度背景、金融发展水平、市场化竞争程度以及投资者情绪等角度进行分析。但是，Wurgler(2000)对资源配置效率进行度量的对象主要为宏观市场或者行业层面。随着微观金融研究的深入，企业作为市场中一个重要的参与者，打开企业黑匣子，研究企业内部问题是现在以及未来研究的主题，所以如何度量企业的资源配置效率将是目前学者们所关心的。可喜的是，目前对于企业资源配置效率的度量有了突破性的进展，主要存在两种度量方式。一种为 Fazzari 等(1988)提出的以“投资-投资机会敏感性”

来衡量企业资源配置效率，投资机会则考虑使用 Tobin Q 来替代，但是 Abiad 等(2008)认为传统的 Tobin Q 不能体现出投资机会，而且还会带来估计噪声，所以他们对 Tobin Q 进行改进，使得对资源配置效率的度量更加准确。随后，中国学者借鉴该思想，从贷款利率的宏观政策、投资者保护、政治联系以及政府质量角度分析影响资源配置效率的因素。另一种度量方法则是直接采用投资不足与投资过度来度量企业资源配置效率，即采用 Richardson(2006)模型，以模型残差作为企业资源配置效率来进行研究。之后，中国学者从会计信息质量、公司治理以及盈余质量等角度分析对企业资源配置效率的影响。

然而，目前对于使用哪种方法对企业资源配置效率进行度量尚没有统一结论，但是使用投资效率替代企业资源配置效率可能存在一定的不合理性。这是因为投资效率在经济意义上等于全要素生产率，全要素生产率可以分解成技术效率、技术进步、规模报酬率与资源配置效率。所以，资源配置效率只是投资效率的一个组成部分，使用投资效率来度量企业资源配置效率可能存在偏差。

关于投资者财富效应的文献，LLSV 一系列文献探讨了投资者保护的重要性。投资者财富是投资者投资的动力，只有保护好投资者权益才能维护资本市场的健康运行和发展。所以，增加投资者财富是政府监管与社会监督的目标。早期对于投资者财富的研究主要集中在政策颁布的市场反应，后期的研究主要关注企业并购对投资者财富的影响，具体是对债权人财富的影响。另外，相关研究也从企业内部特征角度对投资者财富影响因素进行分析，发现机构投资者、经理人变更等能够对投资者财富产生影响。然而，上述关于投资者财富的研究，主要涉及股票市场与银行信贷市场，对于债券市场的研究相对较少。另外，现有文献较多从企业内部特征分析影响投资者财富的因素，较少从外部环境、政策角度分析影响投资者财富的因素。

虽然已有国外研究对于政府监管与经济增长、社会稳定之间的关系进行了相关研究，但是研究结论还存在一定的分歧。政府监管是否有效率，是否能够解决市场失灵，是否能够降低企业融资约束、提高债券市场资源配置效率以及保护投资者权益，这些问题一直是学术界研究的主题。然而，目前关于政府监管具有上述功能的研究也没有形成统一结论。有研究表明，政府监管能够降低企业内部代理问题，能够提高上市公司的竞争力，能够在市场失灵的环境下合理安排资源等(Shleifer & Vishny, 1994; La Porta et al., 1999; Fan et al., 2011)。也有一些文献研究认为，由于政府与企业之间可能存在寻租行为，或者是政府与企业之间的利益关系，政府会对相关企业实行一定的照顾，导致资源配置效率低下(李长爱，2004; Shleifer & Vishny, 1993)。但是，国内关于政府监管的研究，都是采用事件法研究某一事件发生前后或者发生时，关键变量是否发生变化来判断政府监管效应，很少对政府监管质量进行量化，具体研究政府监管质量强度的经济后果。更为重要的是，上述文献对于资源配置效率的度量都采用定性度量或者采用其他间接变量进行替代，这使得研究结果存在缺陷。

大部分文献已经证实过多的政府干预会使证券市场效率低下，社会监督能对政府监管提供补充。比如，La Porta 等(2006)认为当法律离开市场力量时，金融市场是不发达的，证券法律的有效是通过提高市场参与者的积极性，而不是政府干预的介入来实现，所以许多学者提出在政府监管存在的同时，也要发挥社会监督的力量(Goodhart et al., 2006)。媒体监督作为社会监督的重要方式，已经受到了学者们的关注。由于媒体的公司治理及降低信息不对称的作用，使得企业资源配置效率、融资约束与投资者财富得到改善。另外，媒体的公司治理作用主要通过影响政府的行政干预以及经理人声誉来体现，为了证实这种治理作用的真实存在性，相关学者从代理成本、财务重述、盈余管理、高管薪酬监督角度进行展开分析。另一方面，媒体报道还能够通过降低企业与投资者之间的信息不确定，以及投资者与投资者之间的信息不对称，进而对融资约束、资源配置效率、投资者财富产生影响。然而，也存在相关文献认为媒体与企业之间也可能存在合谋行为，使得媒体的作用没有充分实现，不能充分保证投资者利益。更为重要的是，目前对于媒体监督效应的研究主要是借鉴国外研究，以股票市场为载体，以代理成本为视角进行研究，较少关注中国的制度背景(市场机制薄弱、政府监管存在、以及媒体独立性缺失等)，这将会造成相关研究结论的不一致。

2.4　本章小结

本章着重介绍了本书的理论基础以及对相关文献进行综述。由于债券市场相关研究的缺乏，文献综述主要是以资本市场为研究对象进行总结，但是相关文献的理论与实证思想、角度可以为研究债券市场提供方向。

监管理论作为本书的核心理论支撑着研究目的与研究动机，虽然在过去某段时间，有学者认为市场自由化能够维护市场的繁荣，但是随着金融危机的爆发，政府监管越来越受到各个国家的重视。随后，监管理论也得到不断的丰富，比如，衍生出公众利益理论、监管寻租理论、监管俘获论。随着社会监督影响力的增强，本章也介绍社会监督的具体内容，丰富了监管理论。本章同时也介绍了另外两个理论，信息不对称与委托代理理论，为研究政府监管与社会监督对于投资者保护提供理论支持，通过相应的理论阐述与分析，为研究假设的提出提供理论基础。

本章也对相关文献进行了综述，基于上述对融资约束、资源配置效率、投资者财富、投资者保护、政府监管与媒体监督这六个方面的文献综述，笔者发现，前三个方面作为投资者保护的经济后果已经受到学者们的广泛研究(具体包括相关变量的度量及从不同视角进行影响因素分析)。后两个方面是发展中国家经济体市场经济中主要的监管与监督力量，对于市场经济机制的健康运行发展相当重要。目前对于这两方面的研究主要集中在政府监管是否有效率以及社会监督是否有作用上。然而，这六个方面之间的逻辑关系没有得到进一步关注：第一，理论上，投资者保护作为监管的最终目标，这个目标是否在市场中得以体现则需要实证检验，进一步地说，融资约束、资源配置效率、投资者财富之间在理论上也存在一定的递进关系，这种关系是否在中国市场中存在也需要进一步检验。第二，虽然存在相关文献对政府监管的政策效应进行分析，也有文献指出政府监管会影响市场机制的正常运行，但是这些研究都是基于每个特定政策的检验，而没有具体量化分析政府监管的经济后果。第三，对于刚刚兴起的社会监督，已有文献从公司治理与信息不对称等角度分析了社会监督的作用，但是较少以投资者保护这个视角进行理论与实证研究。更为重要的是，目前尚无文献深入探讨这两个监管或监督对投资者保护作用的关系，具体是替代还是互补，又或者是孰大孰小。第四，在不同所有制企业中，委托代理与信息不对称存在明显差异，政府监管与社会监督对于企业融资约束、资源配置效率与债权人财富的作用是否存在差异的研究还处于空白阶段。所以，针对我国债券市场刚刚起步的现况，以债券市场为研究对象，从投资者保护角度，分析政府监管与社会监督的作用将进一步证实政府监管与社会监督的存在意义，另外也丰富了投资者保护影响因素的相关研究。

第3章　债券市场制度背景与现状

中国的债券市场以1981年国债恢复发行为起点，至今已经历了30多年的发展。其中，1997年，银行间债券市场的建立，使得债券市场规模得到进一步扩大，也使得企业融资渠道更加多元化，在一定程度上减少了企业的融资约束。2004年以后，交易所债券市场的兴起，使得债券市场进入了一个快速发展的时代。在这段时期内，中国债券市场已经发生了翻天覆地的变化，但同时也存在一定的不足，这些将在下文作详细介绍。

3.1　债券市场制度变迁

中国债券市场相关制度的变迁历程，大体上可以分为三个部分，具体见表3-1。

第一个部分是债券市场发展的初期，即国债的发展与危机。从1981年恢复国债发行以来，由于缺少固定的交易场所，投资者参与国债购买的积极性大大打折扣。直到1988年，财政部在61个城市开始试点发行国债，形成了以银行柜台为交易类型的国债交易。随着证券交易所的建立，国债交易场所随即转移到证券交易所，此后国债交易规模不断扩大，以致在1994年国债卖空机制得到允许，从而提高了市场风险。另外，对于刚刚起步的中国国债市场以及证券交易所交易市场，由于管理制度不健全、相应经验的缺乏以及基础交易市场设施不到位，1995年3月27日上海证券交易所发生大量的债券回购风险，造成后来T-债券交易中心被关闭，国债卖空机制的取消。

第二部分是中国银行间债券市场的发展。国债市场的发展以及危机的出现，使得管理者开始重视债券市场产品的多元化。因此，在1998年，中国人民银行开始公开市场业务，也开始对相应债券进行公开发行和出售。在银行发行的债券主要包括国债、政策性金融债以及中信债。同时，当年又批准保险公司为银行债券市场成员，之后，证券公司、金融公司以及非金融机构被吸纳到银行债券市场中，丰富了债券发行的主体，使得银行间债券市场得到了快速发展。从这以后，银行间债券市场在中国债券市场中占据主导地位，也成为中国债券市场的主板市场。

第三部分为交易所债券市场的发展。企业债券的萌芽开始于1987年3月，国务院颁布实施《企业债券管理暂行条例》，对相应企业发债的相关要求、发债的程序、面值以及利率等做了相关规定。1993年，《企业债券管理条例》的正式颁布，使得相关企业债券发行更加规范，但是该条例取消了大部分企业债券，只留下发债主体为国有企业的债券，从而制约了中国经济的发展。随后，在1996年与1997年，相关企业债券发行上市规则修订，尽管取消的只有国有企业发债的限制，但是非国有企业发债仍然存在诸多限制。然而，2006年5月，《上市公司证券发行管理办法》颁布，对上市公司发行可转化债券给出了明确的要求，2007年8月，《公司债券发行试点办法》颁布实施，使得企业债券与公司债券分开管理，降低了非国有企业发债的限制，丰富了相关发债主体，提高了资源配置效率。随后一系列对企业债券发行门槛、存续年限、审批制度、风险管理等制度的不断修订，使得资源配置效率进一步提高，投资者权益得到更大的保护，从而实现债券市场功能性效率。

表3-1 **中国债券市场发展的主要政策事件**

时间	事　件
1987.3	国务院颁布实施《企业债券管理暂行条例》
1988	财政部在61个城市开始试点发行国债

续表

时间	事　　件
1990. 2	成立上海证券交易所，可以在交易所里面交易国债
1993. 8	《企业债券管理条例》颁布实施
1994. 10	卖空国债交易被允许，大大提高了市场风险，T-债券期货合约交易被批准执行
1995	T-债券交易存在投机与违规行为(3. 27 事件)，导致一些 T-债券交易中心被关闭，包括武汉交易中心
1995. 8	T-债券的场外交易被停止，上海证券交易所和深圳证券交易所交流成为仅有的合法交易平台
1996	上海与深圳证券交易所发行记账式国债，回购数量增加，债券交易系统将建立
1996	《企业债券上市规则》颁布
1997	《企业债券发行与转让管理办法》颁布
1998. 5	中国人民银行开始公开市场业务，刺激了银行间债券市场的债券/票据交易
1998. 9	中国国家开发银行开始在银行间债券市场发行金融债券
1998. 10	中国人民银行批准保险公司成为银行间债券市场的成员
1999. 10	部分证券公司和所有资产管理公司成为银行间债券市场的成员
2000. 9	金融公司被中国人民银行批准成为银行间债券市场的成员
2002. 10	非金融机构被中国人民银行批准成为银行间债券市场的成员
2004. 10	《证券公司债券管理暂行办法》颁布
2005. 5	短期公司债券被批准在银行间债券市场发行
2006. 5	《上市公司证券发行管理办法》颁布
2007. 1	国务院允许金融机构在香港发行以人民币计价的债券
2007. 3	企业年金基金被批准可以进入银行间债券市场进行交易
2007. 8	《公司债券发行试点办法》颁布实施
2007. 9	交易商协会成立
2008. 1	推进企业债券市场发展，简化发行核准程序

续表

时间	事　件
2008. 4	《银行间债券市场非金融企业债务融资工具管理办法》颁布，其中包括信息披露准则、中介服务准则以及其他说明
2008. 10	接受上市公司中票注册要求
2010. 9	进一步规范国际开发机构发行人民币债券的行为
2010. 10	《关于上市商业银行在证券交易所参与债券交易试点有关问题的通知》的颁布，推进债券市场互联建设
2011. 5	《银行间市场非金融企业债务融资工具发行规范指引》颁布，促进非金融机构融资
2011. 6	地方政府试点自行发债，在银行间及交易所进行交易
2011. 8	加强企业债券存续期监管
2012. 1	对公司发债门槛进行大幅度降低
2012. 4	国债期货仿真交易进行
2012. 5	《银行间债券市场非金融企业债务融资工具信息披露规则》颁布，对企业融资的信息披露进行了严格的要求
2012. 11	深圳证券交易所发布债券交易实施细则
2012. 12	对企业债券风险控制提出明确要求
2012. 12	进一步强化企业债券风险防范管理
2013. 3	《境内非金融机构赴香港特别行政区发行人民币债券申请报告示范大纲》颁布
2013. 4	对企业债券发行申请进行分类管理
2013. 5	对非金融机构法人债券账户暂停交易
2013. 8	对债券发行审批适度进行改革
2013. 9	国债期货正式挂牌交易
2013. 11	允许境内外上市以及正在排队等待境内上市的商业银行发行公司债券
2014. 1	中国人民银行发布《中国人民银行关于建立场外金融衍生产品集中清算机制及开展人民币利率互换集中清算业务有关事宜的通知》

续表

时间	事件
2014.4	中国人民银行发布《关于银行间债券市场招标发行债券有关事宜的通知》
2014.5	财政部发布《2014年地方政府债券自发自还试点办法》
2014.9	发布《关于全面加强企业债券风险防范的若干意见》
2014.11	发布《关于非金融机构合格投资人进入银行间债券市场有关事项的通知》
2015.2	《关于进一步改进与规范企业债券发行工作的几点意见》
2015.3	《专项债券发行指引》
2015.5	《关于充分发挥企业债券融资功能支持重点项目建设促进经济平稳较快发展的通知》
2015.7	《项目收益债券管理暂行方法》
2015.12	《关于简化企业债券审报程序加强风险防范和改革监管方式的意见》
2016.2	《加强企业债券改革创新，支持重点领域重点项目融资》
2016.3	《关于建设部分地区企业申请企业债券"直通车"机制的通知》
2016.3	《加强城市停车场建设近期工作要点和任务分工》
2016.7	《中共中央、国务院关于深化投融资体制改革的要点》
2016.8	《降低实体经济企业成本工作方案》
2016.12	《市场化银行债权转股权专项债券发行指引》
2016.12	《关于推进传统基础设施领域政府和社会资本合作项目资产证券化相关工作的通知》
2017.1	《国债做市支持操作现场管理办法》
2017.3	《关于支持绿色债券发展的指导意见》》
2017.3	《非金融企业绿色债务融资工具业务指引》
2017.6	《上海证券交易所债券市场投资者适当性管理办法(2017年修订)》和《深圳证券交易所债券市场投资者适当性管理办法》

续表

时间	事 件
2017.8	《农村产业融合发展专项债券发行指引》和《社会领域产业专项债券发行指引》
2017.9	《非金融企业债务融资工具定向发行注册工作规程》
2017.9	《非金融企业债务融资工具市场自律处分会议专家管理办法》
2017.9	《非金融企业债务融资工具注册专家管理办法》
2017.11	《关于鼓励民间资本参与政府和社会资本合作(PPP)项目的指导意见》

3.2 债券市场发展现状与原因

图 3-1 为不同种类债券的发行量，整体上，2004—2013 年间，每年的发行规模大约为 6 万亿元人民币。在 2010 年中，债券发行的总规模达到了 10 万亿元。政府债券发行规模的平均值大约为 1.5 万亿元，企业债券的发行规模在这些年间呈现稳定增长趋势，平均发行规模为 0.28 万亿元。

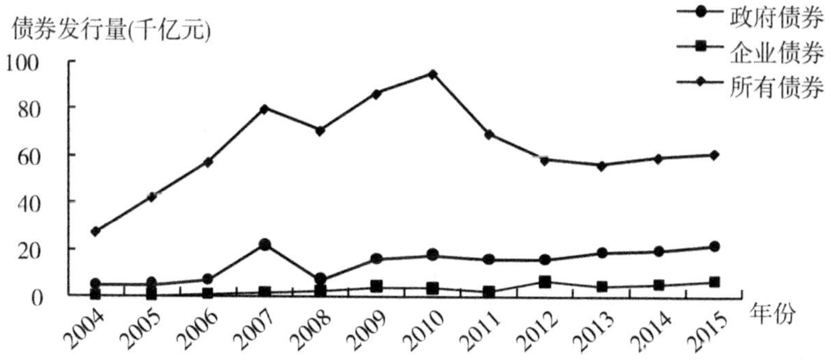

图 3-1 债券发行量(不同种类)

资料来源：中国债券信息网。

另一方面，在2004—2015年间债券市场托管量(见图3-2)中，无论是所有债券、政府债券还是企业债券，都呈现稳定上升趋势。具体地看，所有债券的托管量从2004年的5万亿元增长到2015年的27万亿元，增加了5倍多；政府债券的托管量从2004年的2.4万亿元增长到2015年的11.2万亿元，增加了约4倍；企业债券的托管量从2004年的0.12万亿元增长到2013年的2.9万亿元，增加了24倍以上，这个增长比例相当大，这也说明交易所债券市场在这10年间得到了重要的发展。

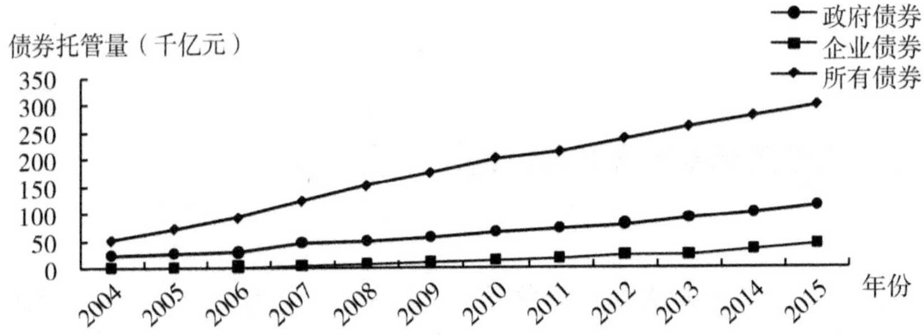

图3-2 债券托管量(不同种类)

资料来源：中国债券信息网。

中国债券市场在这10年得到飞跃发展的原因在于，债券发行制度、审核制度以及其他相关制度的不断改革与完善，导致债券市场发行效率、审核效率以及执法效率提高。另一方面，债券创新产品的不断设计，丰富了债券市场的产品结构，有利于投资者根据自身的风险偏好选择不同的投资对象，提高了投资者参与债券市场投资的积极性。最终，经过这些年的发展，债券市场规模得到扩大，发行量与托管量得到提高，使得债券市场对于金融发展、国民经济的正常运行有着相当大的促进作用。

然而，上述数据分析只是从纵向角度分析了中国债券市场的发展，相对于其他国家债券市场的发展，中国债券市场处于何种地位呢？据央行对外公布的数据统计分析得到，截至2017年12月，中国债券市场总托管量为39.8万亿元。公司信用类债券发行和企业债券净融资也在不断增加，较2016年，债券市场存量以及发行量稳步上升。在中国，企业债券融资规模由2002年的367亿元增加至2016年末的5.6万亿元。① 然而，中国债券市场存量占全球市场存量不足5%，且规模占中国当年GDP比例不足50%。相对于美国、日本债券市场存量占比的35%、15%以及占本国当年GDP比例的175%、255%，中国债券市场规模还未与国家经济发展相匹配，仍然存在巨大的发展空间。②

什么原因导致中国债券市场发展缓慢？相关研究认为债券市场相关制度的制定、执法效率、中介机构的发展以及市场环境等都会对债券市场发展产生重要影响(La Potrta et al.，1997、1998；Claessens & Laeven，2003；Fan et al.，2007)。具体而言，债券市场发展缓慢的原因还有以下几点：

①市场结构错配。对于发展中国家，中国经济从计划经济向市场经济转变的过程中，计划经济遗留下的诟病也一直存在，企业融资仍然绝大部分来自银行信贷，证券融资规模与比例相对较低。据相关统计分析，企业的证券融资的比例还不足20%。另有一些研究表明，国债市场的发展可能会影响企业债市场发展(邝梅、赵柯，2008)。

②政府干预严重。初期的债券发行制度主要为发行审核制度，这将导致政府出于某些目的对相关企业发债资格进行限制与剥夺，从而造成相关发债企业资质参差不齐，影响了市场的资源配置效率以及投资者保护程度，导致债券市场发展缓慢。

③市场分割严重。对于目前的中国债券市场，银行间债券市场与交易所债券市场彼此独立，没有形成一定的联动互通，从而导致市场间流动性降低，资本成本增大，资源配置效率降低。另外，市场之间相互分割，缺乏有效的套利机制，降低了债券市场的有效性。

---

① 数据来自中国人民银行官方网站：http：//www.pbc.gov.cn/。

② 数据来自Wind数据统计分析。

④监管失位。中国债券市场存在多头监管现象，导致监管主体之间存在相互推诿的现象，影响了债券市场发行审核效率，以及执法效率。这部分监管情况将在第三部分着重介绍。

⑤企业产权制度。一般情况下，由于债务“税盾”的存在，企业融资的顺序应该为“内部融资—债务融资—股权融资”。然而，对于中国上市公司，其融资顺序表现为股权融资在前，债务融资在后，其主要原因在于中国上市公司“一股独大”的现象相对严重，导致企业决策以大股东价值最大化为目标。另一方面，债务融资会形成到期还款的硬约束，而股权融资无需成本，这样企业将较少进行债务融资，使得债券市场发展缓慢。

⑥利率非市场化。Merton(1974)经典的债券信用风险定价模型假定利率是固定的，但这并不符合实际，这个假定也受到了各方的批判。另外，当利率非市场化时，债券定价机制将会受到严重的破坏，计算出来的债券价格存在偏差，不能保证投资者正常收益。另一方面，市场也因此难以预估企业的违约风险，使得市场机制无法实现其淘汰功能。

⑦信息披露制度。随着债券市场的发展，相应的信息披露制度还存在许多不完善的地方，没有形成统一的规范与体系，企业披露相关信息时没有统一的格式与规范，使得投资者进行投资时需要花费大量的时间进行信息收集，造成投资者成本加大，投资积极性降低。另一方面，信息披露制度薄弱导致企业与投资者之间的信息不对称程度加大，投资者面临的风险增大。

另外，债券发行方的违约风险是影响债券市场发展的一个重要因素，因为债券发行方的违约不仅会损害投资者的利益，而且可能导致系统性风险。迄今为止，中国债券市场中尚未发生债券发行方违约事件。但是，由于中国债券市场内外部环境在以下方面的变化与发展，中国债券市场“零违约”的历史可能会改变：第一，中国经济增长速度的下降可能导致发债企业的经营短期内出现恶化；第二，金融市场化改革与对外开放导致中国债券市场将进一步受外部宏观环境的影响，从而导致债券市场风险的增加；第三，政府干预的减弱导致债券发行方将越来越少地得到政府的支持。事实上，2014 年 3 月，上海超日太阳能科技股份有限公司宣布无法于原定付息日即 2014 年 3 月 7 日按期全额支付该公司发行的“11 超日债”本期利息。“11 超日债”成为国内首例违约债券。① 虽然最终“11 超日债”并未违约，但这一案例给中国债券市场发出了警示。

基于中国债券市场的作用，以及与国外债券市场的差距。党的十八大明确提出要提高直接融资比重，大力发展债券市场。其中在大力发展债券市场方面，坚持市场化改革方向，着力培育商业信用，强化市场约束和风险分担机制，提高市场运行透明度，稳步扩大债券市场规模，推进金融产品创新和多元化，加大资产证券化试点力度，发展中小企业集合债券等融资工具。此外，党的十八届三中全会通过的《中共中央关于全面深化改革若干重大问题的决定》提出要“使市场在资源配置中起决策性作用”，“健全多层次资本市场体系”，“提高直接融资比重”，还明确提出“规范并发展债券市场”。

3.3 债券市场监管现状分析

以 1992 年证监会的成立为标志，中国正式进入分业监管时代。随后保监会、银监会分别在 1998 年和 2003 年成立，中国人民银行将相应的监管工作分别移交给证监会、保监会、银监会，我国正式形成一行三会的金融监管体系。经过不断发展，证券市场的监管主要呈现出多头监管与交叉监管的态势，这将会导致监管冲突以及监管失位、效率低下(洪艳蓉，2010)。2018 年 3 月，银监会与保监会合并，形成一行两会的监管体系，即便如此也没有改变多头监管的现象。首先，对于债券市场，可以分为国债市场、银行间债券市场以及交易所债券市场。国债市

① 和讯网，“证监会回应超日债违约：关注会否引发系统性风险”，2014 年 3 月 11 日。

场的监管主体为财政部，银行间债券市场的监管主体主要为中国人民银行与银监会，而交易所债券市场的监管主体主要为证监会与发改委。由于各个监管机构目标的异质性，及其评价的指标、操作流程的显著差异，致使监管的结果也必然不同。另外，各个债券市场之间的连通性还没有完全打开，企业有必要选择适合自己的发债方式来逃避更严格的监管。假若把研究对象扩展到证券市场、企业银行借贷、发行股票与购买保险的监管主体，必然会使企业受到不同监管机构的监管，由于监管机构监管的方式、评价的标准都不一样，必然导致企业承受更多的成本，从而导致监管效率低下。

对于中国债券市场，存在着多头监管的特征，具体见表 3-2。

表 3-2　**中国债券市场监管体系**

债券类型	短期融资券	企业债	上市公司债	可转债、可分离交易可转债
发行审批制度	备案制	额度制	核准制	核准制
监管机构	中国人民银行	国务院、发改委、财政部、中国人民银行	中国证监会	中国证监会
信用评级要求	是	是	是	是
盈利要求	一年盈利	三年盈利	最近三个会计年度实现的年均可分配利润不少于公司债券一年的利息	三年盈利

资料来源：中国证监会、国家发改委以及中国人民银行网站，经过作者手工整理。

我国债券市场主要依据以下原则进行管理：在规模上进行控制、在管理上进行集中管理、审批逐级进行，这些管理使得债券市场处于多头监管之中，进而使得监管效率降低。我国企业债券的发行、审核与批准涉及多个部门，不同债券品种分别由不同的政府部门审批和监管，加之各部门之间缺乏交流，协调性较差，无法形成统一。另一方面，各个部门的审批标准不一致，审核所使用的法律法规也不一致，难以在其中找到一个平衡点，这将会导致相关重复劳动的出现，增加发债主体的发行成本，这些都不利于债券市场长期稳定的发展(安义宽，2006；中国资本市场发展报告，2008；洪艳蓉，2010)。但是，宋常等(2013)则认为监管部门的增加对于债券市场是有利的，能够在一定程度上降低政府监管成本，所以中国债券市场的多头监管是有效率的。其中的原因在于，债券市场的多头监管是由差异化的竞争所引起的，竞争有利于各个监管部门积极探讨更好的监管方式与相关法律法规，在满足自身监管部门利益的基础上，服务于整个债券市场的发展。目前企业债券市场在审批与监管方式方面还遗留着计划经济的影子，债券发行也有相应的分配制度，从而影响了债券市场优胜劣汰的淘汰机制功能。虽然目前已经慢慢实现从审批制向注册制的转变，但是市场基础设施的不完善，缺少相关配套监管法律制度，也将制约着注册制的普及。

对于中国债券市场的监管还包括社会监督，社会监督对于债券市场的发展有着重要促进作用。社会监督主要为社会团体、新闻媒体以及公司个人对市场主体行为的监督。本书主要介绍两个团体的监督，一是信用评级机构监督，二是媒体监督。

中国债券市场的发展需要独立的第三方评级机构的参与。债券的发行，需要债券评级机构对其进行相应的主体与债券评级，所以债券评级机构的第三方独立性相当关键。对于中国债券市场，发债主体对评级机构进行付费，双方存在一定的寻租合谋行为，使得信用评级机构缺乏一定的独立性。在20世纪40年代的美国，信用评级机构已经得到广泛的发展，能够承担监督的角色。同时，企业评级机构的评级也是企业融资的必要条件，这也意味着政府已经承认信用评级机构的评级作用，且能帮助政府承担一定的监督作用。目前国外也存在一系列关于信用评级机构监管的研究。比如，Hickman(1959)以1900—1943年美国债券市场为样本分析信用评级机构的作用，研究表明，美国早期的信用评级机构行业的收入来自投资者，所以评级的可靠性较高；另外也发现企业的信用评级较低时，融资约束就会加大。所以，信用评级机构对于企业有着监督功能。但是，到了20世纪80年代，信用评级机构的收入主要来自企业，这将会导致代理问题，即企业与评级机构会出现合谋，使得其监督功能缺失(周宏等，2013)。

近30年来，网络已经成为人与人交流的纽带，人们通过网络对媒体报道的内容进行阅读，另外，随着投资者维权意识的增强，作为公司外部治理的媒体监督效应也得到了广泛发展。比如，媒体监督公司治理作用的研究最早追溯到1992年，芒克在《华尔街日报》上刊登了一篇关于评价希尔斯公司业绩的广告，在这种媒体报道下，公司在广告刊登后不久就接受了芒克对于提高企业业绩的建议。另外，安然造假事件的曝光也是由于媒体对于安然股价存在质疑。2001年3月5日《财富》发表了一篇《安然股价是否太高》的文章，受到公众的广泛关注，随着媒体报道的进一步深入，安然公司造假的真相最终浮出水面。然而在中国，一系列有损社会责任的事件被媒体报道，引起社会公众对此类事件的关注，这些事件包括"三鹿事件"、"瘦肉精事件"等。除此之外，在银广夏、蓝田事件等公司舞弊案件的揭发和处理过程中，媒体也都发挥了极其重要的作用。所以，媒体的监督作用在中国已经得到一定程度上的体现。

然而，对于媒体报道的监督功能的结论还没有完全统一(有研究认为媒体报道有着监督作用，也有研究认为在目前阶段，媒体监督没有完全体现出监督作用)。主要原因在于：第一，媒体的自由性，报道的真实性。如果媒体进行不良报道，将会引起投资者们的恐慌，造成市场波动。第二，市场法制化水平的落后。对于媒体报道的事件缺乏及时有效的跟踪与处理。第三，投资者对于媒体报道事件的认识度也存在不同。随着媒体功能的不断强大，其对债券市场的监督作用也在不断地提高，所以未来包含媒体监督的社会监督将对债券市场的发展有着重要贡献。

有研究表明，证券市场的发展需要政府监管与社会监督的共同作用。随着互联网的发展，媒体报道作为社会监督的一个重要方式，已经受到许多学者的关注。另外，LLSV 一系列文献认为，包含个人诉讼的社会监督对于证券市场的发展也十分重要。然而，目前对于社会监督与债券市场之间关系的研究还处于空白。

3.4 本章小结

本章系统地梳理了债券市场的制度变迁与发展现状，对相应的原因进行分析，并详细介绍了债券市场监管现状。不仅有利于本书研究目的与研究意义的提出，也有利于我们了解债券市场发展的影响因素。具体来说，首先，本章从三个时期介绍了债券市场制度的演变，揭示了政府在债券市场中所起的作用，为本书的实证研究提供了可能。其次，虽然在近些年，中国债券市场已经得到了迅速的发展，债券托管量已经跃居到世界第三，但是与发达国家债券市场相比，中国债券市场规模还未与国家经济发展相匹配，仍然存在着许多严重的问题。本章总结了中国债券市场发展滞后的原因主要在于证券市场结构错配、政府干预严重、监管失位与信息披露制度不完善等，以及着重从债券市场监管现状进行详细介绍。最后，从政府监管、信用评级机构与媒体监督三个方面分析了监管(监督)的作用，以及目前这三个监管(监督)主体存在的问题。

第4章　政府监管与社会监督对投资者保护博弈分析

本章通过构建博弈模型，对书中所关注的问题进行严谨的理论阐述。首先，在相应的假设下构建上市公司与监管部门博弈矩阵，分析政府监管对于投资者保护的重要性与必要性，为政府进行监管提供理论上的支持。其次，在 Becker(1968)与 Dyck 等(2008)模型基础上，构建经理人的投资决策模型，以分析媒体监督对于经理人行为的影响，从而确定媒体监督对投资者保护的重要性与必要性。最后，在同时考虑政府监管与媒体监督的情况下，构建多主体的博弈矩阵，阐述政府监管与媒体监督的互补关系。

4.1　政府监管的必要性与有效性分析

政府监管作为应对“市场失灵”的一项重要措施与手段，其作用已经在世界各地的经济危机中得到体现。本书研究的政府监管主要为相关制度以及政策的颁布、实施与完善，所以任何政策的颁布都是相关利益体之间多次博弈的结果。基于此，笔者借鉴 Becker(1983)模型思想提出研究的具体思路。

(1)基于投资者保护的模型构建

在证券市场中，政府监管的主体有三类，一是监管者，二是企业经营者，三是投资者。一般情况下，政府监管的目标在于保护投资者利益，对企业相关不良行为进行抑制。所以说，政府监管越强，企业相关违规收益越少，减少的财富将被转移到投资者财富中，使得投资者财富增多；反之，政府监管越弱，企业相关违规收益越多，增多的财富则是从投资者财富中转出得到。基于这种情况，笔者认为，企业违规得到的超额财富与投资者财富损失之间存在着相关关系，即这两个财富符号相反，绝对值相等。最终，把政府监管对于投资者财富的保护作用等价于政府监管对于企业违规查处的作用，即政府监管使得企业违规财富减少，进而使得投资者财富增多。

(2)政府监管与企业违规行为博弈分析

博弈模型基本假设如下：

① 假设市场中博弈的双方为上市公司与政府部门，基于理性人的假设，博弈双方都会以各自的利益最大化为目的。具体地说，上市公司对守法、不违规和违法违规的选择要取决于守法和违法之间成本和收益的差以及对风险的偏好。一般情况下，当投资者从事违法行为的预期效用大于将时间及其他资源用于从事守法行为所得到的预期效用时，便会从事违法违规活动，反之，便会从事守法活动。同样，作为市场的监管者，在做出是否监管的决定时，依据的也是监管与不监管的预期效用大小以及对风险的偏好。

② 上市公司与政府监管部门的选择策略。上市公司存在两个选择策略，违规与不违规进行生产活动。政府监管部门也有监管与不监管两种选择，但是政府部门选择这两种策略受到外在环境的影响，其中最重要的一个因素是外在政府监管质量。一般情况下，外在政府监管质量越强，政府部门选择监管的可能性越大，这也就说，政府部门的监管是政府监管质量的增函数。

③ 假设信息是完全的，双方知道彼此的策略空间和效用函数。然而，在现有制度背景下，企业很容易与政府部门形成合谋，以达到双方利益最大化。但是，随着目前反腐工作的深入开展，以及使得研究模型简单易行，本书认为政府部门与企业之间的合谋不存在、不会相互合作，故该博弈属于完全信息的不合作博弈。

④ 假设企业合法、不违规经营，无论政府部门是否实施监管，其

收益都是固定的。如果企业存在违规行为，那么政府部门有可能对其进行监管查处。但是目前中国上市公司总数多达 3500 家，并不是所有企业的违规行为都会被监管查处，这取决于监管部门对于违规行为的判断概率以及现有政府监管质量的强弱(相关制度完善以及执法强度)。进一步来说，假设上市公司进行违规行为被查处后，不仅要没收所有的非法利得，还必须接受其他的惩罚(包括物质上与精神上的)。另一方面，政府监管部门进行监管查处时，也需要花费一定的成本，如果能够监管查处相应的违规上市公司，将会受到一定物质与精神上的奖励(上级部门与投资者)。

⑤ 假定上市公司进行违规行为所得到的超额收益为 Y，如果上市公司被监管查处，将会带来声誉上的损失 S 与政府部门监管部门对它的惩罚 F，所以 $-S-F$ 是上市公司进行违规行为被监管部门查处后的损失。另外，假设监管部门进行监管的成本为 C，如果监管部门对上市公司的违规行为进行成功查处，则会获得 W 的收益，所以 $W-C$ 为监管部门的净收益，但是 $-C$ 为政府监管部门对不违规上市公司进行监管查处的收益。在混合战略的纳什均衡下，假设外在环境政府监管强度为 T，监管部门实施监管的概率为 $p(T)$，它是外在监管强度 T 的函数，并且 $p'(T)>0$，不监管的概率为 $1-p(T)$。企业进行违规活动的概率为 q，不进行违规活动的概率为 $1-q$。注意到，并不是所有企业都会被查处，所以假设企业被查处的概率为 $m(T)$，这里的查处概率受到外在环境政府监管强度 T(现有制度完善程度) 的影响，并且 $m'(T)>0$。

基于上述分析，本节得到博弈的一个战略矩阵如图 4-1 所示。

		上市公司	
		违规(q)	不违规($1-q$)
监管部门	监管($p(T)$)	$m(T)(W-C)+(1-m(T))(-C)$, $m(T)(-S-F)+(1-m(T))Y$	$-C$, 0
	不监管($1-p(T)$)	0, Y	0, 0

图 4-1　上市公司与监管部门博弈矩阵

根据博弈模型的假设以及相对应的赋值，对相应的混合博弈模型进行分析。对于政府监管部门来说，其预期收益为：

$$\begin{aligned} E1 &= p(T) * \{q * [m(T) * (W-C) + (1-m(T)) * (-C)] + \\ &\quad (1-q) * (-C)\} \\ &= p(T) * q * m(T) * W - p(T) * C \end{aligned} \tag{4-1}$$

对 $E1$ 两边对 $p(T)$ 求偏导，$\frac{\partial E1}{\partial p(T)} = qm(T)W - C$，令右边等于 0 得，$q = \frac{C}{m(T)W}$。在最优监管概率 $p(T)$ 下，增大 $m(T)$ 有利于降低企业违规行为，由于 $m'(T) > 0$，所以政府监管强度 T 越大，$m(T)$ 值越大，企业违规概率降低，即有利于保护投资者财富。

相应的可以得到上市公司进行违规活动的预期额外收益：

$$\begin{aligned} E2 &= p(T) * q * m(T) * (-S-F) + p(T) * q * (1-m(T)) * Y + \\ &\quad (1-p(T)) * Y * q \\ &= p(T) * q * m(T) * (-S-F) - p(T) * q * m(T) * Y + p(T) * q * Y \\ &\quad + Y * q * (1-p(T)) \\ &= p(T) * q * m(T) * (-S-F-Y) + Y * q \end{aligned} \tag{4-2}$$

由前面的假设 $p'(T) > 0$，$m'(T) > 0$ 可知，随着外在政府监管强度的加大，即 T 增大，$p(T)$ 与 $m(T)$ 都在增大，那么 $E2$ 是关于 T 的减函数。所以，整体而言，外在政府监管强度的增大，会减少上市公司违规活动的预期额外收益，那么减少的那部分收益将会转移到投资者财富中，投资者财富增大。

综合上述分析表明，随着外在政府监管强度的增大，企业违规概率降低，同时企业违规的预期收益也降低，投资者财富增大，所以政府监管有利于保护投资者权益。

4.2 社会监督的必要性与有效性分析

对于社会监督的有效性，本书选择社会监督的一个重要内容——媒体监督进行研究。媒体有收集、选择、整合与加工信息的功能，这种功能能够通过降低信息不对称减小经济体的代理成本。由于信息收集成本的存在，在许多情况下，个人投资者面临着一个理性无知的悖论，因而媒体降低信息不对称的作用有着战胜“理性无知”的结果(Dyck et al.,2008)。

从Fama(1980)的研究开始，一系列金融文献开始意识到信誉在约束管理者中所起到的作用。早期的文献，Fama(1980)、Fama和Jensen(1983)强调管理者声誉对于潜在雇佣者的重要性，这些潜在雇佣者决定管理层的职位雇佣与薪酬。考虑到管理者会采用相关决策来服务于自身私有利益，但是这些决策可能损害他们在市场中声誉，从而受到来自法律层面的惩罚。按照Becker(1968)的模型，如果下面式子成立，经理人将放弃他们的私利行为：

$$E(\text{个人私利}) < E(\text{声誉成本}) + E(\text{惩罚}) = \sum p_i * \mathrm{RC}_i + \pi P \tag{4-3}$$

其中，RC_i代表的是组i的声誉成本，p_i为组i利用媒体消息了解到经理人行为的概率，π为执法概率，P为执法的处罚损失。

媒体监督影响等式右边有四种形式。第一，通过发布消息来影响p_i。特定的人群对于一个特定的媒体报道进行加工，从而对于经理人的行为进行重新定位。另外，不同的媒体报道有着不同的阅读人群，可能只对一些特定的人群产生影响，所以只会影响到部分人群的概率p_i。根据贝叶斯准则，随着媒体报道强度的增大，媒体报道的不断更新，投资者对经理人的定位更加准确。

第二，媒体监督也能够影响等式右边的第二项声誉资本RC_i。当企业经理人被媒体广泛正面报道时，企业经理人的正面形象被投资者所认知，形成一定的声誉，并在经理人市场拥有更好的就业机会。相反，如果企业经理人被媒体负面报道，就会导致企业经理人的声誉降低，导致声誉成本增大。Dyck等(2008)认为媒体报道基调也对声誉成本有着重要影响。

第三，媒体监督能够影响执法的可能，进而影响管理层的决策(La

Porta et al., 1998; Bhattacharya & Daouk, 2002)。西方发达国家，媒体常被看作独立于立法、行政和司法之外的“第四权”，从而造成了法律制度和法律外制度(媒体监管机制)之间的良性互动关系，法律制度特别是宪法体系为新闻媒体对企业的监督提供了坚实保障(Dyck & Zingales, 2002; Dyck & Zingales, 2004; Dyck et al., 2008; Joe et al., 2009)。媒体监督能够加强政府部门的行政干预，造成政府监管强度增大，执法的可能性增大。

第四，媒体能够影响等式右边的惩罚 P。比如在法律诉讼中，如果媒体报道关注高，过低的惩罚将会使民众不满，影响社会稳定。所以，对于媒体负面广泛报道的事件，惩罚性一般较高。

另外，Dyck 等(2008)构造了新的模型来分析媒体影响声誉资本进而影响企业决策。具体的表达式为：$Y = \Delta P + \Delta T + F_{\text{labor}} * \Delta \text{RC}_{\text{full-inf}}$。如果 $Y < 0$，那么企业管理层将放弃这个计划。在这里，P 为管理层在计划中所得到的私人利益，T 为企业管理层的有形资产，F 为在经理人市场中，了解管理层计划的参与者比例，RC 表示当市场中所有参与者都了解管理层计划时，声誉资本的改变。如果使用媒体报道水平来代替 F，那么本书可以预计，媒体报道水平越高，经理人的私利行为将会被市场中更多的参与者所熟知，声誉资本降低更多，右边第三项(小于0)的绝对值越大，管理层更会放弃个人私利计划，从而媒体监督起到限制管理人私利行为、保护投资者利益的作用。

一般情况下，管理层私人计划被媒体报道后，他们的声誉会降低。甚至如果该计划被媒体负面报道后，其声誉会降低得更多。Dyck 等(2008)的研究结果认为经理人的声誉资本受到媒体报道基调的影响。因此，模型把声誉资本变动看成媒体报道基调的函数。即把原来的式子重新改写为：

$$\Delta P + \Delta T + F_{\text{labor}} * f_{\text{RC}}\left(\text{Media tone} * \frac{\Delta p}{p}\right) < 0 \qquad (4\text{-}4)$$

这里，左边第三项就是原来式子右边的第三项，从上式可以得出，媒体报道的基调对于管理层的声誉资本变动有着显著的影响。所以有理由相信，管理层个人私利行为被媒体负面报道后，管理层声誉资本降低更多，左边更容易小于0，从而迫使管理人放弃其个人私利计划，进而保护投资者利益。

基于媒体监督影响等式中的四个因素，所以本书认为媒体监督能够影响企业管理层自利的行为，从而保护投资者合法权益。

4.3　政府监管与社会监督互补的有效性与必要性分析

按照政府监管的分析思路，继续构造相应的博弈模型，来分析政府监管与社会监督之间的互补性。

无论是在发达市场，还是在新兴发展市场，媒体监督已经成为社会监督的重要形式，已经在社会监督机制中扮演着重要的角色。在社会监督下，市场中的博弈主体包括上市公司、政府部门与媒体行业。这三个主体都有各自的目标，上市公司为了追求自身利益最大化，政府部门为了保护投资者利益，媒体行业为了行业利益，它们之间相互博弈。在第一部分中，没有考虑到媒体对企业违规行为的报道，本书将在此部分考虑媒体监督对企业违规行为的报道。

媒体行业为了自身的利益对所有上市公司都会进行关注与监督，假设其监督成本为0。一旦发现上市公司发生违规行为，就会进行报道，进而吸引投资者的眼球，提高该媒体行业的知名度。其与第一部分博弈模型的区别在于，如果监管者对违规行为不进行查处，企业违规行为一旦受到社会监督的报道与检举，监管者会因为他们的失职受到处罚，损失相应的财富。

仍然假定上市公司进行违规行为所得到的超额收益为 Y，如果上市公司被监管查处，将会带来声誉上的损失 S 与政府监管部门对其的惩罚 F，所以 $-S-F$ 是上市公司进行违规行为被监管部门查处后的损失。另外，假设监管部门进行监管的成本为 C，如果监管部门对上市公司的违规行为进行成功查处，则会获得 W 的收益，所以 $W-C$ 为监管部门的净收益，但是 $-C$ 为政府监管部门对不违规上市公司进行监管查处的收益，在混合战略的纳什均衡下，假设外在环境政府监管强度为 T，监管部门实施监管的概率为 $p(T)$，它是外在监管强度 T 的函数，并且 $p'(T) > 0$，不监管的概率为 $1-p(T)$。企业进行违规活动的概率为 q，不进行违规活动的概率为 $1-q$。另外，并不是所有企业都会被查处，所以假设企业被查处的概率为 $m(T)$，这里的查处概率受到外在环境政府监管强度 T(现有制度完善程度)的影响，并且 $m'(T)>0$。另外，上市公司被媒体报道检举的概率为 a，同时假设，如果上市公司进行违规行为，政府监管没有进行查处，则政府部门将承受 L 的损失，这也是与单独政府监管不同的地方。相应的矩阵如图 4-2 所示。

监管部门	上市公司违规(q)		上市公司不违规($1-q$)	
	监管部门收益	上市公司收收益	监管部门收益	上市公司收收益
监管 ($p(T)$)	$m(T)(W-C)+$ $(1-m(T))(-C)$	$m(T)(-S-F)+$ $(1-m(T))Y$	$-C$	0
不监管 ($1-p(T)$)	$-L$	Y	0	0

图 4-2　上市公司、监管部门与媒体博弈矩阵

根据博弈模型的假设以及相对应的赋值，对相应的混合博弈模型进行分析。对于政府监管部门来说，其预期收益为：

$$
\begin{aligned}
E3 &= p(T) * \{q * [m(T) * (W-C) + (1-m(T)) * (-C)] + \\
&\quad (1-q) * (-C)\} + (1-p(T)) * (-L) * q * a \\
&= p(T) * (m(T) * W * q - C) + (1-p(T) * (-L) * q * a \\
&= p(T) * q * m(T) * W - p(T) * C - (1-p(T) * L) * q * a
\end{aligned}
\tag{4-5}
$$

相对于 $E1 = p(T) * q * m(T) * W - p(T) * C$，在 $p(T) > 0$，$q > 0$

以及 $a > 0$ 的情况下，$E3 < E1$。即在存在媒体监督的情况下，政府部门的预期效用下降。当政府部门查处不力与失职时，由于媒体监督的存在，从而导致政府部门自身效用的下降，比如政府部门声誉以及信任度。另外由于 $E3 = p(T) * q * m(T) * W - p(T) * C - (1 - p(T) * L) * q * a$，为了提高预期效用，政府部门必须不断提高自身的监管与查处能力。从而提高整个 $E3$ 的值。因此，媒体监督对政府部门存在一种激励与监管的作用，政府部门为了自身利益更大，积极提高自身的监管与查处能力。

进一步，对 $E3$ 两边对 $p(T)$ 求偏导，$\frac{\partial E3}{\partial p(T)} = qm(T)W - C + L * q * a$，令右边等于 0 得，$q = \frac{C}{m(T)W + L * a}$。在最优监管概率 $p(T)$ 下，增大 $m(T)$ 有利于降低企业违规行为，由于 $m'(T) > 0$，所以政府监管强度 T 越大，$m(T)$ 值越大，企业违规概率 q 降低，这有利于保护投资者财富。然而，随着媒体监督的进入，q 与 a 呈负向关系，也就是说，媒体报道监督越强，企业违规概率越小，投资者利益更容易得到保护。另外，对于单独加入政府监管，$q = \frac{C}{m(T)W}$，经过对比，同时存在媒体监督与政府监管下，上市公司违规概率更小，说明两者能够同时保护投资者财富。

对于上市公司进行违规活动的预期额外收益表达式如下：

$$\begin{aligned} E4 &= p(T) * q * m(T) * (-S - F) + p(T) * q * (1 - m(T)) * Y + \\ &\quad (1 - p(T)) * Y * q * (1 - a) \\ &= p(T) * q * m(T) * (-S - F - Y) + p(t) * q * Y + Y * q * (1 - \\ &\quad a) * (1 - p(T)) \\ &= -p(T) * q * m(T) * (S + F + Y) + p(t) * q * Y + Y * q * (1 - \\ &\quad a) * (1 - p(T)) \end{aligned} \tag{4-6}$$

一方面，$E4$ 为 a，$p(T)$ 的减函数，随着媒体监督 a 的增强，上市公司违规预期收益在降低，所以媒体监督对企业违规行为有限制作用。另一方面，相对于 $E2 = p(T) * q * m(T) * (-S - F - Y) + Y * q$，在 $p(T) < 0$，与 $a < 1$ 的情况下，$E4 < E2$，即如果存在媒体监督，上市公司违规活动的预期收益降低，使得实施违规活动的概率降低，有利于对投资者财富进行保护。

在政府监管与媒体监督的互补性中，设 $Z = (1 - a) * (1 - p(T))$，当政府部门监管的查处概率 $p(T)$ 较低时，即 $1 - p(T)$ 值较高，那么由于政府部门监管与查处能力低下导致上市公司违规收益增大的效应将会受到媒体监督程度 a 的增大而减弱；另一方面，当 $p(T)$ 较大时，$1 - p(T)$ 值较小，媒体监督对于政府部门监管与查处功能的补充作用是相对较弱的。对 $E4$ 两边对 a 求偏导得，$\frac{\partial E4}{\partial a} = \beta = -(1 - p(T)) * Y * q$，通过对该式分析得到，$\beta$ 是 T 的增函数，且 β 小于0，这也就是说，随着外部监管强度的增强，媒体监督在减弱上市公司进行违规活动的预期额外收益的功能在减小，从而导致媒体监督对于投资者保护的程度在降低，所以 a 与 T 是互补的，同样的道理，对 $E4$ 两边对 $p(T)$ 求偏导，得到类似的结论。另外，对 $E4$ 求二阶偏导，$\frac{\partial E^2 4}{\partial a \partial T} = p'(T) * Y * q$，二阶偏导值大于0，结合 $\frac{\partial E4}{\partial a} < 0$，$\frac{\partial E4}{\partial T} < 0$，也可以得到 a 与 T 在减弱上市公司进行违规活动的预期额外收益的功能上是互补的。

上述分析说明，在相关假设情况下，媒体监督与政府监管存在互补关系。媒体监督能够作为政府部门对上市公司违规行为监管与查处的补偿机制，完善的媒体监督机制将有效提高政府监管效率，降低上市公司违规概率。而随着政府监管质量的增大，媒体监督对于限制上市公司进行违规活动的作用在减弱，相反在政府监管质量较弱时，媒体相关监督功能是显著增强的。

4.4 本章小结

本章首先通过构建混合博弈模型，考察了政府监管对于投资者权益保护的重要性与必要性。通过对参与主体预期收益模型分析，本章证实了随着政府监管质量的增强，投资者保护越好，投资者财富越高。其次，本章构建经理人投资决策模型，考察了媒体监督对于投资者权益保护的重要性与必要性，通过理论分析，本章证实了随着媒体监督的增强，投资者保护越好，投资者财富越高。最后，本章构建多主体的混合博弈模型，考察了政府监管与媒体监督交互性对于投资者权益保护的影响，通过对相应效用函数的分析，得到在弱的政府监管质量下，媒体监督对于投资者权益的保护作用更大，具体表现为投资者财富增大。

第5章　政府监管、媒体监督与企业融资约束实证研究

本章结合中国债券市场背景，以监管理论、信息不对称以及委托代理等理论为基础提出相应的假设；利用中国债券市场中发债上市公司数据，构建相应的回归模型；采用多种方法衡量企业融资约束；在尽量控制内生性的情况下，实证检验政府监管、媒体监督与企业融资约束的关系，以及进一步检验不同政府监管质量、企业所有权性质对于上述关系的影响。

5.1　理论拓展与假设提出

本章将对第4章博弈模型中的主要结论进行精炼，并通过相应的理论推导，提出相应的研究假设。本章研究的内容可以概括为，政府监管与企业融资约束的关系，媒体监督与企业融资约束的关系，政府监管与企业融资约束的关系是否受到企业所有权性质的影响，以及媒体监督与企业融资约束的关系是否受到政府监管质量或者企业所有权性质的影响。

5.1.1　政府监管与企业融资约束

MM理论认为在完美的资本市场中，企业资本结构与企业价值无关，企业内部融资与外部融资是等价的。但是由于市场中存在信息不对称以及企业中存在代理问题，企业外部融资成本大于内部融资成本，从

而限制了企业进行借贷行为，造成企业融资约束(Hahn & Lee，2009)。之后，一系列文献把信息不对称引入资本市场的研究中(Greenwald et al.，1984；Myers，1984；Myers & Majluf，1984)，从而建立了优序融资理论，并提出由于内部融资成本<债务融资成本<股票融资成本，所以企业存在融资约束，而且融资约束大小与信息不对称程度正相关。另一方面，Bernanke 和 Gertler(1989，1990)以及 Gertler(1992)以委托代理理论为基础，分析了企业内部代理问题的存在使得企业内部融资与外部融资成本存在差异，从而造成相应的融资约束。

从理论上分析，企业的融资约束主要受企业与投资者之间的信息不对称程度以及企业内部的代理问题所影响。经过相关理论扩展，政府监管质量的提高能够加强金融体系与加速金融发展、提高公司治理机制与投资者保护程度。所以，政府监管影响企业融资约束的理论基础在于：首先，政府监管质量受金融发展的影响。一方面，金融发展扩大了信贷规模以及扩宽了融资渠道，从而减少企业融资约束(Rajan & Zingales，1998)；另一方面，金融发展能够降低信息不对称，增大资金分配效率，进而减少企业融资约束(Demirguc-kunt & Maksimovic，1998；Love，2003)。其次，政府监管提高了企业公司的治理水平，增强了企业信息披露行为，降低企业与投资者之间的信息不对称，进而降低企业外部融资成本，减小企业融资约束(Leuz et al.，2000)。最后，政府监管提高了一个国家的金融法制化水平，有利于投资者对企业内部代理问题进行有效的监督，限制了管理层的私有利益投资，保护了投资者财富，从而减少企业融资约束。

基于上述分析，政府监管质量越高，市场中的信息不对称以及企业内部代理问题越小，导致企业融资约束降低。基于此，本章提出第一个研究假设：

假设 5-1：政府监管质量越高，企业融资约束越小。

5.1.2 媒体监督与企业融资约束

相似地，从理论上分析，企业的融资约束主要受企业与投资者之间的信息不对称程度以及企业内部的代理问题所影响。关于媒体监督影响企业融资约束主要存在以下两个路径。第一，相关研究已经证实媒体监督的公司治理功能(Dyck & Zingales, 2002、2004; Dyck et al., 2008; Joe et al., 2009)。基于媒体监督的公司治理功能，媒体监督可以迫使经理人减少从事有利于个人私利的行为，维护企业业绩与自身声誉，进而减小企业内部的委托代理问题，降低外部融资成本与内部融资成本的差，使得企业融资约束降低(Fama, 1980; Fama & Jensen, 1983; Dyck & Zingales, 2002)。第二，媒体监督通过对消息进行传播、降低投资者收集信息的费用，从而降低企业与投资者之间的信息不对称，这个结论已经得到了许多研究的证实(Dyck & Zingales, 2002; Bushee et al., 2010)。另外，媒体监督能够使得企业尚未披露的信息被挖掘出来，以及对披露信息进行深层次的解读，有利于信息的传递与接收，达到减小企业信息不对称的作用。所以，企业与投资者之间的信息越对称，投资者越能合理地对公司证券进行定价，从而减少企业外部融资成本(周宏等, 2012)，降低融资约束。

基于上述分析，媒体监督能够通过降低市场中的信息不对称与企业内部代理问题，进而减少企业外部融资成本，使得企业融资约束降低。对于中国等新兴市场国家，媒体监督与融资约束之间的关系尚处于空白。本书研究媒体监督与融资约束之间的关系，能够从另一角度证实媒体监督的功能。所以，本章提出第二个假设：

假设 5-2：媒体监督程度越大，企业融资约束越小。

5.1.3 媒体监督与企业融资约束：基于不同政府监管质量影响

在新兴的中国债券市场中，政府监管与媒体监督广泛存在，两者能够降低企业融资约束，但是对于两者与企业融资约束之间的关系是竞争还是互补，还需要进一步分析。在第 4 章博弈模型理论分析中，相关结论表明两者对于融资约束作用是互补的，一些实证研究也证明了这一点，媒体监督功能会受到法制化、政府监管强度的影响(戴亦一等,

2011；Dyck & Zingales，2002）。具体地，在政府监管质量高时，媒体监督降低信息不对称与企业代理问题的边际效用是较小的，进而对融资约束的降低作用较小；而在政府监管质量低时，媒体监督降低信息不对称与企业代理问题的边际效用是较大的，所以对融资约束降低作用较大。更重要的是，由于政府监管存在寻租行为与被俘获的可能，所以在政府监管水平低的地方，政府监管也会存在失灵的情况，难以对企业融资约束产生影响，这使得媒体监督影响企业融资约束的作用更显著。基于此，本章提出第三个假设：

假设5-3：相对于高质量的政府监管，在低质量的政府监管下，媒体监督降低企业融资约束的作用更显著。

5.1.4 政府监管、媒体监督与企业融资约束：基于企业所有权性质影响

对于中国特殊的企业制度背景，不同的企业所有权性质导致企业承担的社会责任不同。有研究表明，国有企业承担着更多的政策性目标与负担（Boycko et al.，1996；林毅夫、刘培林，2001），比如，解决就业问题，稳定社会以及实现GDP增长，从而导致国有企业关注财富的一次分配，而不是财富创造。Chen等（2006）认为由于国有企业的政策性目标与负担，国有企业存在预算软约束，即国有银行更愿意给国有企业提供贷款，而非国有企业存在严重的融资约束。在这种情况下，随着政府监管质量的提高，市场中的资源将会得到合理配置，非国有企业能够充分利用相应的资本进行投资，降低非国有企业融资约束。所以，政府监管质量的提高对非国有企业是有利的。基于此，本章提出第四个假设：

假设5-4：相对于国有企业，政府监管降低非国有企业的融资约束的作用更显著。

一方面，媒体监督对于企业融资约束的作用也会受到企业所有权性质的影响。对于国有企业，由于管理层受到政府部门的任命，其声誉由

政府进行评价，所以媒体监督的声誉机制在国有企业中作用不大。另一方面，影响国有企业的融资约束因素很多，主要包括管理层的政治联系，国有企业的垄断程度等，媒体监督对于国有企业的融资约束影响程度较小。相反，对于非国有企业，媒体监督对企业融资约束影响较大，能够通过降低企业内部代理问题以及信息不对称进而显著降低企业融资约束。基于上述分析，本章提出第五个假设：

假设 5-5：相对于国有企业，媒体监督降低非国有企业的融资约束的作用更显著。

5.2 数据来源与样本选择

5.2.1 数据来源

本章的数据主要来源于三类数据库：一是公共数据库，包括 Wind 资讯金融数据库、CSMAR 国泰安数据库；二是手工收集相应的数据，并整理成个人数据库；三是来自世界银行数据库。详细数据来源见表 5-1。

表 5-1 **数据来源**

数据类型	数据来源
Panel A：公共数据库	
财务指标	CSMAR 与 Wind 数据库
员工人数	CSMAR 数据库
董事会特征	CSMAR 数据库
企业所有权性质	Wind 数据库
行业信息	Wind 数据库
上市时间	Wind 数据库

续表

数据类型	数据来源
Panel B：个人数据库	
媒体监督	通过手工收集8份最具影响力的全国性财经报纸(即《21世纪经济报道》《中国证券报》《证券时报》《中国经营报》《证券日报》《上海证券报》《经济观察报》和《第一财经日报》)获得
Panel C：世界银行数据库	
政府监管质量	源于世界银行对世界各个国家政府监管质量的统计，并使用 Heritage Foudation(2015)统计的金融自由化指数来替代

本章所使用的发债上市公司的财务指标主要来源于 CSMAR 与 Wind 数据库；上市公司的员工人数以及董事会特征来源于 CSMAR 数据库；企业所有权性质、行业信息以及上市时间则来源于 Wind 数据库。另外，对于本章的两个关键性变量，媒体监督则是通过手工收集8份最具影响力的全国性财经报纸(即《21世纪经济报道》《中国证券报》《证券时报》《中国经营报》《证券日报》《上海证券报》《经济观察报》和《第一财经日报》)获得，而政府监管质量指数则来源于世界银行对世界各个国家政府监管质量的统计，并使用 Heritage Foudation(2015)统计的金融自由化指数来替代。

5.2.2　样本选择

由于本章的研究主要基于中国企业债券市场，另外，CSMAR 数据库提供的公司员工人数以及媒体监督数据主要基于上市公司，所以本章的研究样本主要为中国债券市场中发债的上市公司。由于《上市公司证券发行管理办法》颁布时间为2006年，所以本章研究选择的样本区间为2006—2015年。最后，对于相关变量存在缺失值的样本进行剔除，得到2651个观测值，并作为本章的研究样本量，为了避免极端值对模型估计结果的影响，所有财务指标与媒体监督等变量数据都进行了1%的缩尾处理。

5.3 变量定义

5.3.1 企业融资约束

本章通过回顾相关企业融资约束的衡量方法，总结其存在的缺陷，并对相应的缺陷进行改进，提出改进的衡量方法。早期的研究中Fazzari等(1988)提出使用投资-现金流敏感性来度量融资约束，其原因在于企业的投资不仅仅受到投资机会的影响，在存在融资约束的情况下，还会受到自身现有现金流的影响。目前较多研究仍然采用投资-现金流敏感性来度量融资约束。比如，Mclean 等(2012)与陈德球等(2012)的研究。即：

$$\text{INV}_{it+1} = \alpha_i + \alpha_t + \beta_1 \text{Tobin}Q_{it} + \beta_2 \text{CF}_{it} + \varepsilon_{it} \tag{5-1}$$

式(5-1)中，β_2 系数表示企业融资约束大小；INV_{it+1} 为公司 i 在 $t+1$ 时期的新增投资水平，以购建固定资产、无形资产和其他长期资产支付的现金与处置固定资产、无形资产和其他长期资产收回的现金净额之差表示；CF_{it} 为公司 i 第 t 年经营活动现金流与期初总资产的比；Tobin$Q$ 定义为企业的市场价值与资本重置成本之比，代表企业的成长能力。

但是，随着研究的深入，Kaplan 和 Zingales(1997)、Cleary(1999)认为融资约束并不与投资-现金流敏感性有着明显的正相关关系。其原因在于，融资约束并不是影响投资-现金流敏感性的唯一因素，企业内部公司治理也是一个重要的原因。基于此，本章将不使用该方法进行衡量。

由于投资-现金流敏感性受到一定的批判，后续的研究主要基于单指标法、构建指数法以及使用现金-现金流敏感性来衡量。

(1)现金-现金流敏感性衡量方法

Almeida 等(2004)提出使用现金-现金流敏感性来衡量企业的融资约束。其原因在于，对于融资约束大的企业，企业会进行预防性储蓄，以保证未来项目实现或者违约概率降低，这使得企业目前的现金流总量降低，从而表现出更高的现金-现金流敏感性。具体模型为：

$$\Delta \mathrm{Cash}_{it} = \alpha + \beta_1 \mathrm{CF}_{it} + \beta_2 \mathrm{Tobin}Q + \beta_3 \mathrm{Size}_{it} + \beta_4 \Delta \mathrm{STD}_{it} + \beta_5 \Delta \mathrm{NWC}_{it} + \beta_6 \mathrm{EXP}_{it} + \mathrm{Industry} + \mathrm{Year} + \varepsilon_{it} \tag{5-2}$$

式(5-2)中的 ΔCash 为企业当期现金持有的变化，CF 为企业自由现金流，Tobin Q 为企业成长机会，Size 为企业规模，ΔSTD 为短期流动负债的变动，ΔNWC 为公司净营运资本的变动，EXP 为公司资本支出的变动，CF 前面的系数 β_1 即为现金-现金流敏感性。

(2)非效率投资法

Wang(2003)认为融资约束导致投资水平变化。一般情况下，企业存在融资约束时，企业的投资水平小于最优投资水平，所以可以采用企业非效率投资来代替企业融资约束，即 FC = 1−TE。TE 为全要素生产率，通过估计随机前沿模型获得，基本模型如式(5-3)：

$$\mathrm{SR}_{it} = \alpha + \beta'_1 x_{it} - \mu_{it} + v_{it} + \mathrm{Industry} + \mathrm{Year},\ \mu_{it} \geqslant 0 \tag{5-3}$$

在这里 i 是个体；t 为时间；$i = 1, \cdots, N$；$t = 1, \cdots, T$；SR_{it} 是主营业务收入的对数值；$x_{it} \in R^k$ 是投入对数向量，其中投入包括固定资产净额、劳动力人数与中间投入。β_1 为系数向量，它们不被技术所决定；v_{it} 是一个随机误差项，本章假定误差项 $v_{it} \sim iid(0, \sigma_v^2)$；$\mu_{it} \geqslant 0$ 表示技术非有效性。通过计算出 $\hat{\mu}_i$，再经过如下计算得到相应的技术效率，$\mathrm{TE}_i = \exp\{-\hat{\mu}_i\}$，$\mathrm{TE}_i$ 为企业层面资源配置效率。

(3)构造指数法

Kaplan 和 Zingales(1997)提出了用一系列相关财务指标衡量企业的融资约束，但是这个指数中包含了一系列的内生性变量，比如资产负债率、净营运资金比例等，这使得融资约束与相关内生性变量存在相互影响，从而导致相关指数构建偏差(Hadlock & Pierce，2009；鞠晓生等，2013)。随后，Hadlock 和 Pierce(2009)则采用企业规模与企业年龄这两个有着较强外生性的变量构建 SA 指数来衡量融资约束，得到相应公式为：$-0.737*Size+0.043*Size^2-0.04*Age$。然而，国内的研究则完全照搬这个公式计算相应的 SA 指数(鞠晓生等，2013)，忽视了中国市场背景、企业特征与国外发达国家的区别。基于此，本章借鉴相关 KZ 指数构建思想，按照相关过程构建相关 SA 指数，并对构建的 SA 指数进行评价。

5.3.2 政府监管质量

本章采用世界银行(www.govindicators.org)公布的政府监管质量指数(GR)来替代政府监管水平，该指数反映了政府制定和合理实施相关政策以允许或促进相关利益体发展的能力。另外，该指数是参照 31 个基础来源数据报告(Kaufmann et al.，2010)，以及对相关机构、智库、非政府组织、国际组织以及私有个体企业的受访者与专家进行问卷调查所得，该指标已经得到了广泛的应用(Bolaky & Freund，2004；Cebula & Clark，2014)。在一定程度上，该指数反映了政府的能力，GR 取值范围为-2.5 到 2.5，GR 值越小，说明政府监管质量越弱。另外，借鉴 Cebula 和 Clark (2014)的研究，发现金融自由化与政府监管质量之间存在正相关关系，这个结论也得到了 Dawson(2006)研究结论的支持，所以本章采用 Heritage Foudation(2015)统计的金融自由化指数作为政府监管质量的替代指标进行稳健性检验。

图 5-1 是发达国家与发展中国家的政府监管质量对比图。从图 5-1 中可以发现，中国政府监管质量指数 GR 在 2006—2015 年都小于 0，说明整体上，中国政府监管质量较弱。另外，像发达国家日本，政府监管质量指数 GR 在 2006—2015 年都大于 1，美国政府监管质量指数为 0.5，说明发达国家的政府监管质量较好。然而，对于发展中国家，政府监管质量两极分化较严重，马来西亚政府监管质量指数在 2006—2015 年均值为 0.5，甚至在某些年份超过美国；但印度政府监管质量指数，则低至-0.5，比中国政府监管质量还弱。基于上述分析，中国政府监管质量还有待进一步加强与提高，这符合中国政府监管现状。

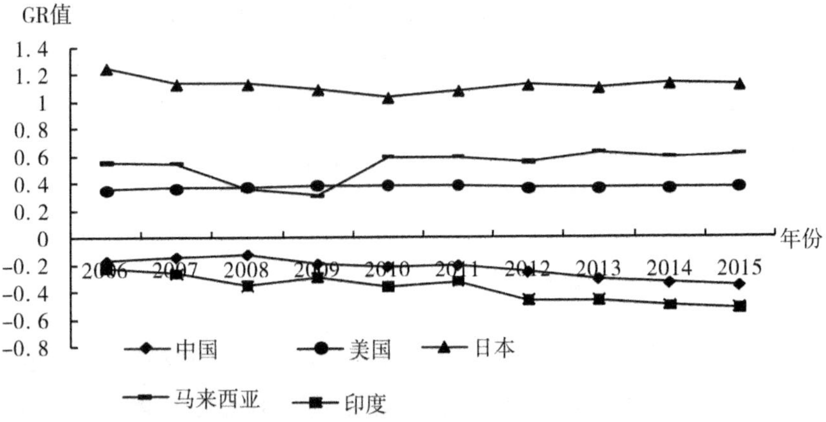

图 5-1 相关国家政府监管质量比较

5.3.3 媒体监督

社会监督指由公民、法人或其他组织对行政机关及其工作人员的行政行为进行的一种没有法律效力的监督，如社会舆论监督、新闻媒体监督、信访、申诉等。本章则采用相关新闻媒体监督作为社会监督的替代变量。对于媒体监督，与国内大部分采用媒体负面报道次数作为媒体监督替代变量(戴亦一等，2011、2013)不同的是，本章定义每个发债企业每年被媒体报道次数(N)的自然对数值为媒体监督的强度(于忠泊等，2011)，具体计算公式为 $\ln(1+N)$。这是因为 Fang 和 Peress(2009)的研究结论认为无论媒体报道是负面的还是正面的，都可以缓解信息摩擦和影响资产定价。相对于媒体负面报道显性的监督与约束，媒体正面(非负面)报道能够增加企业被惩罚程度，导致经理人更大的、潜在的声誉损失(Dyck et al.，2008)。

5.3.4 其他变量

本章所有使用到的变量如表 5-2 所示，对于因变量、测试变量与控制变量的具体介绍将在 5.4 节计量模型中展开。

表 5-2 **变 量 定 义**

变量	变量名	变量定义
主回归相关变量		
ΔCash	现金持有量变动	(本期现金持有量-上期现金持有量)/总资产
Tobin *Q*	托宾 *Q* 值	市场价值/重置资本
ΔSTD	短期流动负债变动	(本期短期流动负债-上期短期流动负债)/总资产
ΔNWC	净营运资本变动	(本期净营运资本-上期净营运资本)/总资产
EXP	企业资本支出	企业购建固定资产、无形资产和其他长期资产支付的现金与总资产的比
CF	企业自由现金流	经营活动现金流与期初总资产的比
SA	SA 融资约束指数	对企业规模与年龄 2 个指标进行预分组、打分，并通过 Order Logit 对规模、年龄拟合所得
Size	企业规模	企业总资产的自然对数
TAN	有形资产所占比例	有形资产/总资产
TOP3	股权集中度	前三大股东股权所占比例
FC	融资约束	非效率投资
GR	政府监管质量指数	采用世界银行公布的政府监管质量指数来替代，以及采用金融自由化指数进行稳健性检验
Media	媒体监督强度	定义每个发债企业每年被媒体报道的次数的自然对数值，具体计算公式为 $\ln(1+N)$
Year	年度变量	本章的样本区间为 2006—2015 年，存在 10 个年度虚拟变量
Industry	行业变量	依 2001 年证监会行业分类明细，制造业取前四位，其他行业取前一位
稳健性检验变量		
SR	企业产出水平	企业主营业务收入
Gdzc	企业固定资产	企业固定资产净额

续表

变量	变量名	变量定义
稳健性检验变量		
Labor	企业劳动力人数	企业员工人数
Zjtr	企业中间投入	短期投资与长期投资
State	企业所有权性质	国有企业，State=1 非国有企业，State=0
CR5	行业集中度	行业中销售收入前五名的销售收入和与全行业销售收入的比值
Size	企业规模	企业总资产的自然对数
Age	企业年龄	企业当年与成立年之差
ROA	资产收益率	企业净利润/企业总资产

5.4　计量模型

为了检验本章提出的五个研究假设，本章构建如下模型进行分析。一是基于全部样本，着重检验政府监管与企业融资约束的关系，以及媒体监督与企业融资约束的关系；二是按照政府监管质量高低把全样本分组，分析在不同政府监管质量下，媒体监督对企业融资约束的影响差异；三是按照企业所有权性质把全样本分组，比较在不同所有权性质企业中，政府监管质量与媒体监督对于企业融资约束的影响差异。

基于变量定义中对融资约束衡量方法的分析，本章将使用方法(1)进行主回归，即用现金-现金流敏感性来衡量企业融资约束，而对于方法(2)与(3)将进行稳健性检验。

相关基本模型如下：

$$\Delta \text{Cash}_{it} = \alpha + \beta_1 \text{CF}_{it} + \beta_2 \text{GR}_t + \beta_3 \text{CF}_{it} * \text{GR}_t + \beta_4 \text{Tobin}Q_{it} + \beta_5 \text{Size}_{it} + \beta_6 \Delta \text{STD}_{it} + \beta_7 \Delta \text{NWC}_{it} + \beta_8 \text{EXP}_{it} + \text{Industry} + \varepsilon \quad (5\text{-}4)$$

$$\Delta\text{Cash}_{it} = \alpha + \beta_1\text{CF}_{it} + \beta_2\text{Media}_{it} + \beta_3\text{CF}_{it} * \text{Media}_{it} + \beta_4\text{Tobin}Q_{it} + \beta_5\text{Size}_{it} + \beta_6\Delta\text{STD}_{it} + \beta_7\Delta\text{NWC}_{it} + \beta_8\text{EXP}_{it} + \text{Industry} + \text{Year} + \varepsilon \tag{5-5}$$

(1)因变量

两个基本模型式(5-4)、式(5-5)的因变量都为 ΔCash，即现金持有量变动，定义为(本期现金持有量-上期现金持有量)/总资产。

(2)测试变量

CF * GR，为企业自由现金流与政府监管的交互项，CF * Meida 为企业自由现金流与媒体监督的交互项。如果两个变量的系数显著小于0，也就是说，式(5-4)与式(5-5)中的 β_3 如果显著小于 0，则说明政府监管与媒体监督能够显著减小现金-现金流敏感性，即降低企业融资约束，亦即假设 5-1 与假设 5-2 成立。其原因在于政府监管与媒体监督能够降低企业对内部资金的依赖程度。

(3)分组变量

本章将采用两个变量进行分组，一是政府监管质量变量，二是企业所有权性质变量。对于政府监管质量变量，当政府监管质量指数大于其中位数时，设 GV01 = 1，反之，GV01 = 0。对于企业所有权性质变量，当企业是国有企业时，设 State = 1，其他情况下，State = 0。

(4)控制变量

Tobin$Q$ 为企业的成长机会，一般情况下，企业未来机会越大，对企业内部资金的依赖性越大。因此，本章对其进行控制，并预期符号为正。

Size 为企业规模，等于企业总资产的对数。一般情况下，企业规模越大，企业现金流变化越大。因此，本章对其进行控制，并预期符号为正。

ΔSTD 为企业的短期流动负债变动，一般情况下，短期债务既可以充当现金进行支付，又可以作为企业现金的一部分，所以该变量符号可正可负。

ΔNWC 为企业净营运资本变动，这个变量与 ΔSTD 类似，本章不预计其符号。

EXP 为企业资本支出，本章也不预计其符号。

最后，Year 与 Industry 为年份与行业哑变量。在以 GR 为自变量进行回归时，则不进行年度控制，只进行行业控制；在以 Media 为自变量进行回归时，同时对年份与行业进行控制。

5.5　实证分析

以下将进行本章的实证分析，主要包括样本的描述性统计分析、多元回归分析以及相应的稳健性检验。

5.5.1　描述性统计分析

表 5-3 为回归方程主要变量的描述性统计分析结果。企业现金持有量变动(ΔCash)的均值与中位数分别为 0.027 和 0.012。政府监管质量 GR 均值为-0.218，极小值与极大值分别为-0.31 与-0.13。企业所受到的媒体监督水平 Media 的均值为 2.274，说明发债的上市公司平均每年受到 10 条媒体报道，另外该变量的极小值与极大值分别为 0 与 7.351，说明发债上市公司之间受到媒体报道的差别较大，这也为本章相关计量分析提供可能。在其他重要控制变量中，发债上市公司的 Tobin Q 的均值与中位数分别为 1.568 与 1.353，说明发债上市公司未来的成长机会都较大。

表 5-3　　**变量描述性统计分析**

变量	样本量	均值	中位数	标准差	极小值	极大值
ΔCash	2651	0.027	0.012	0.089	-0.110	0.262
GR	2651	-0.218	-0.209	0.056	-0.310	-0.130
Media	2651	2.274	2.197	1.291	0	7.351

续表

变量	样本量	均值	中位数	标准差	极小值	极大值
CF	2651	0.061	0.061	0.075	-0.082	0.221
Tobin Q	2651	1.568	1.353	0.619	0.944	3.125
ΔSTD	2651	0.135	0.146	0.251	-0.407	0.570
ΔNWC	2651	0.221	0.204	0.947	-2.062	2.494
Size	2651	22.66	22.54	1.205	20.49	25.01
EXP	2651	0.076	0.061	0.059	0.002	0.213

5.5.2 多元回归分析

本节进一步通过构建多元回归模型来检验本章的主要结论。利用现金-现金流敏感性来衡量企业融资约束，以检验交互项系数符号与显著性的方式分析政府监管、媒体监督与企业融资约束的关系，以及这种关系是否受到政府监管质量或企业所有权性质的影响。

表5-4为政府监管质量、媒体监督对企业融资约束影响的回归结果。第(1)列与第(2)列为检验发债上市公司是否存在融资约束，前者为混合回归，后者为固定效应回归，发现第(1)列与第(2)列中的CF系数为正，且都在1%水平上显著，表明中国发债上市公司存在融资约束的现象。第(3)列与第(4)列检验政府监管质量与企业融资约束的关系，前者为混合回归，后者为固定效应回归，发现GR * CF系数符号为负，且在1%水平上显著，表明提高政府监管质量能够减小企业对内部资金的依赖程度，降低企业融资约束，从而支持了假设5-1。相似地，在第(5)列与第(6)列中，Media * CF系数符号为负，且在5%水平上显著，表明媒体监督能够减小企业对内部资金的依赖程度，降低企业融资约束，从而支持了假设5-2。上述结论表明，政府监管质量或媒体监督越高，企业融资约束越小。

表 5-4 **政府监管、媒体监督与企业融资约束关系检验回归结果**

变量	(1)	(2)	(3)	(4)	(5)	(6)
	混合回归	固定效应回归	混合回归	固定效应回归	混合回归	固定效应回归
	ΔCash	ΔCash	ΔCash	ΔCash	ΔCash	ΔCash
CF	0.243***	0.354***	0.080**	0.067*	0.371***	0.354***
	(8.54)	(10.95)	(2.54)	(1.72)	(6.20)	(6.80)
GR			0.153**	0.354***		
			(2.28)	(6.93)		
GR * CF			-0.697***	-1.256***		
			(-2.97)	(-4.67)		
Media					0.004	0.002
					(1.55)	(1.10)
Media * CF					-0.045**	-0.043**
					(-2.16)	(-2.16)
Tobin *Q*	0.012***	0.013***	0.012**	0.014***	0.001	0.011***
	(3.29)	(2.98)	(2.50)	(3.36)	(0.12)	(2.95)
ΔSTD	0.086***	0.074***	0.081***	0.069***	0.086***	0.093***
	(10.90)	(9.47)	(5.86)	(8.87)	(9.66)	(11.96)
ΔNWC	0.013***	0.011***	0.012***	0.011***	0.013***	0.014***
	(6.84)	(5.69)	(5.90)	(5.37)	(6.28)	(6.91)
EXP	-0.285***	-0.203***	-0.258***	-0.263***	-0.282***	-0.303***
	(-7.90)	(-4.52)	(-9.74)	(-5.74)	(-6.88)	(-8.81)
Size	0.001	0.014***	0.003	0.032***	-0.002	-0.001
	(0.65)	(3.88)	(1.21)	(6.62)	(-0.73)	(-0.27)
Year	YES	NO	NO	NO	YES	NO
Industry	YES	NO	YES	NO	YES	NO
样本量	2651	2651	2651	2651	2651	2651
Adj_r2	0.144	0.144	0.165	0.157	0.192	0.155

注：***、**、*表示检验分别在 1%、5%与 10%水平上显著。括号内为相应的 *t* 值，并经过怀特异方差调整。

从控制变量来看，在(1)—(6)列中，企业成长机会(Tobin Q)、短期流动负债变动(ΔSTD)与企业净营运资本变动(ΔNWC)系数绝大部分显著为正，企业规模(Size)系数为正，相关结果符合预期。

表5-5为在不同政府监管质量与企业所有权性质下，政府监管、媒体监督与企业融资约束关系检验的进一步回归结果。(1)—(2)列为在不同政府监管质量下，媒体监督与企业融资约束之间的关系检验的回归结果；(3)—(4)列为在不同企业所有权性质下，政府监管与企业融资约束之间关系检验的回归结果；(5)—(6)列为在不同企业所有权性质下，媒体监督与企业融资约束之间关系检验的回归结果。

表5-5 **影响政府监管、媒体监督与企业融资约束关系因素分析**

变量	(1)	(2)	(3)	(4)	(5)	(6)
	GV01=0	GV01=1	State=0	State=1	State=0	State=1
	ΔCash	ΔCash	ΔCash	ΔCash	ΔCash	ΔCash
CF	0.368^{***}	0.228^{***}	-0.056	0.156^{***}	0.377^{***}	0.358^{***}
	(5.08)	(4.73)	(-0.72)	(3.18)	(4.92)	(5.62)
GR			0.434^{***}	0.322^{***}		
			(4.11)	(4.67)		
GR * CF			-1.705^{***}	-0.833^{**}		
			(-3.38)	(-2.36)		
Media	0.005^{*}	0.001			0.009^{**}	0.000
	(1.83)	(0.38)			(2.38)	(0.15)
Media * CF	-0.052^{*}	-0.028			-0.038^{*}	-0.027
	(-1.74)	(-1.45)			(-1.67)	(-1.24)
	Prob(difference)=0.03		Prob(difference)=0.02		Prob(difference)=0.03	
Tobin Q	0.002	0.009^{**}	0.020^{**}	0.018^{**}	0.007^{*}	0.008
	(0.29)	(2.01)	(2.54)	(2.58)	(1.80)	(1.57)

续表

变量	(1)	(2)	(3)	(4)	(5)	(6)
	GV01=0	GV01=1	State=0	State=1	State=0	State=1
	ΔCash	ΔCash	ΔCash	ΔCash	ΔCash	ΔCash
ΔSTD	0.074***	0.087***	0.089***	0.064***	0.046***	0.081***
	(6.23)	(8.49)	(5.75)	(5.97)	(4.78)	(8.31)
ΔNWC	0.009***	0.016***	0.022***	0.006**	0.001*	0.007***
	(2.91)	(5.94)	(5.22)	(2.29)	(1.74)	(3.23)
EXP	-0.277***	-0.256***	-0.389***	-0.240***	-0.272***	-0.202***
	(-4.84)	(-5.41)	(-4.11)	(-3.81)	(-4.29)	(-4.62)
Size	-0.005	0.004	0.037***	0.032***	0.003	-0.004
	(-1.44)	(1.22)	(3.04)	(3.97)	(0.73)	(-1.40)
Industry	YES	YES	YES	YES	YES	YES
样本量	1214	1437	1214	1437	1214	1437
Adj_r2	0.174	0.169	0.171	0.174	0.145	0.162

注：***、**、*表示检验分别在1%、5%与10%水平上显著。括号内为相应的 t 值，并经过怀特异方差调整。GV01=1 为高政府监管质量组，即 GR≥Median(GR)，反之，为低政府监管质量组，即 GV01=0。

在表 5-5 的第(1)列与第(2)列中，Media * CF 系数只在第(1)列，即在政府监管质量低下显著为负，且两者差异在5%水平上显著，支持了假设 5-3，即相对于政府监管质量高的环境下，在政府监管质量低时，媒体监督降低企业融资约束的作用更显著。在第(3)列与第(4)列，GR * CF 的估计系数为-1.705 与-0.833，都在5%水平上显著，且两者的差异在5%水平上显著，说明政府监管质量降低非国有企业融资约束的作用更显著，这个结果支持研究假设 5-4，即政府监管质量的提高能够显著降低非国有企业对企业内部资金的依赖度。在第(5)列与第(6)列，Media * CF 的估计系数为-0.038 与-0.027，前者在10%水平上显著，后者不显著，且两者差异在5%水平上显著，说明媒体监督降低非国有企业融资约束的作用更显著，这个结果支持研究假设 5-5，即媒体监督能够显著降低非国有企业对企业内部资金的依赖度。其他控制变量的系数满足相应的预期。

5.5.3 稳健性检验

本章的稳健性检验将从五个视角进行展开，一是相关结论竞争性解释的排除；二是企业融资约束的其他衡量方法；三是政府监管质量的其他衡量方法；四是其他稳健性检验；五是计量经济学问题。具体地看：

(1)相关结论竞争性解释排除

对于债券市场的政府监管质量，本章主要采用世界银行的中国政府监管指数进行替代，然而这个指数主要体现为资本市场监管，包括股票市场政府监管，债券市场政府监管只是其中的一部分。另一方面，由于媒体监督数据来源的局限性，本章主要以债券市场中发债上市公司为样本进行实证研究。对于发债上市公司，它们既在股票市场发行股票，也在债券市场发行债券。所以，本章提出债券市场政府监管与债券市场上市公司融资约束关系的结论，可能会受到股票市场政府监管影响上市公司融资约束这一结论的弱化，另外媒体监督也存在上述现象。为了进一步检验本章研究结论的存在性以及正确性，本章将按照如下研究设计对这个竞争性解释进行排除。

首先，由于本章上市公司样本既是发债公司也是发行股票公司，所以本章通过 PSM 配对方法寻找发债上市公司在股票市场的对照样本，即找出与发债上市公司同行业、同年代，以及规模、杠杆率、成长性、企业年龄相近的不发行债券的上市公司。

其次，理论上，由于同时发行股票与发行债券的上市公司，将会受到股票与债券市场双重政府监管，所以相对于只发行股票的上市公司，政府监管降低发债上市公司融资约束的作用更大。

最后，使用相关模型(5-4)与模型(5-5)对两组上市公司样本进行分组回归，检验相关系数是否存在显著性差异。如果在发债上市公司组中，GR * CF 以及 Meida * CF 变量的系数绝对值显著大于上市公司中的系数绝对值，则说明，债券市场监管对于债券市场上市公司融资约束的影响是存在的，即可以排除股票市场政府监管影响上市公司融资约束对于本章结论的干扰。

相关的计量分析结果如表 5-6 所示。表 5-6 中(1)—(4)列为政府监管与企业融资约束关系检验的回归结果，(5)—(8)列为媒体监督与企业融资约束关系检验的回归结果。具体地，在前 4 列中，无论是混合回归结果还是固定效应回归结果，GR * CF 变量在实验组中的系数绝对值显著大于在对照组中该变量的系数绝对值，这说明政府监管在降低只发行股票上市公司融资约束的同时，对降低债券市场发债公司的融资约束作用更大，即债券市场监管对于债券市场上市公司的影响是存在的，进一步支持了本章的研究结论。同样地，在后 4 列中，无论是混合回归结果还是固定效应回归结果，Media * CF 系数在实验组样本中显著，在对照组中变量系数不显著，且两者差异也显著，这说明媒体监督对发债上市公司起作用，这也支持了本章的研究结论。

经过上述分析，本节排除了政府监管、媒体监督降低发债上市公司融资约束是由于股票市场政府监管、媒体监督对于上市公司的影响，得到债券市场监管与媒体监督对于发债上市公司融资约束的作用是存在的。

(2)企业融资约束的其他度量方法

在变量定义中，本章提到了另外两种企业融资约束的衡量方法，一是采用非效率投资来衡量，二是建立相关的 SA 指数来衡量。所以，本章将采用这两种方法进行稳定性检验，具体地：

① 使用 SA 指数来衡量

国内研究完全照搬国外融资约束公式计算相应的 SA 指数(鞠晓生等，2013)，即使用 $-0.737 * Size + 0.043 * Size^2 - 0.04 * Age$ 来计算 SA，这严重忽视了中国市场背景、企业特征与国外发达国家的区别。基于此，本章借鉴相关 KZ 指数构建思想，按照如下过程构建相关 SA 指数，并对构建的 SA 指数进行评价。

表 5-6　**基于对照组下政府监管、媒体监督与企业融资约束关系检验回归结果**

变量	(1)	(2)	(3)	(4)	(5)	(6)	(7)	(8)
	实验组	对照组	实验组	对照组	实验组	对照组	实验组	对照组
	混合回归	混合回归	固定效应	固定效应	混合回归	混合回归	固定效应	固定效应
	ΔCash	ΔCash	ΔCash	ΔCash	ΔCash	ΔCash	ΔCash	ΔCash
CF	0.093**	0.052*	0.077*	0.081*	0.371***	0.453***	0.354***	0.456***
	(2.25)	(1.68)	(1.71)	(1.73)	(6.20)	(9.06)	(6.80)	(9.63)
GR	0.176**	0.107**	0.371***	0.130**				
	(2.17)	(1.97)	(6.32)	(2.02)				
GR * CF	−0.629**	−0.451***	−1.062***	−0.284**				
	(−2.41)	(−2.36)	(−3.57)	(−2.01)				
Media					0.004*	0.004*	0.002	0.008***
					(1.65)	(1.90)	(1.10)	(3.65)
Media * CF					−0.045**	−0.022	−0.043**	−0.026
					(−2.16)	(−1.25)	(−2.16)	(−1.52)
	Prob(difference) = 0.06		Prob(difference) = 0.00		Prob(difference) = 0.00		Prob(difference) = 0.00	
Tobin Q	0.009**	0.003	0.016***	0.005	0.001	−0.001	0.011***	−0.001
	(2.14)	(0.80)	(3.69)	(0.82)	(0.12)	(−0.28)	(2.95)	(−0.29)

续表

变量	(1)	(2)	(3)	(4)	(5)	(6)	(7)	(8)
	实验组	对照组	实验组	对照组	实验组	对照组	实验组	对照组
	混合回归	混合回归	固定效应	固定效应	混合回归	混合回归	固定效应	固定效应
	ΔCash	ΔCash	ΔCash	ΔCash	ΔCash	ΔCash	ΔCash	ΔCash
ΔSTD	0.080***	0.069***	0.069***	0.072***	0.086***	0.070***	0.093***	0.072***
	(5.53)	(11.78)	(7.93)	(7.32)	(9.66)	(7.74)	(11.96)	(9.84)
ΔNWC	0.018***	0.013***	0.016***	0.015***	0.013***	0.023***	0.014***	0.023***
	(5.54)	(4.02)	(6.10)	(4.88)	(6.28)	(8.49)	(6.91)	(9.55)
EXP	−0.331***	−0.327***	−0.363***	−0.412***	−0.282***	−0.332***	−0.303***	−0.412***
	(−12.39)	(−3.94)	(−6.09)	(−5.54)	(−6.88)	(−7.05)	(−8.81)	(−10.04)
Size	0.003	0.002**	0.037***	0.025**	−0.002	0.002	−0.001	0.002
	(1.23)	(1.98)	(5.44)	(2.21)	(−0.73)	(0.95)	(−0.27)	(0.85)
样本量	2651	2651	2651	2651	2651	2651	2651	2651
Adj_r2	0.179	0.153	0.164	0.136	0.192	0.192	0.155	0.226

注：***、**、*表示检验分别在1%、5%与10%水平上显著。括号内为相应的 t 值，并经过怀特异方差调整。实验组为本章研究样本发债上市公司，对照组则为在股票市场中与发债上市公司同行业、同年代，规模、杠杆率、成长性、企业年龄相近的上市公司。

本章构建SA指数的过程如下：第一，本章选择企业规模(Size)与企业年龄(Age)这2个指标来对样本进行预分组。第二，依次按照每个指标把样本分为5组，然后对每个组别中的样本进行赋值，低于20%水平取值1，20%~40%取值2，依此类推，80%~100%取值为5。第三，按照分组的赋值计算每个样本的总分。第四，以样本总分为因变量，以Size、$Size^2$、Age与Age^2为自变量通过order logit模型计算出相应的SA指数。基于上述构建的SA指数可知，SA值越大，企业融资约束越小。

另外，本章将使用现金-现金流敏感性对构建的SA指数进行评价，具体过程为：第一，利用构建的SA指数把样本分为三组，即高融资约束组、中融资约束组以及低融资约束组。第二，利用模型(5-2)对高、低融资约束组样本分别进行回归，如果高融资约束组的β_1为正，且大于低融资约束组中的β_1，那么可以说明构建的SA指数是有效的。

在获得相关SA指数的基础上，本章将按照下列方程对本章的研究假设进行检验，首先，按照式(5-6)中GR系数符号，检验假设5-1，按照式(5-7)中Media系数符号，检验假设5-2。

$$SA_{it} = \alpha + \beta_1 GR_t + \beta_2 Size_{it} + \beta_3 ROA_{it} + \beta_4 TAN_{it} + \beta_5 TOP3_{it} + \beta_6 TobinQ_{it} + Industry + \varepsilon_{it} \quad (5\text{-}6)$$

$$SA_{it} = \alpha + \beta_1 Media_{it} + \beta_2 Size_{it} + \beta_3 ROA_{it} + \beta_4 TAN_{it} + \beta_5 TOP3_{it} + \beta_6 TobinQ_{it} + Industry + Year + \varepsilon_{it} \quad (5\text{-}7)$$

其次，按照政府监管质量高低分组，利用模型(5-7)回归检验不同组中Media的系数大小，可以检验假设5-3。

最后，利用模型(5-6)与模型(5-7)，按照企业所有权性质分组回归，检验不同组中GR与Media的系数大小，可以验证假设5-4与假设5-5。

在模型(5-6)与模型(5-7)中，因变量为本章构建的SA指数，且构建的SA指数经过了现金-现金流敏感性检验，这里SA指数越大，融资约束越小。

测试变量为政府监管质量(GR)与媒体监督(Media)，如果两变量系数显著大于0，说明政府监管质量越高，或者媒体监督越强，企业融资约束越小，即假设 5-1 与假设 5-2 成立。

分组变量仍然为政府监管质量(GV01)与企业所有权性质(State)。

控制变量包括企业规模(Size)、资产收益率(ROA)、有形资产比例(TAN)、前三大股东股权所占比例(TOP3)、托宾 Q 值(Tobin Q)以及年份(Year)与行业(Industry)哑变量。

表 5-7 给出了本章构建的 SA 指数的评价，从结果可以看出，CF 在高融资约束组的系数为 0.465，在低融资约束组的系数为 0.307，两系数差异在 1%水平上显著，表明构建的 SA 系数能够通过现金-现金流敏感性(融资约束)的检验，即本章构建的 SA 指数是科学合理的。

表 5-7　**SA 指数评价结果**

变量	高融资约束组(SA 小)	低融资约束组(SA 大)
	ΔCash	ΔCash
CF	0.465***	0.307***
	(7.51)	(4.70)
	Prob(difference) = 0.00	
Tobin Q	−0.005	−0.004
	(−1.49)	(−0.78)
ΔSTD	0.005	0.146***
	(0.45)	(7.45)
ΔNWC	0.009***	0.004***
	(4.50)	(2.84)
EXP	0.200	0.092
	(1.59)	(1.34)
Size	−0.021**	0.000
	(−2.46)	(0.16)
Constant	0.343*	−0.087
	(1.93)	(−1.24)

续表

变量	高融资约束组(SA 小)	低融资约束组(SA 大)
	ΔCash	ΔCash
Year	YES	YES
Industry	YES	YES
样本量	1421	1230
Adj_ r2	0. 123	0. 188

注：***、**、*表示检验分别在1%、5%与10%水平上显著。括号内为相应的 t 值，并经过怀特异方差调整。

表5-8给出了以本章构建的SA指数作为企业融资约束替代指标的相关回归结果。该表主要有三部分回归结果。具体地看，(1)—(3)列为主回归结果，其目的在于检验假设5-1与假设5-2；第(4)列与第(5)列为在不同政府监管质量下，媒体监督与SA指数关系检验的回归结果，其目的在于检验假设5-3；(6)—(9)列为了检验政府监管、媒体监督与企业融资约束的关系是否受到企业所有权性质的影响，即检验假设5-4与假设5-5。在主回归模型中，(1)—(2)列中的GR与Media系数分别为0. 907与0. 016，且都在1%水平上显著，则说明政府监管质量越高，或者媒体监督越强，SA指数越大，即企业融资约束越小，这个结论支持了假设5-1与假设5-2，即政府监管质量与媒体监督能够减少企业内部委托代理问题与企业与投资者之间的信息不对称，从而降低企业融资约束。第(3)列为同时加入GR与Media变量的回归结果，发现两变量系数符号仍然为正，且都在1%水平上显著，它们的经济意义在于，GR的一个标准差波动，将会导致SA指数7. 2%的变化；而对于Media的一个标准差波动，将会导致SA指数3. 4%的变化。所以在整体上，相对于媒体监督，政府监管质量对于企业融资约束的降低作用较大。另外，第(4)列与第(5)列中的Media系数分别为0. 013与0. 016，且都在5%水平上显著，且两者的差异在10%水平上显著，说明媒体监督在政府监管质量低时对SA指数的影响更大，也就是说，相对于政府

监管质量高时，在政府监管质量低时，媒体监督降低企业融资约束的作用更显著，这个结论支持假设5-3。

在不同企业所有权性质的分组回归中，在(6)—(7)列中，GR系数分别为0.879与0.955，且都在1%水平上显著，但两者系数差异不显著，这个结论没有支持假设5-4；然而，在(8)—(9)列中，Meida系数分别为0.030与0.003，前者在1%水平上显著，后者不显著，且两系数差异在1%水平上显著，这说明媒体监督降低非国有企业融资约束的作用更显著，即支持假设5-5。

② 利用非效率投资来衡量企业融资约束

Wang(2003)认为融资约束是导致投资水平变化的重要因素之一。基于此，本章首先在计算资源配置效率的基础上，即采用式(5-3)计算TE，之后以1−TE作为非效率投资项，即企业融资约束。为了检验本章相应的假设，本章构建模型(5-8)与模型(5-9)进行回归分析。

$$FC_{it} = \alpha + \beta_1 GR_t + \beta_2 ROA_{it} + \beta_3 TAN_{it} + \beta_4 TOP3_{it} + Industry + \varepsilon_{it} \tag{5-8}$$

$$FC_{it} = \alpha + \beta_1 Media_{it} + \beta_2 ROA_{it} + \beta_3 TAN_{it} + \beta_4 TOP3_{it} + Industry + Year + \varepsilon_{it} \tag{5-9}$$

式(5-8)与式(5-9)为检验本章假设5-1与假设5-2的基础回归模型，其中，因变量FC为非效率投资，以此来衡量企业融资约束，定义FC=1−TE。为了检验本章的其他假设，则对基础模型按照分组变量进行分组回归。最后，预计本章式(5-8)与式(5-9)中测试变量政府监管质量(GR)与媒体监督(Media)前β_1系数符号为负，相应假设得到验证。相应的控制变量与式(5-6)中一致。

表5-9给出了以非投资效率(FC)作为企业融资约束替代指标的相关回归结果。与表5-7相似，第(1)列与第(2)列是主回归结果，其目的在于检验假设5-1与假设5-2；第(3)列与第(4)列为在不同的政府监管质量下，媒体监督与FC的回归结果，其目的在于检验假设5-3；(5)—(8)列是检验在不同企业所有权性质下，政府监管、媒体监督与FC关系的检验结果，即检验假设5-4与假设5-5。同样地，在主回归

表 5-8　　**以 SA 指数为因变量相关回归结果**

变量	主回归			不同政府监管质量		不同企业所有权性质			
	(1)	(2)	(3)	(4)	(5)	(6)	(7)	(8)	(9)
	SA	SA	SA	SA	SA	SA	SA	SA	SA
				GV01=1	GV01=0	State=0	State=1	State=0	State=1
GR	0.907***		0.849***			0.879***	0.955***		
	(13.20)		(12.50)			(9.30)	(9.57)		
Media		0.016***	0.017***	0.013**	0.016***			0.030***	0.003
		(4.65)	(5.16)	(2.40)	(3.43)			(5.43)	(0.63)
				Prob(difference)=0.07		Prob(difference)=0.29		Prob(difference)=0.00	
Size	0.470***	0.460***	0.461***	0.472***	0.449***	0.488***	0.449***	0.453***	0.457***
	(112.23)	(107.26)	(107.62)	(73.99)	(71.95)	(89.56)	(66.75)	(82.12)	(63.99)
Tobin Q	-0.005	-0.017***	-0.008*	-0.008	-0.019***	-0.006	-0.004	-0.017***	-0.013*
	(-1.09)	(-3.55)	(-1.93)	(-1.21)	(-2.94)	(-1.08)	(-0.57)	(-2.82)	(-1.80)
ROA	0.154*	0.106	0.111	-0.055	0.093	0.121	0.197*	0.280**	0.353***
	(1.85)	(1.30)	(1.34)	(-0.46)	(0.71)	(1.02)	(1.85)	(2.35)	(3.23)

续表

变量	主回归			不同政府监管质量			不同企业所有权性质		
	(1)	(2)	(3)	(4)	(5)	(6)	(7)	(8)	(9)
	SA	SA	SA	SA	SA	SA	SA	SA	SA
TAN	0.154***	0.132***	0.149***	0.234***	0.041	0.009	0.229***	0.059	0.213***
	(2.99)	(2.62)	(2.98)	(2.93)	(0.81)	(0.11)	(3.35)	(0.84)	(2.71)
TOP3	0.003***	0.003***	0.003***	0.003***	0.003***	0.003***	0.003***	0.003***	0.003***
	(12.82)	(12.75)	(12.80)	(8.86)	(8.40)	(9.90)	(8.86)	(10.04)	(7.42)
Constant	2.701***	3.345***	2.864***	3.047***	2.979***	2.464***	3.090***	2.838***	2.632***
	(27.07)	(30.15)	(28.46)	(18.40)	(20.52)	(18.61)	(20.38)	(20.91)	(16.44)
Year	NO	YES	NO	YES	YES	NO	NO	YES	YES
Industry	YES	YES	YES	YES	YES	YES	YES	YES	YES
样本量	2561	2561	2561	1437	1214	1437	1214	1437	1214
Adj_r2	0.937	0.940	0.938	0.946	0.938	0.937	0.942	0.933	0.935

注：***、**、*表示检验分别在1%、5%与10%水平上显著。括号内为相应的 t 值，并经过怀特异方差调整。

表 5-9 **以投资非效率为因变量相关回归结果**

变量	主回归		不同政府监管质量		不同企业所有权性质			
	(1)	(2)	(3)	(4)	(5)	(6)	(7)	(8)
	FC	FC	FC	FC	FC	FC	FC	FC
			GV01=0	GV01=1	State=0	State=1	State=0	State=1
GR	-0.124^{***}				-0.240^{***}	-0.094^{*}		
	(−3.40)				(−4.23)	(−1.93)		
Media		-0.011^{***}	-0.011^{***}	-0.007^{***}			-0.021^{***}	-0.006^{**}
		(−5.79)	(−4.46)	(−3.76)			(−6.40)	(−2.36)
			Prob(difference) = 0.06		Prob(difference) = 0.00		Prob(difference) = 0.00	
TAN	−0.001	0.000	0.042	−0.047	-0.552^{***}	-0.503^{***}	-0.371^{***}	-0.416^{***}
	(−0.03)	(0.01)	(1.13)	(−0.99)	(−8.46)	(−9.25)	(−4.78)	(−6.38)
ROA	-0.541^{***}	-0.423^{***}	-0.483^{***}	-0.353^{***}	−0.026	0.028	−0.044	0.018
	(−12.80)	(−8.53)	(−7.33)	(−4.96)	(−0.40)	(0.95)	(−0.62)	(0.54)
TOP3	−0.000	-0.001^{***}	-0.001^{***}	-0.001^{***}	-0.000^{**}	0.001^{***}	-0.001^{**}	-0.001^{***}
	(−0.07)	(−3.97)	(−2.65)	(−3.15)	(−2.46)	(2.91)	(−2.25)	(−2.75)

续表

变量	主回归		不同政府监管质量		不同企业所有权性质			
	(1)	(2)	(3)	(4)	(5)	(6)	(7)	(8)
	FC	FC	FC	FC	FC	FC	FC	FC
			GV01=0	GV01=1	State=0	State=1	State=0	State=1
Constant	0.971***	0.439***	0.432***	0.515***	1.083***	1.053***	0.521***	0.482***
	(24.29)	(7.22)	(12.22)	(11.70)	(10.99)	(24.00)	(7.32)	(19.92)
Year	NO	YES	NO	NO	NO	NO	YES	YES
Industry	YES	YES	YES	YES	YES	YES	YES	YES
样本量	2651	2651	1437	1214	1437	1214	1437	1214
Adj_r2	0.169	0.092	0.106	0.085	0.187	0.192	0.141	0.091

注：***、**、*表示检验分别在1%、5%与10%水平上显著。括号内为相应的 t 值，并经过怀特异方差调整。

模型中，第(1)列与第(2)列中的 GR 与 Media 系数分别为-0.124 与 -0.011，且都在 1%水平上显著，则说明政府监管质量越高，或者媒体监督越强，企业融资约束越小，这个结论支持了假设 5-1 与假设 5-2。另外，第(3)列与第(4)列中的 Media 系数分别为-0.011 与-0.007，且都在 1%水平上显著，且两者的差异在 10%水平上显著，说明在政府监管质量低时，媒体监督对 FC 的作用更显著，这个结论支持假设 5-3。

在不同企业所有权性质下，在第(5)列与第(6)列中，GR 系数显著为负，且前者系数在 1%水平上显著小于后者，这个结果说明政府监管降低非国有企业融资约束的作用更显著，即支持假设 5-4；另外，在(7)—(8)列中，Meida 系数分别为 0.030 与 0.003，前者在 1%水平上显著，后者不显著，且两系数差异在 1%水平上显著，这说明媒体监督降低非国有企业融资约束的作用更显著，即支持假设 5-5。

(3)政府监管质量的其他衡量方法

Cebula 和 Clark (2014)在经济自由度、政府监管质量、税收与真实资本收入相关关系检验中发现，政府监管质量与金融自由度之间的相关系数达到 0.599，这说明在经济环境中，金融自由度能部分反映政府监管的质量，所以世界银行机构以此代替政府监管质量(World Bank Institute, 2012)。另外，Dawson(2006)在研究监管、投资与经济增长的过程中发现，经济自由度与政府监管之间的相关系数为 0.72，且在 1%水平上显著。基于上述分析，本章采用 Heritage Foudation(2015)统计的金融自由化指数(BF)作为政府监管质量的替代指标来进行稳健性检验。具体的结果见表 5-10。

表 5-10 为金融自由化指数(BF)作为政府监管质量替代变量的回归结果，被解释变量为企业融资约束，前四列采用 SA 指数来代替，后四列采用 FC 来替代。第(1)列与第(2)列，第(5)列与第(6)列中的 BF 系数符号为正，且在 1%或者 5%水平上显著，说明金融自由化越高，企业融资约束越小，这个结论支持了假设 5-1。另外，在第(3)列与第(4)列中，BF 系数都显著为正，两系数的差异在 5%水平上显著，同样地，在第(7)列与第(8)列中，BF 系数都显著为负，两系数的差异在 10%水

表 5-10　**以金融自由化指数(BF)为自变量的回归结果**

变量	(1)	(2)	(3)	(4)	(5)	(6)	(7)	(8)
	SA	SA	SA	SA	FC	FC	FC	FC
			State=0	State=1			State=0	State=1
BF	0.007***	0.006**	0.009***	0.006*	-0.001***	-0.002**	-0.002***	-0.001**
	(2.72)	(2.53)	(2.82)	(1.88)	(-3.20)	(-2.10)	(-2.69)	(-2.28)
Media		0.023***				-0.001*		
		(6.61)				(-2.09)		
			Prob(Difference)=0.02				Prob(Difference)=0.09	
Size	0.461***	0.449***	0.480***	0.432***	-0.025***	-0.026***	-0.028***	-0.027***
	(110.58)	(106.06)	(87.92)	(66.73)	(-7.20)	(-6.06)	(-4.23)	(-5.65)
Tobin Q	-0.007	-0.012**	-0.009	-0.009				
	(-1.53)	(-2.53)	(-1.50)	(-1.15)				
ROA	0.311***	0.240***	0.299**	0.360***	-0.556***	-0.560***	-0.587***	-0.516***
	(3.64)	(2.84)	(2.50)	(3.24)	(-7.85)	(-7.39)	(-6.42)	(-5.17)
TAN	0.203***	0.192***	0.083	0.267***	-0.556***	-0.560***	-0.587***	-0.516***
	(3.94)	(3.88)	(0.99)	(3.97)	(-7.85)	(-7.39)	(-6.42)	(-5.17)

续表

变量	(1)	(2)	(3)	(4)	(5)	(6)	(7)	(8)
	SA	SA	SA	SA	FC	FC	FC	FC
			State=0	State=1			State=0	State=1
TOP3	0.003***	0.003***	0.003***	0.003***	-0.000	-0.000	-0.000	0.000
	(13.11)	(13.05)	(10.14)	(9.38)	(-0.13)	(-0.28)	(-1.17)	(1.32)
Constant	2.326***	2.576***	1.931***	2.961***	1.014***	1.070***	1.107***	1.108***
	(14.24)	(16.13)	(9.20)	(12.44)	(11.74)	(10.43)	(7.03)	(9.46)
Industry	YES	YES	YES	YES	YES	YES	YES	YES
样本量	2651	2651	1437	1214	2651	2651	1437	1214
Adj_r2	0.932	0.934	0.938	0.925	0.166	0.163	0.175	0.191

注：***、**、*表示检验分别在1%、5%与10%水平上显著，括号内为相应经过怀特异方差调整的 t 值。

平上显著，说明相对于国有企业，金融自由化或者政府监管降低非国有企业融资约束的作用更显著，这个结论支持了假设5-4。基于上述分析，以金融自由化指数代替政府监管质量的回归是稳健的。

(4)其他稳健性检验

有研究表明政府监管政策的不确定性会影响外部融资成本，进而对企业的融资约束产生影响。比如，Nodari(2014)认为政府监管政策的不确定性会提高外部融资成本，增大企业的融资约束。所以，政府监管质量对企业融资约束的影响可能受到政府监管不确定性的影响，为了避免遗漏变量问题的出现，以及进一步检验政府监管的重要性，本节将对政府监管政策的不确定性进行控制。对于政府监管政策的不确定性衡量，本节借鉴 Baker 等(2015)测算的中国金融监管政策不确定指数来衡量①，记为 FRPU，相应的回归结果如表5-11所示。

表5-11　　加入政府监管政策不确定性变量后的回归结果

变量	(1)	(2)	(3)
	SA	SA	SA
GR		0.883***	0.834***
		(12.97)	(12.35)
FRPU	-0.000***	-0.000***	-0.000***
	(-5.38)	(-4.60)	(-4.35)
Media			0.016***
			(4.60)
Size	0.460***	0.470***	0.462***
	(111.06)	(112.40)	(107.61)

① 由于Baker团队测算的是月度数据，本章以中国金融监管政策不确定性指数月度均值作为中国金融监管政策不确定年度值，以下两章实证中的中国金融监管政策不确定年度值也依此处理。

续表

变量	(1)	(2)	(3)
	SA	SA	SA
Tobin Q	-0.014***	-0.010**	-0.013***
	(-2.78)	(-2.22)	(-2.92)
ROA	0.317***	0.148*	0.110
	(3.71)	(1.79)	(1.33)
TAN	0.193***	0.147***	0.144***
	(3.74)	(2.84)	(2.87)
TOP3	0.003***	0.003***	0.003***
	(13.08)	(12.82)	(12.82)
Constant	2.748***	2.770***	2.908***
	(26.37)	(27.74)	(28.67)
Industry	YES	YES	YES
样本量	2651	2651	2651
Adj_r2	0.933	0.938	0.939

注：***、**、*表示检验分别在1%、5%与10%水平上显著。FRPU为Baker团队计算的金融监管政策不确定性指数。对于以FC为融资约束替代变量，相关结果在此不一一列出，但结论与SA一致。

表5-11为加入政府监管政策不确定性变量后的回归结果。第(1)列检验了政府监管政策不确定性与SA指数的回归结果，其中变量FRPU系数在1%水平上显著为负，说明监管政策不确定性程度越大，SA指数越小，企业融资约束越大。第(2)列与第(3)列则在第(1)列上依次加入GR与Media变量，发现，GR与Media系数仍然显著为正，进一步证实了本章假设5-1与假设5-2的正确性。

(5)计量经济学问题

本章所使用的样本为混合数据，也就是说，一家公司在2006—2015年样本期间内，可能出现很多次，也可能出现1次，这可能导致样本在组内存在年度序列相关问题，其结果可能导致 t 值偏大，显著性增强。所以，本章在进行多元回归时，对相应的 t 值进行相应的聚类(cluster)调整，以及时间与年度两个维度的聚类分析；另一方面，在表 5-4 中，也进行了面板固定效应估计，发现结果没有实质性的改变。

另外，本章的回归模型也可能存在一定的内生性问题。比如，媒体监督的内生性，一方面，媒体监督能够影响企业融资约束，但反过来企业融资约束也会影响媒体的关注度。为此，本节将采取两种方法进行内生性处理，第一种方法为采用媒体监督的滞后项带入原来方程进行相应的回归，第二种方法则是采用二阶段最小二乘法进行回归分析，具体见表 5-12。

表 5-12 为考虑内生性后的部分回归结果。(1)—(5)列是采用 Media 滞后一期进行的回归结果，具体地，第(1)列是检验假设 5-2 的结果；第(2)列与第(3)列是检验假设 5-3 的结果；第(4)列与第(5)列是检验假设 5-5 的结果。第(6)列与第(7)列是采用二阶段工具变量的回归结果，其中相应的外生变量为政府监管质量、行业集中度、企业规模以及企业所有权性质。结果表明，在第(1)列中，Media(-1)系数负，且在 1%水平上显著；Media(-1)系数在第(2)列与第(3)列中显著为负，且两者差异在 5%水平上显著；同时，Media(-1)系数符号在第(4)列中显著为负，而在第(5)列中为负，但不显著，且两者差异在 1%水平上显著，上述结果支持了本章研究假设 5-2、假设 5-3 与假设 5-5。另外，在采用二阶段进行回归后发现，Kleibergen-Paap rk LM statistic 的 P 值为 0.00，在 1% 水平上拒绝了工具变量不可识别的原假设，Kleibergen-Paap rk Wald F statistic 的值为 110.52(15%的临界值为 12.83)，拒绝了工具变量是弱工具变量的原假设。同时 Hansen J statistic 的 P 值为 0.15，说明没有拒绝所有变量都是外生的这一原假设，这也就是说模型中没有过度识别问题。所以整体上，模型工具变量较好。第(7)列中的 Media 系数符号为负，且在 1%水平上显著，则也证实本章假设 5-2 的正确性。

表 5-12　　**内生性控制后的相关回归结果**

变量	滞后一期					二阶段	
	(1)	(2)	(3)	(4)	(5)	(6)	(7)
	FC	FC	FC	FC	FC	Media	FC
		GV01=0	GV01=1	State=0	State=1		
Media(-1)	-0.011***	-0.013***	-0.009***	-0.027***	-0.003		-0.035***
	(-4.68)	(-4.32)	(-3.01)	(-6.62)	(-1.21)		(-3.45)
		Prob(Difference) = 0.02		Prob(Difference) = 0.00			
TAN	0.017	0.046	-0.023	-0.002	0.026	1.068***	0.031
	(0.58)	(1.19)	(-0.47)	(-0.03)	(0.79)	(2.78)	(0.92)
ROA	-0.461***	-0.521***	-0.352***	-0.468***	-0.416***	2.311***	-0.362***
	(-8.50)	(-7.71)	(-4.21)	(-5.69)	(-5.67)	(3.75)	(-7.04)
TOP3	-0.001***	-0.001**	-0.001***	-0.000*	-0.001***	0.010***	-0.001*
	(-4.29)	(-2.40)	(-3.70)	(-1.89)	(-3.40)	(5.74)	(-1.71)
State						0.477***	
						(7.78)	
FRPU						-0.001**	
						(-2.47)	

续表

变量	滞后一期					二阶段	
	(1)	(2)	(3)	(4)	(5)	(6)	(7)
	FC	FC	FC	FC	FC	Media	FC
		GV01=0	GV01=1	State=0	State=1		
CR5						0.321*	
						(1.92)	
Constant	0.432***	0.430***	0.494***	0.499***	0.473***	0.953***	0.487***
	(7.56)	(11.64)	(10.76)	(6.65)	(18.98)	(2.40)	(16.23)
Industry	YES	YES	YES	YES	YES	NO	YES
样本量	1998	1116	882	857	1141	2651	2651
Adj_ r2	0.098	0.111	0.083	0.177	0.091	0.083	0.004
Kleibergen-Paap rk LM statistic(P)						0.00	
Kleibergen-Paap rk Wald F statistic						110.52	
Hansen J test(p)						0.15	

注：***、**、*表示检验分别在1%、5%与10%水平上显著。(1)—(6)括号内为相应的 t 值，(7)为相应的 Z 值，都经过怀特异方差调整。对于以SA为融资约束替代变量，相关结果在此不一一列出，但结论与FC一致。

基于以上五个方面的稳健性检验以及内生性分析，证实本章的结论是可靠的。

5.6 本章小结

本章考察了政府监管、媒体监督与企业融资约束之间的关系，并在此基础上，针对不同政府监管质量以及不同企业所有权性质分组进行计量分析。实证研究表明，第一，整体上，政府监管质量越高、媒体监督越强，企业融资约束越小。然而，通过解释SA为因变量的回归方程中GR与Media系数经济意义(标准化系数)时发现，相对于媒体监督，政府监管对于降低企业融资约束的作用更大；第二，随着政府监管质量的提高，媒体监督降低企业融资约束的作用在降低，这也就是说，媒体监督降低企业融资约束的作用在低质量政府监管环境下更显著；第三，相对于国有企业，政府监管降低非国有企业融资约束的作用更大，而媒体监督只能降低非国有企业的融资约束，对于降低国有企业融资约束的作用不显著，这说明政府监管与媒体监督对非国有企业更有利。总之，本章的结论表明，目前的政府监管质量与媒体监督作用都能降低企业融资约束，对于企业有效运行有着重要作用，然而，整体上应该着重提高政府监管质量，从根本上降低企业融资约束。进一步，对于企业融资约束的作用，政府监管与媒体监督之间存在显著的互补性，即在政府监管质量较弱时，媒体监督功能作用更大，这暗示着，在现阶段的中国，由于政府监管质量与国外发达国家政府监管质量还存在一定的差距，政府决策者在提高政府监管质量的同时，更应该加强媒体监督的社会性、合法性与独立性。另外，在国有企业中，由于政府负担的存在，政府会支持国有企业借贷行为，使得国有企业存在“预算软约束”，而民营企业融资受到歧视。最后，通过提高政府监管质量与加强媒体监督来降低民营企业融资约束。

第 6 章　政府监管、媒体监督与资源配置效率实证研究

本章结合中国债券市场背景，以监管理论、信息不对称以及委托代理等理论为基础提出相应的假设，利用中国债券市场中发债上市公司数据，构建相应的回归模型，采用多种度量资源配置效率方法，在尽量控制内生性的情况下，实证检验政府监管、媒体监督与资源配置效率的关系，以及进一步检验不同政府监管质量、企业所有权性质对于上述关系的影响。

6.1　理论拓展与假设提出

本章将对第 4 章博弈模型中的主要结论进行精炼，并以监管理论、信息不对称以及委托代理等理论为基础进行阐述与推理，提出相应的研究假设。本章研究的内容可以概括为：政府监管与资源配置效率的关系，媒体监督与资源配置效率的关系，政府监管与资源配置效率的关系是否受到企业所有权性质的影响，以及媒体监督与资源配置效率的关系是否受到政府监管质量或者企业所有权性质的影响。

6.1.1　政府监管与资源配置效率

根据公共利益理论，当市场失灵时，政府监管能够使得资源配置效率达到最优(Arrow, 1985)。然而，由于政府监管可能存在寻租行为或者被某些利益集团所俘获，使得政府监管偏移社会财富最大化目标，资

源配置效率降低。

Modigliani 和 Miller(1958)认为如果市场处于完美状态，那么市场中将不会存在任何的内在摩擦，企业外部融资与内部融资将完全等价，资源配置效率处于最优。然而，证券市场中的信息不对称严重，逆向选择与企业道德风险的出现，将导致市场资源配置效率降低(Stiglitz & Weiss, 1981)。另一方面，Jensen 和 Meckling(1976)认为在所有权与经营权分离的现代公司组织结构中，经理人很容易为了个人私利而损害股东利益。这个私利行为主要表现为经理人的“帝国构造”，进行大量投资，使得投资规模超过最优水平，企业资源配置效率降低。

然而，相当一部分研究者认为由于市场中信息不对称的存在，不能够完全依靠市场机制的调节作用使得市场处于最优，从而要求政府介入市场，减小信息不对称带来的市场失灵危害(Demirgu-Kunt & Maksimovic, 1998)，他们认为政府能够通过对财产权益、企业行为实行一定的保护，以致市场达到最优资源配置效率。另外，资源配置效率不仅受到企业属性的影响，还会受到外在制度环境的影响(Levine & Zervos, 1998; Rajan & Zingales, 1998; Acemoglu et al., 2001; Claessens & Laeven, 2003; Bekaert et al., 2005)。对于中国资本市场，政府在市场中的干预行为较重，陈德球等(2012)通过研究发现政府质量能够改善企业资源配置效率，其原因在于政府能够通过提供良好的外在治理环境，降低企业内部代理问题与外部融资成本，从而减少融资约束。

许多研究已经证实了影响企业资源配置效率最普遍与最重要的因素是信息不对称与代理问题(Bushman & Smith, 2003)。有研究表明，政府监管能够降低企业内部代理问题，能够提高上市企业的竞争力，能够在市场失灵的条件下合理安排资源等(Shleifer & Vishny, 1994; La Porta et al., 1999; Fan et al., 2011)。政府监管质量影响企业资源配置效率的理论分析如下。首先，高质量的政府监管伴随着金融体系的完善。相关研究表明，完善的金融体系能够改善市场中的信息不对称程度，降低交易成本，从而提高资源配置效率(King & Levine, 1993; Levine et al., 1997)。另外，Wurgler(2000)、Almeida 和 Wolfenzon(2005)通过实证研究也发现，金融市场的发展能够显著提高企业的资源配置效率。其次，高质量的政府监管伴随着企业发行上市与发债门槛的提高，使得企业整体公司治理水平提高。企业公司治理越强，信息披露程度越高，能够显著降低企业与投资者之间的信息不对称程度(Bertrand & Mullainathan，2003；Dittmar & Smith，2007)；另一方面，良好的公司治理能够实现对管理层的最优激励，从而使得委托人与代理人之间的利益一致，减小代理问题，提高资源配置效率。更为重要的是，良好的公司治理伴随着较完善的监督机制，通过改善董事会结构与监事会职能，对管理层进行约束，降低管理层机会主义动机与代理问题，提高企业资源配置效率。Richardson(2006)研究表明在良好的公司治理机制下，完善的监督机制能够有效提高资源配置效率。而国内的研究也一致认为公司治理能够有效降低企业过度投资(饶育蕾、汪玉英，2006；李维安、姜涛，2007；唐雪松等，2007；魏明海、柳建华，2007)。最后，政府监管质量越高，执法效率越高，对投资者保护越有效率。现实资本市场中，由于委托代理问题的存在，如果投资者保护法律不完善，会使企业管理层为了个人私利进行过度投资，这些过度投资会使资本流入生产率较低的企业，而生产率较高的企业的投资资本不足，造成企业资源配置效率与市场资源配置效率低下。所以有效的法律保护将进一步保证投资者能够进行有效的投资，提高资本的使用效率(Wurgler，2000；Beck & Levine，2002；罗琦、王寅，2010；黎来芳等，2012)。

基于上述分析，政府监管能够有效地减小公司内部的代理问题以及市场中的信息不对称问题，从而提高企业资源配置效率与市场资源配置效率。另外，对于中国这个新兴市场国家，仅仅依靠市场机制来提高资源配置效率是不够的，作为政策制定与法律执行者，政府监管对于市场的正常运行相当重要。所以，本章提出第一个研究假设：

假设6-1：政府监管质量越高，企业资源配置效率或市场资源配置效率越高。

6.1.2 媒体监督与资源配置效率

市场完全自由化导致市场失灵，虽然政府监管能够在一定程度上减轻这种情况，但是过多的政府干预将造成证券市场效率低下等不良现象。基于此，许多学者提出在政府监管存在的条件下，要发挥社会监督的力量(Goodhart et al., 2006)。

随着互联网的发展，在中国资本市场中，不仅存在政府监管，还存在社会监督，这里特指媒体监督。媒体监督的功能，主要包括外部公司治理与降低信息不对称的功能。所以，一方面，媒体监督能够提高企业公司治理的作用，降低委托代理问题，从而提高资源配置效率。具体地看，声誉理论认为，管理层会重视其声誉以获得职位稳定、更多的报酬以及在人才市场获得更好的择业机会。相关文献表明，媒体报道能够影响经理人声誉，对经理的行为进行约束，使得媒体在公司治理中扮演着重要角色(Dyck & Zingales, 2004; Joe et al., 2009; Dyck et al., 2008)。现有研究认为，媒体发挥外部公司治理机制作用的途径主要有两个：一是媒体对资本市场制度的缺陷进行广泛报道，形成社会舆论压力，促使资本市场的政策制定者对公司准入制度、退出制度、定价制度以及信息披露制度加以修改，从制度上要求企业具有较高的公司治理水平(Besley & Prat, 2001; Dyck et al., 2008)；二是作为资本市场中的一个重要参与者，经理人的薪酬主要取决于企业业绩(显性)与市场声誉(隐性)。企业一旦被媒体负面报道后，企业业绩将会下降，并且会影响经理人的声誉。媒体监督可以迫使经理人减少从事有利于个人私利的行为，维护企业业绩与自身声誉(Fama, 1980; Fama & Jensen, 1983)。

另一方面，媒体监督能够降低企业与投资者之间的信息不对称程度，进而提高资源配置效率(Fang & Peress, 2009; Tetlock, 2010)。相关研究认为媒体报道有利于信息的传播，减少信息摩擦，从而降低信息不对称程度(Bushee et al., 2010)。另外也有研究认为，媒体报道降低了投资者收集信息的成本，使投资者愿意去了解与收集信息(Dyck & Zingales, 2002)。

基于上述分析，媒体监督能够有效减少公司内部的代理问题以及市场中的信息不对称问题，从而提高企业资源配置效率与行业资源配置效率。对于新兴的中国债券市场，媒体监督功能已经得到相应的研究，但是以企业资源配置效率为视角来分析媒体监督作用方面的研究还处于空白，所以，本章提出第二个假设：

假设 6-2：媒体监督程度越大，企业资源配置效率或行业资源配置效率越高。

6.1.3　媒体监督与资源配置效率：基于不同政府监管质量影响

政府监管与媒体监督都能提高企业资源配置效率，那么两者之间的提高作用是否存在一定的联系还有待进一步分析。有研究表明，媒体监督的公司治理作用受到法制化、政府监管程度的影响（戴亦一等，2011；Dyck & Zingales，2002）。具体而言，戴亦一等（2011）认为，各地区的政府干预水平、法律水平以及行业进入堡垒都会影响媒体公司治理效应的发挥。Dyck 和 Zingales（2002）认为，制度环境、价值取向、媒体搜集信息途径以及媒体可信性等因素都可能影响媒体的公司治理作用。Dyck 和 Zingales（2002）认为，在政府监管质量高的地区，企业公司治理水平与信息透明度较好，这能从内部根源上减少企业的委托代理问题，因此，在高质量政府监管的地区，媒体监督发挥公司治理作用的空间有限；在低质量政府监管的地区，政府监管中的一系列法律制度既不能对企业进行事前监督，也不能对企业进行及时的事后惩罚，从而难以从内部根源上对管理层进行监督，企业内部的代理问题十分严重，这使得媒体发挥作用的空间会更大。另外，有研究认为，在政府监管水平低的地方，政府干预也会存在失灵的情况，导致监管效果最终偏离公共利益最大化目标（Shleifer & Vishny，1993），所以媒体监督对于提高资源配置效率更加显著。

基于上述分析，在影响企业资源配置效率时，政府监管与社会监督是相互补充的。所以，本章提出第三个假设：

假设 6-3：相对于高质量的政府监管，在低质量的政府监管下，媒体监督提高企业资源配置效率的作用更显著。

6.1.4 政府监管、媒体监督与资源配置效率：基于所有权性质影响

对于中国特殊的企业制度背景，不同的企业所有权性质导致企业承担的社会责任不同。有研究表明，国有企业承担着更多的政策性目标与负担(Boycko et al. , 1996；林毅夫、刘培林，2001)，比如解决就业问题，稳定社会以及实现 GDP 增长，从而导致国有企业关注财富的一次分配，而不是创造(Chen et al. , 2006)。这些可能导致国有企业在生产决策中偏离企业价值最大化目标，容易造成过度投资，从而造成企业资源配置效率低下。另一方面，国有企业内部的委托代理问题严重。相对于非国有企业，国有企业的管理层大多是中央委派，他们既不是企业所有者，也不是企业剩余价值获得者，所以他们付出的努力十分低下，从而导致企业资源配置效率降低。进一步，国有企业在选择管理层上会看重他们的政治资源，而不是强调其管理能力。由于管理层的政治资源会导致寻租与私利行为的出现，通过过度投资 NPV 小于 0 的项目，从中获取相关利益，降低资源配置效率(Shleifer & Vishny，1994)。

上述分析表明，国有企业的资源配置效率相对降低，原因在于政府干预对于企业经营目标的扭曲以及管理层激励机制的缺失。所以，随着政府监管质量的提高，政府干预的强度下降以及企业内部委托代理问题的减少，国有企业投资过度减弱，国有企业的资源配置效率将提高。

然而，有研究对政府监管显著提高国有企业的资源配置效率的结论也提出了质疑(Chow & Fung，1998；Fan et al. , 2008)。他们从融资约束角度进行分析，认为正是由于国有企业的政策性目标与负担的存在，国有企业存在预算软约束，即国有银行更愿意给国有企业提供贷款，而非国有企业存在严重的融资约束。在这种情况下，随着政府监管质量的加强，政府干预减弱，市场中的资源将会得到合理配置，非国有企业能够充分利用相应的资本进行投资，降低非国有企业融资约束，缓解其投资

不足，进而提高非国有企业的资源配置效率。

基于上述分析，本章提出第四个假设——一个竞争性假设：

假设 6-4a：相对于非国有企业，政府监管提高国有企业资源配置效率的作用更显著。

假设 6-4b：相对于国有企业，政府监管提高非国有企业资源配置效率的作用更显著。

同样，媒体监督对于企业资源配置效率的作用也会受到企业所有权性质的影响。对于国有企业，由于管理层受到政府部门的任命，其声誉由政府进行评价，所以媒体监督的声誉机制在国有企业中作用不大；另一方面，国有企业的过度投资行为可能是由于其政府目标或者是政治负担所引起的，仅仅靠媒体监督改善国有企业的投资效率是不现实的，只能从根本上、制度上进行改善。相反，对于非国有企业，由于在市场中缺少政府保护伞，媒体的负面报道极易影响管理层声誉，影响企业融资约束，以致非国有企业对媒体报道反应相当敏感。这也就是说，在非国有企业中，媒体监督能够通过降低企业内部代理问题以及信息不对称程度，以减缓企业的投资不足，提高企业资源配置效率。基于此，本章提出第五个假设：

假设 6-5：相对于国有企业，媒体监督提高非国有企业资源配置效率的作用更显著。

6.2　数据来源与样本选择

本节将着重介绍本章实证分析所使用的数据来源，以及样本的选择过程。

6.2.1　数据来源

本章的数据主要来源于三类数据库：一是公共数据库，包括 Wind 资讯金融数据库、CSMAR 国泰安数据库；二是手工收集相应的数据，并整理成个人数据库；三是来自世界银行数据库。具体形式见表 5-1。

6.2.2 样本选择

由于本书的研究主要基于中国企业债券市场，另外，CSMAR 数据库提供的公司员工人数以及媒体监督数据主要基于上市公司，所以本章的研究样本主要为中国债券市场中发债的上市公司。由于《上市公司证券发行管理办法》颁布时间为 2006 年，所以本章研究选择的样本区间为 2006—2015 年。最后，对相关变量存在缺失值的情况进行剔除，剩余得到 1415 个观测值，并作为本章的研究样本量，为了避免极端值对模型估计结果的影响，所有财务指标与媒体监督等变量数据都进行了 1% 的缩尾处理。

6.3 变量定义

6.3.1 资源配置效率

本章通过回顾相关资源配置效率的度量方法，总结其存在的缺陷，并对相应的缺陷进行改进，提出相应的衡量方法。

(1)企业层面资源配置效率衡量

国内外对于企业资源配置效率的度量主要有以下方法：第一，Richardson(2006)通过提出公司投资期望模型，利用实际投资额与期望投资额的差作为公司的非效率投资，即利用期望投资模型的残差作为投资效率的替代变量。其中，模型的残差小于 0，则表明公司投资不足；模型的残差大于 0，则表明公司投资过度。随后，Verdi(2006)在 Richardson(2006)的基础上，利用 Tobin Q 值来代替公司的成长机会，并把它加入公司的期望投资模型中，使用模型的残差作为企业资源配置效率的替代变量。其理论基础在于，在完美的资本市场中，公司的投资额应该完全反映企业的成长机会。

第一种方法为 Richardson(2006)与 Verdi(2006)对企业资源配置效率度量，他们通过对模型(6-1)分年度、行业进行回归得到相应的残差作为企业的非效率投资，也就是企业资源配置效率。

$$\mathrm{INV}_{it+1} = \alpha + \beta_1 \mathrm{Tobin}Q_{it} + \beta_2 \mathrm{Size}_{it} + \beta_3 \mathrm{Lev}_{it} + \beta_4 \mathrm{Cash}_{it} + \beta_5 \mathrm{Age}_{it} + \beta_6 \mathrm{INV}_{it} + \varepsilon_{it} \tag{6-1}$$

其中，INV_{it+1} 为公司 i 在 $t+1$ 时期的新增投资水平，以购建固定资产、无形资产和其他长期资产支付的现金与处置固定资产、无形资产和其他长期资产收回的现金净额之差来计算；另外相关变量具体见表6-1。

第二种方法则是利用投资与 Tobin Q 的敏感性来衡量企业资源配置效率。基于 Fazzari 等(1988)与 Rauh (2006)的研究，并借鉴 Mclean (2012)与陈德球(2012)的模型，构建如下模型来衡量企业资源配置效率。具体模型如下：

$$\mathrm{INV}_{it+1} = \alpha_i + \alpha_t + \beta_1 \mathrm{Tobin}Q_{it} + \beta_2 \mathrm{CF}_{it} + \varepsilon_{it} \tag{6-2}$$

CF_{it} 为公司 i 第 t 年经营活动现金流与期初总资产的比，Tobin Q 代表企业的成长机会即市场价值与重置资本比值，INV 变量与式(6-1)中 INV 一致。这里，β_1 系数为投资-投资机会敏感性，即为本章定义企业资源配置效率，β_1 越大，表示公司投资支出对于公司投资机会的敏感性越大，企业资源配置效率越高。

综合上述两种方法，使用投资效率作为企业资源配置效率存在一定的不合理性。这是因为投资效率在经济意义上等于全要素生产率，全要素生产率可以分解成技术效率、技术进步、规模报酬率与资源配置效率。基于上述分析，资源配置效率只是投资效率的一个组成部分，所以使用投资效率来度量资源配置效率可能存在偏差。另外，Abiad 等(2008)认为传统的 Tobin Q 不能体现出投资机会，而且还会带来估计噪声，所以他们对 Tobin Q 进行改进，使得对资源配置效率的度量更加准确。

基于此，本章将提出使用全要素生产率作为企业层面资源配置效率的替代变量。其原因主要在于，第一，资源不仅仅包括资本，还应包括劳动力。企业层面的资源配置效率应该理解为资本与劳动力的配置效率。第二，该指标能够很好地描述企业单位投入的产出比。第三，由于微观层次的资源配置效率，即资源使用效率，一般指生产单位的生产效率，通过提高内部生产管理和生产技术实现。所以，一般情况下，企业的技术效率越高，企业资源配置效率越高。最后，通过估计随机前沿模型来获得全要素生产效率变量，基本模型如式(6-3)所示：

$$\mathrm{SR}_{it} = \alpha + \beta'_1 x_{it} - \mu_{it} + v_{it} + \mathrm{Industry} + \mathrm{Year},\ \mu_{it} \geqslant 0 \tag{6-3}$$

在这里 i 是个体，t 为时间，$i=1,\ \cdots,\ N,\ t=1,\ \cdots,\ T$，$\mathrm{SR}_{it}$ 是主营业务收入的对数值，$x_{it} \in R^k$ 是投入对数向量，其中投入包括固定资产净额(Gdzc)、劳动力人数(Labor)与中间投入(Zjtr)。β_1 为系数向量，它们不被技术所决定。v_{it} 是一个随机误差项，$\mu_{it} \geqslant 0$ 表示技术非有效性。本章假定误差项 $v_{it} \sim iid(0,\ \sigma_v^2)$。通过计算出 $\hat{\mu}_i$，再通过 $\mathrm{TE}_i = \exp\{-\hat{\mu}_i\}$ 计算相应的 TE，作为企业层面资源配置效率。

另外，本章将会使用传统的两种方法进行稳健性检验。

(2)行业层面资源配置效率的度量

目前大部分文献借鉴 Wurgler(2000)的方法，他提出了一种用参数来衡量市场配置效率的方法，并认为市场资源配置效率高的表现为在资本回报率高的行业上追加投资，在资本回报率低的行业上抽回资本。所以，可以利用盈利与投资之间的敏感性来衡量债券市场的资本效率。具体地看，使用动态资源配置效率模型(6-4)获得盈利与投资之间的敏感系数。

$$\ln\left(\frac{T_{i,\ t}}{T_{i,\ t-1}}\right) = \alpha_i + \gamma_i \ln\left(\frac{P_{i,\ t}}{P_{i,\ t-1}}\right) + \xi \tag{6-4}$$

T 代表各行业中企业年成交总额，P 代表行业的平均利润率。模型体现的思想在于，如果债券市场能够有效地配置稀有资源，那么必然平均利润率高的企业成交总额将增大，市场中资金也都流向该企业。那么 γ_i 大于 0，这里 γ_i 为盈利与投资之间的敏感系数，在一定程度上代表了资源配置效率。

但是，这种直接度量的方法没有很好地排除其他因素的影响，模型过于简单，导致估计的偏误增大。另外，使用该方法衡量出来的资源配置效率也仅仅是资源配置效率。所以，本章借鉴相关文献提出新的度量方法。

本章借鉴 Bartelsman 等(2013)的思想，对行业技术效率进行分解获得相应的资源配置效率。首先把行业生产率指标定义企业生产效率的加权平均值，分解式如下所示：

$$\Omega_t = \sum_i \theta_{it}\omega_{it} = \overline{\omega_t} + \sum_i (\theta_{it} - \overline{\theta_t})(\omega_{it} - \overline{\omega_t}) \tag{6-5}$$

这里，Ω_t 是行业生产率指标，ω_{it} 是企业生产率，θ_{it} 是代表企业销售收入，$\overline{\omega_t}$ 是没有加权的企业生产率的平均值。行业生产率包括如下两个方面，企业生产率的没有加权的平均值，以及一个协方差，该协方差表示高于平均生产率与高于平均销售收入的离散程度。所以，这个协方差就是所谓的行业资源配置效率。

本章也使用 Olley 和 Pakes (1996)的方法分解行业生产效率，即：

$$\ln(Z)_{st} = \ln(\overline{Z})_{st} + \sum_i (\omega_{ist} - \overline{\omega_{st}})[\ln(Z)_{ist} - \log(\overline{Z})_{st}] \tag{6-6}$$

式(6-5)与式(6-6)是一致的，右边的第二项为企业样本规模与生产率的协方差，即为资源配置效率。协方差越大，生产效率高的企业拥有越高的生产份额，导致越高的配置效率。这里的企业生产效率通过随机前沿生产函数(SFA)，或者超越对数函数求解获得。具体的模型如式(6-3)所示。

第二种衡量方法则是借鉴 Abiad 等(2008)思想，通过对企业的 Tobin Q 进行分解获得资源配置效率，即计算 q_i 的分散度(四个标准的非平衡指标)。这些非平衡指标为基尼系数、偏差的均值对数、泰尔系数、变异系数。

基尼系数是我们常见的不平等指标，其被定义为：

$$\text{GINI} = \frac{1}{2n^2\mu}\sum_{i=1}^{n}\sum_{j=1}^{n} | q_i - q_j | \tag{6-7}$$

这里，μ 是行业中所有 n 个企业的 q_i 的平均值。

另外三个指标都是从下面广义熵衍生出来的不平等指数，即：

$$E(\alpha)=\frac{1}{\alpha^{2}-\alpha}\left[\frac{1}{n}\sum_{i=1}^{n}\left(\frac{q_i}{\mu}\right)^{\alpha}-1\right] \tag{6-8}$$

由此衍生出来的三个指标为：偏差的均值对数、泰尔系数、变异系数分位为 $E(0)$、$E(1)$ 与 $E(2)$。即：

$$E(0)=\frac{1}{n}\left[\sum_{i=1}^{n}\log\left(\frac{\mu}{q_i}\right)\right] \tag{6-9}$$

$$E(1)=\frac{1}{n}\left[\frac{q_i}{\mu}\sum_{i=1}^{n}\left(\frac{q_i}{\mu}\right)\right] \tag{6-10}$$

$$E(2)=\frac{1}{2n\mu^{2}}[(q_i-\mu)^{2}] \tag{6-11}$$

通过式(6-7)、式(6-9)—式(6-11)计算出来的 GINI 系数以及 $E(0)$—$E(2)$ 为相应的行业层面资源配置效率。

6.3.2 资源配置效率衡量方法的进一步分析与扩展

另外，本章注意到在式(6-1)、式(6-2)、式(6-7)—式(6-11)中的衡量方法都与 Tobin Q 这个变量有关。然而，对于中国资本市场，许多文献已经证实中国资本市场缺乏一定的有效性(高强、邹恒甫，2010)，这使得 Tobin Q 预测未来的投资机会将会存在偏差。Abiad 等(2008)发现 Tobin Q 在现实中经常被用来衡量资本的期望边际回报。但实质上，Tobin Q 是预期每单位资产未来利润的贴现，如果在完美市场以及没有衡量偏差的情况下，Tobin Q 值应该等于 1①，从而使得公司的投资处于最优水平。但是本章认为这个指标是不完美的，原因在于 Tobin Q 的分子是股票与债务市场价值，分子是有形与无形资产的重置成本。具体而言，第一，以往研究都是使用债务的账面价值来代替债务的市场价值，然而本书研究的市场为债券市场，债务有着市场价值。第二，由于缺乏资产的重置成本的数据，所以采用累积通货膨胀率对资产的账面价值进行调整来近似反映资产的重置成本。第三，尽管边际 Tobin Q(市场价值

① 作者认为如果资产与债券的账面价值不等于重置资本，那么企业将有动力去调整资本存量组合，这个差异将会被管理层用作套利行为，获得利益。

的增量与重置资本的比例)能够很好地预计未来的资本边际回报，但是由于数据限制，一般情况只能选取平均 Tobin Q。

显然上述的衡量方法存在一定的误差，本章也试图纠正这些误差，借鉴 Abiad 等的(2008)思想，采用行业、公司年龄与杠杆变量对这些偏差进行纠正。首先，使用行业变量来纠正边际 Tobin Q 与平均 Tobin Q 之间的差异，这个差异主要由行业专业生产或调整成本函数的不同引起的，因此本章集中于行业内的资本分配，除此之外，控制行业影响能够纠正由行业间工资差异导致 Tobin Q 的差异。其次，本章也控制了公司的年龄，这是由于不同年龄的企业拥有不同时间的机器与厂房，另外控制年龄使得本章能够控制年轻的企业在市场中没有得到合理的估值，或者是对股票定价的存在偏差。最后，衡量误差可能来自债务悬置时投资不足的影响(Hennessy，2004)。较高的杠杆率伴随着较高的违约概率，企业管理者可能会减少投资来避免违约事件的出现。这将会导致观察到的平均 Tobin Q 与真实的 Tobin Q 之间存在差距。

为了控制行业、年龄以及债务悬置的影响，本章按照如下模型进行分年度回归：

$$q_i = \alpha_1 \mathrm{Age}_i + \alpha_2 \mathrm{Lev}_i + \alpha_3 \mathrm{Lev}_i^2 + \mathrm{Industry} + e_i \qquad (6\text{-}12)$$

这里的 q_i 为 Tobin Q 的对数值①。Age 为企业当年与成立年的差值。对模型(6-12)回归得到相应的残差，这个残差 e_i 为不能被年龄与行业固定效应所解释的部分。通过这个估计，本章构建 Tobin Q 的调整变量：

$$\mathrm{qhat}_i = \mathrm{mean}(q) + \mathrm{e}_i = \left(\frac{1}{n}\sum_{k=1}^{n} q_k\right) + \mathrm{e}_i \qquad (6\text{-}13)$$

所以，对于相关模型中使用 Tobin Q 时，本章都使用调整的 Tobin Q(qhat)进行替代。

---

① 这里使用对数值而不是水平值的原因在于，在考虑凹生产函数的情况下，对数值比水平值能够更好地反映出资本的基础分布，也就是说，水平值的分布有着右偏的倾向，而对数值则体现正态分布的特性。

6.3.3 政府监管质量

本章采用世界银行(www. govindicators. org.)公布的监管质量指数来替代政府监管质量。该指数反映了政府制定和合理实施相关政策以允许或促进相关利益体发展的能力。另外，该指数是参照 31 个基础来源数据报告(Kaufmann et al. , 2010)，以及对相关机构、智库、非政府组织、国际组织和私有个体企业的受访者与专家进行问卷调查所得。在一定程度上，指数反映了政府的能力，GR 取值范围为-2.5 到 2.5，GR 值越小，说明政府监管质量越弱。另外，借鉴 Cebula 和 Clark (2014)的研究，发现金融自由化与政府监管质量之间存在正相关关系，这个结论也得到了 Dawson(2006)的支持，所以本章采用 Heritage Foudation(2015)统计的金融自由化指数作为政府监管质量的替代指标来进行稳健性检验。

6.3.4 媒体监督

对于媒体监督，与国内大部分采用媒体负面报道次数作为媒体监督替代变量(戴亦一等，2011、2013)不同的是，本章定义每个发债企业每年被媒体报道次数(N)的对数值为媒体监督的强度(于忠泊等，2011)，具体计算公式为 $\ln(1+N)$。这是因为 Fang 和 Peress(2009)的研究结论认为无论媒体报道是负面的还是正面的，都可以缓解信息摩擦和影响资产的定价。相对于媒体负面报道显性的监督、约束压力，媒体正面(非负)报道也能够增加企业被惩罚程度，导致经理人更大的、潜在的声誉损失(Dyck et al. , 2008)。

6.3.5 其他变量

本章所有使用到的变量如表 6-1 所示，对于因变量、测试变量与控制变量的具体介绍将在 6.4 节计量模型中展开。

表6-1　　**变量定义**

变量	变量名	变量定义
主回归相关变量		
TE	企业资源配置效率	根据SFA模型计算得到
MTE	行业资源配置效率	根据对行业技术效率效率分解获得
SR	企业产出水平	企业主营业务收入
Gdzc	企业固定资产	企业固定资产净额
Labor	企业劳动力人数	企业员工人数
Zjtr	企业中间投入	短期投资与长期投资
CF	企业自由现金流	经营活动现金流与期初总资产的比
GR	政府监管质量指数	采用世界银行公布的监管质量指数来替代，以及采用金融自由化指数进行稳健性检验
Media	媒体监督强度	定义每个发债企业每年被媒体报道的次数的对数值，具体计算公式为 $\ln(1+N)$
MMedia	行业媒体监督强度	行业每年的媒体监督强度的平均值
State	企业所有权性质	国有企业，State=1 非国有企业，State=0
Jianren	是否两职合一	如果企业董事长与总经理为同一人，则Jianren=1，否则，Jianren=0
DLX	董事会独立性	独立董事/董事会总人数
DSHXC	董事会薪酬	董事会薪酬的自然对象
GGXC	高管薪酬	高管薪酬的自然对数
CR3	行业集中度	行业中销售收入前三名的销售收入和与全行业销售收入的比值
MXSLR	行业销售利润率	行业总利润与行业总资产的比值
Year	年度变量	本章的样本区间为2006—2015年，存在9个年度虚拟变量
Industry	行业变量	以2001年证监会行业分类明细，制造业取前四位，其他行业取前一位

续表

变量	变量名	变量定义
稳健性检验变量		
INV	新增投资水平	(购建固定资产、无形资产和其他长期资产支付的现金—处置固定资产、无形资产和其他长期资产收回的现金净额)/期初总资产
Tobin Q	托宾 Q 值	市场价值/重置资本
qhat	调整的托宾 Q 值	经过行业、公司年龄与杠杆水平调整的托宾 Q 值
Size	企业规模	企业总资产的自然对数
Lev	资产负债率	负债总额/总资产
Cash	现金持有量	(货币现金+现金等价值)/总资产
Age	上市时间	当年与上市年之差
ROA	资产收益率	净利润/ 总资产总额
MFE	管理费用占总资产的比	管理费用/期初总资产

6.4 计量模型

为了检验本章提出的五个研究假设，本章构建如下模型进行分析。一是基于全部样本，着重检验政府监管与资源配置效率的关系，以及媒体监督与资源配置效率的关系；二是按照政府监管质量高低把全样本分组，分析在不同政府监管质量下，媒体监督对资源配置效率的影响差异；三是按照企业所有权性质把全样本分组，分析在不同所有权性质企业中，政府质量与媒体监督对于资源配置效率的影响差异。相关基本模型如下：

$$TE_{it} = \alpha + \beta_1 GR_i + \beta_2 RD_{it-1} + \beta_3 Jianren_{t-1} + \beta_4 DLX_{it-1} + \beta_5 DSHXC_{it-1} + \beta_6 GGXC_{it-1} + Industry + \varepsilon_{it} \tag{6-14}$$

$$TE_{it} = \alpha + \beta_1 Media_{it} + \beta_2 RD_{it-1} + \beta_3 Jianren_{t-1} + \beta_4 DLX_{it-1} + \beta_5 DSHXC_{it-1} + \beta_6 GGXC_{it-1} + Year + Industry + \varepsilon_{it} \tag{6-15}$$

$$TE_{it} = \alpha + \beta_1 GR_i + \beta_2 Media_{it} + \beta_3 RD_{it-1} + \beta_4 Jianren_{t-1} + \beta_5 DLX_{it-1} + \beta_6 DSHXC_{it-1} + \beta_7 GGXC_{it-1} + Industry + \varepsilon_{it} \tag{6-16}$$

这三个模型的建立是为了检验假设6-1与假设6-2在企业层面资源配置效率的正确性。在此基础上，为了进一步检验假设6-1与假设6-2在行业层面资源配置效率的正确性，本章使用下面回归方程检验政府监管、媒体监督与行业资源配置效率的关系。

$$MTE_{it} = \alpha + \beta_1 GR_t + \beta_2 MLev_{it} + \beta_3 MSize_t + \beta_4 CR3_{it} + \beta_5 MXSLR_{it} + \varepsilon_{it} \tag{6-17}$$

$$MTE_{it} = \alpha + \beta_1 MMedia_t + \beta_2 MLev_{it} + \beta_3 MSize_t + \beta_4 CR3_{it} + \beta_5 MXSLR_{it} + \varepsilon_{it} \tag{6-18}$$

$$MTE_{it} = \alpha + \beta_1 GR_t + \beta_2 MMedia_t + \beta_3 MLev_{it} + \beta_4 MSize_t + \beta_5 CR3_{it} + \beta_6 MXSLR_{it} + \varepsilon_{it} \tag{6-19}$$

其次，利用模型(6-15)，按照政府监管质量高低分组回归，检验不同组中Media的系数大小，可以验证假设6-3的正确性；进一步，利用模型(6-14)与模型(6-15)，按照企业所有权性质分组回归，分别检验不同组中GR与Media的系数大小，可以验证假设6-4与假设6-5的正确性。

(1)因变量

三个基本模型(6-14)—(6-16)的因变量都为TE即企业全要素生产率，作为企业资源配置效率的替代变量。基于稳健性考虑，本章将采用另外两种度量企业资源配置效率的传统方法进行稳健性检验。另外，三个扩展模型(6-17)—(6-19)的因变量为行业资源配置效率MTE，该变量通过对行业生产效率分解获得。

(2)测试变量

GR为政府监管质量变量，GR数值越大，政府监管质量越高。根据前面的理论模型推导以及相关理论分析，政府监管质量越高，降低企业内部的委托代理问题，以及企业与投资者之间的信息不对称的作用越显著，从而有利于提高资源配置效率。根据研究假设 6-1，本章预计 GR 系数符号为正。

Media 为企业在每年中所受到媒体报道的总数量的对数值。Media 数值越大，证明企业所受到的媒体监督越强。根据前面的理论模型推导以及相关理论分析，媒体报道数量越高，媒体监督能力越强，外部公司治理能力越大，降低企业内部委托代理问题的作用更显著，从而有利于提高企业资源配置效率。根据研究假设 6-2，本章预计 Media 系数符号为正。另外，MMedia 为企业在每年、每个行业中所受到媒体报道的总数量的对数值，也预计 MMedia 系数符号为正。

(3)分组变量

本章将采用两个变量进行分组，一是政府监管质量，二是企业所有权性质。对于政府监管质量变量，当政府监管质量指标大于其中位数时，设 GV01 = 1，反之，GV01 = 0。对于企业所有权性质变量，当企业是国有企业时，设 State = 1，其他情况下，State = 0。

(4)控制变量

RD 为企业研发投入的比例，等于企业研发投入与企业总资产的比。一般情况下，RD 比例越高，企业技术效率越高，即企业资源配置效率越高。因此，本章对企业研发投入进行控制，并预期符号为正。

本章也对企业的董事会特征进行控制，主要包括董事会与总经理是否兼任(Jianren)、董事会独立性(DLX)、董事会薪酬(DXHSC)与高管薪酬(GGXC)。一般情况下，董事会独立性越强，企业内部委托代理问题相对越小，企业资源配置效率越高；另外，高管薪酬越高，高管激励越高，企业资源配置效率也越高。所以，预计 Jianren 变量系数为负，其他变量系数的符号为正。

MLev 为行业每年平均杠杆率，一般情况下，行业杠杆率越大，行业相关研发投入较低，行业资源配置效率也越低，所以本章预计该变量符号为负。

MSize 为行业每年平均资产规模，一般情况下，行业规模越大，其内部机构越复杂，效率越低，所以本章也预计该变量符号为负。

CR3 为行业的集中度指标，一般情况下，行业集中度越高，垄断越严重，资源配置效率越低，所以预计该变量符号为负。

MXSLR 为行业每年平均销售利润率，一般情况下，行业盈利能力越强，行业资源配置效率越高，所以预计该变量符号为正。

最后，Year 与 Industry 为年份与行业哑变量。在以 GR 为自变量进行回归时，则不进行年度控制，只进行行业控制；在以 Media 为自变量进行回归时，同时对年份与行业进行控制。

6.5　实证分析

以下将进行本章的实证分析，主要包括样本的描述性统计分析、单变量分析、多元回归分析以及相应的稳健性检验。

6.5.1　描述性统计分析

表 6-2 为回归方程主要变量的描述性统计分析结果。A 部分为企业层面相关变量的描述性统计结果。企业层面的资源配置效率 TE 均值与中位数分别为 0.601 和 0.603，说明整体上，发债的上市公司的资源配置效率水平偏低。另外，该指标的极小值为 0.255，极大值为 0.811，标准差为 0.088，说明在样本公司资源配置效率分布分散，两级分化严重。政府监管质量 GR 均值为-0.227，极小与极大值分别为-0.31 与-0.13。企业所受到的媒体监督水平 Media 的均值为 2.235，说明发债的上市公司平均每年受到 10 条媒体报道，另外该变量的极小值与极大值分别为 0 与 7.351，说明发债上市公司之间受到媒体报道的差别较大，这也为本章相关计量分析提供可能。对于其他控制变量，发债上市公司的研发投入比例 RD 的均值与中位数为 0.014 与 0.009。公司兼任(Jianren)均值为 0.196，董事会独立性(DLX)均值为 0.371，这些说明

上市公司独立性较高。董事会薪酬(DSHXC)与高管薪酬(GGXC)均值为10.8与14.09。

B部分为行业层面相关变量的描述性统计分析。行业平均媒体报道(MMedia)的均值为4.331，也就是说，行业每年所受到的媒体报道的数量为77条。另外，行业资源配置效率(MTE)的均值为0.317，说明债券市场资源配置效率偏低。行业集中度(CR3)的均值为0.357，极大值为1，可以看出整个市场的行业集中度较高，存在垄断的行业。

表6-2 **变量描述性统计分析**

变量	样本数	均值	中位数	标准差	极小值	极大值
Panel A：企业层面						
TE	1415	0.601	0.603	0.088	0.255	0.811
GR	1415	-0.227	-0.21	0.047	-0.310	-0.130
Media	1415	2.235	2.079	1.253	0	7.351
RD	1415	0.014	0.009	0.014	0.001	0.088
Jianren	1415	0.196	0	0.396	0	1
DLX	1415	0.371	0.333	0.054	0.273	0.571
DSHXC	1415	10.80	12.43	6.843	0	19.47
GGXC	1415	14.09	14.11	0.698	11.53	15.92
Panel B：行业层面						
GR	651	-0.208	-0.209	0.049	-0.310	-0.130
MMedia	651	4.331	4.234	2.218	0	8.361
MTE	651	0.317	0.546	0.426	-0.562	0.780
MLev	651	0.476	0.508	0.179	0.026	0.947
MXSLR	651	0.098	0.074	0.105	-0.652	0.513
CR3	651	0.357	0.025	0.453	0	1
MSize	651	21.57	21.43	1.248	17.24	26.76

6.5.2　单变量分析

本节将进行简单的单变量分析，以对假设的证明提供直观上的证据。首先，本节将企业资源配置效率与媒体监督强度按照企业所有权性质进行分组检验；其次，给出相关变量的相关系数矩阵，以初步检验各个变量之间的相关关系以及判断多重共线性是否严重。

(1)企业资源配置在不同所有权性质企业的差异分析

表 6-3 中的 A 部分为企业资源配置效率在不同所有权性质企业中的差别。具体地看，国有企业资源配置效率均值与中位数分别为 0.609 和 0.611，非国有企业资源配置效率的均值与中位数分别为 0.593 和 0.603。可以看到国有企业的资源配置效率高于非国有企业，并且两者均值与中位数的差异都在 1%水平上显著。这说明随着政府监管质量、市场法制化水平的提高，国有企业的政策性负担与目标得到遏制，相应的股份制改革取得成效，以致资源配置效率在不断提高。

B 部分为媒体监督强度在不同所有权性质企业中的差别。具体地看，国有企业媒体监督均值与中位数分别为 2.497 和 2.397，非国有企业媒体监督的均值与中位数分别为 1.922 和 1.945。可以看到国有企业的受媒体报道程度高于非国有企业，并且两者均值与中位数的差异都在 1%水平上显著。这说明媒体报道的对象还是以国有企业为主，媒体报道可能存在一定的政策性倾向。

表 6-3　　不同所有权性质企业特征差异分析

组别	样本量	均值	中位数	t 检验	Wilcoxon 检验
Panel A：企业资源配置效率					
国有	602	0.609	0.611	2.853***	2.840***
非国有	713	0.593	0.603		

续表

组别	样本量	均值	中位数	t 检验	Wilcoxon 检验
Panel B：媒体监督强度					
国有	602	2.497	2.397	10.289***	9.756***
非国有	713	1.922	1.945		

注：*** 表示检验在 1%水平上显著。

(2)变量间相关系数表

从表 6-4 中可以看到，对于 GR 与 TE 相关系数为 0.078，在 5%水平上显著，说明 GR 越高，企业层面资源配置效率越高，初步支持假设 6-1。Media 与 TE 的相关系数为 0.163，在 1%水平上显著，这也说明媒体监督越强，企业层面资源配置效率越高，初步支持假设 6-2。另外，其他控制变量与 TE 的相关系数大多符合预期，且在一定的水平上显著。进而，解释变量之间的相关性不强，初步判断多重共线性不严重。

表 6-4 **变量相关系数表**

	TE	GR	Media	RD	Jianren	DLX	DSHXC	GGXC
TE	1							
GR	0.078**	1						
Media	0.163***	0.053*	1					
RD	0.128***	-0.069**	-0.072*	1				
Jianren	-0.026	-0.031	-0.031	0.083**	1			
DLX	0.035*	-0.087***	0.055**	0.059*	0.082**	1		
DSHXC	0.042*	-0.101***	-0.052**	0.290***	0.113***	0.018	1	
GGXC	0.318***	-0.352***	0.191***	0.162***	0.037	0.013	0.072**	1

注：***、**、* 表示检验分别在 1%、5%与 10%水平上显著。

6.5.3　多元回归分析

本节将进一步构建多元回归模型检验本章的主要研究假设。在控制资源配置效率的其他影响因素下，检验政府监管与媒体监督对企业资源配置效率的影响，以及这种关系是否受到政府监管质量或者企业所有权性质的影响。

(1)企业资源配置效率

表 6-5 为政府监管、媒体监督与企业资源配置效率相关关系检验的回归结果。第(1)列为政府监管与企业资源配置效率关系检验的回归结果，第(2)列为媒体监督与企业资源配置效率关系检验的回归结果，第(3)列是把政府监管与媒体监督同时加入回归模型中的回归结果。

在第(1)列与第(3)列中，GR 的估计系数分别为 0. 248 与 0. 223，都在 1%水平上显著，这说明政府监管质量越强，企业资源配置效率越高，这个结果支持研究假设 6-1；另外在第(2)列与第(3)列中，Media 的估计系数为 0. 012 与 0. 012，且都在 1%水平上显著，这个结果支持研究假设 6-2。上述研究结果表明，政府监管质量或媒体监督的提高，有利于降低企业内部的委托代理问题，以及降低企业与投资者之间的信息不对称程度，从而提高企业资源配置效率。进一步来说，第(3)列为同时加入 GR 与 Media 变量，发现两变量系数符号仍然为正，且都在 1%水平上显著，它们的经济意义在于，GR 的一个标准差波动，将会造成资源配置效率 11. 4%的变化，而对于 Media 的一个标准差波动，将会造成资源配置效率 17. 1%的变化。所以在整体上，相对于政府监管，媒体监督提高资源配置效率的作用较大。

从控制变量来看，研发投入比例(RD)与高管薪酬(GGXC)在(1)—(3)列中都显著为正，则说明研发投入、高管薪酬与企业资源配置效率显著正相关，与前文理论分析一致，即研发投入越高，企业更容易进行科技创新，资源配置效率越高；另外，高管薪酬越高，激励越强，资源配置效率也越高。在第(1)列中，董事会独立性(DLX)系数显著为正，与理论预期一致，说明董事会独立性越高，企业内部委托代理问题越小，企业资源配置效率越高。另外，(1)—(3)列中的董事长是否两职兼任(Jianren)系数显著为负，说明董事长两职兼任更容易进行非效率投资决策。最后，董事会薪酬(DSHXC)系数在全部模型中不显著。

表 6-5 政府监管、媒体监督与企业资源配置效率关系检验回归结果

变量	(1)	(2)	(3)
	TE	TE	TE
GR	0.248***		0.223***
	(4.33)		(3.58)
Media		0.012***	0.012***
		(4.51)	(4.82)
Jianren	-0.024***	-0.021**	-0.022***
	(-2.96)	(-2.55)	(-2.60)
RD(-1)	0.963***	0.920***	0.902***
	(4.40)	(3.72)	(3.66)
DLX(-1)	0.119**	0.085	0.082
	(2.05)	(1.47)	(1.43)
DSHXC(-1)	-0.001	-0.001	-0.001
	(-1.22)	(-1.07)	(-1.21)
GGXC(-1)	0.040***	0.033***	0.032***
	(8.89)	(6.75)	(6.76)
Constant	0.103	0.151**	0.185***
	(1.57)	(2.15)	(2.72)
Year	NO	YES	NO
Industry	YES	YES	YES
样本量	1415	1415	1415
Adj_ r2	0.286	0.326	0.323

注：***、**、*表示检验分别在1%、5%与10%水平上显著。括号内为相应的 t 值，并经过怀特异方差调整。

表6-6为在不同政府监管质量或企业所有权性质下，政府监管、媒体监督与企业资源配置关系检验的回归结果。第(1)列与第(2)列为在不同的政府监管质量下，媒体监督与企业资源配置效率关系检验的回归结果；第(3)列与第(4)列为在不同的企业所有权性质下，政府监管与企业资源配置效率关系检验的回归结果；第(5)列与第(6)列为在不同的企业所有权性质下，媒体监督与企业资源配置效率之间关系检验的回归结果。

在第(1)列与第(2)列中，Media的估计系数为0.012与0.014，且都在1%水平上显著，且两系数的差异在10%水平上显著，这说明，相对于在政府监管质量高时，在政府监管质量低时，媒体监督提高企业资源配置效率的作用更显著，这个结果支持研究假设6-3。在第(3)列与第(4)列中，GR的估计系数为0.303与0.171，且都在5%水平上显著，且两者的差异在1%水平上显著，说明政府监管质量提高企业资源配置效率的作用在非国有企业中更显著，这个结果支持研究假设6-4b，其原因可能为政府监管质量降低了非国有企业的融资约束，这也在一定程度上证实了企业融资约束能够影响企业资源配置效率，且这种影响在非国有企业中更显著。在第(5)列与第(6)列中，Media的估计系数为0.024与0.005，前者在1%水平上显著，后者不显著，且两者差异在10%水平上显著，说明媒体监督提高非国有企业资源配置效率的作用更显著，这个结果支持研究假设6-5，其原因可能为媒体监督的声誉效应在国有企业中不明显。其他控制变量的系数符号满足相应的预期。

表6-6　**影响政府监管、媒体监督与企业资源配置效率关系因素分析**

变量	不同政府监管质量		不同企业所有权性质			
	(1)	(2)	(3)	(4)	(5)	(6)
	GV01=1	GV01=0	State=0	State=1	State=0	State=1
	TE	TE	TE	TE	TE	TE
GR			0.303^{***}	0.171^{**}		
			(3.88)	(2.26)		
			Prob(difference)=0.00			

续表

变量	不同政府监管质量		不同企业所有权性质			
	(1)	(2)	(3)	(4)	(5)	(6)
	GV01=1	GV01=0	State=0	State=1	State=0	State=1
	TE	TE	TE	TE	TE	TE
Media	0.012***	0.014***			0.024***	0.005
	(3.05)	(3.70)			(4.87)	(1.32)
	Prob(difference)=0.08				Prob(difference)=0.00	
Jianren	−0.021*	−0.022*	−0.035***	−0.001	−0.033***	0.000
	(−1.79)	(−1.71)	(−3.49)	(−0.07)	(−3.08)	(0.02)
RD(−1)	0.561	1.319***	1.357***	0.433	1.098***	0.502
	(1.59)	(3.32)	(4.32)	(1.38)	(2.93)	(1.35)
DLX(−1)	0.099	0.034	0.013	0.264***	−0.075	0.260***
	(1.17)	(0.40)	(0.14)	(2.98)	(−0.82)	(2.92)
DSHXC(−1)	−0.001	−0.001	−0.002**	0.000	−0.001*	0.000
	(−1.25)	(−0.71)	(−2.45)	(0.24)	(−1.77)	(0.36)
GGXC(−1)	0.027***	0.033***	0.036***	0.041***	0.024***	0.043***
	(4.50)	(4.51)	(5.45)	(5.31)	(3.20)	(5.01)
Constant	0.236**	0.115	0.220**	−0.051	0.325***	−0.098
	(2.57)	(1.09)	(2.38)	(−0.45)	(3.20)	(−0.83)
Year	YES	YES	NO	NO	NO	NO
Industry	YES	YES	YES	YES	YES	YES
样本量	679	796	713	602	713	602
Adj_r2	0.349	0.325	0.370	0.299	0.452	0.339

注：***、**、* 表示检验分别在 1%、5%与 10%水平上显著。括号内为相应的 t 值，并经过怀特异方差调整。GV01=1 为高政府监管质量组，即 GR≥Median(GR)，反之，为低政府监管质量组，即 GV01=0。

(2)行业资源配置效率

以上主要以企业资源配置效率为因变量进行展开分析，接下来将以行业资源配置效率作为因变量进行分析，以此进一步检验本章的假设6-1、假设6-2与假设6-3，相关的回归结果如表6-7所示。

表 6-7 政府监管、媒体监督与行业资源配置效率关系检验回归结果

变量	(1)	(2)	(3)
	MTE	MTE	MTE
GR	1.234***		1.578***
	(3.79)		(2.86)
MMedia		0.107***	0.043**
		(10.09)	(2.12)
GR * MMedia			-0.265***
			(-2.94)
MLev	-0.080	-0.205***	-0.228***
	(-1.28)	(-3.85)	(-4.31)
MXSLR	0.169*	-0.179**	-0.158*
	(1.71)	(-2.13)	(-1.86)
CR3	-0.802***	-0.413***	-0.454***
	(-31.80)	(-8.02)	(-9.57)
MSize	-0.022*	-0.041***	-0.037***
	(-1.79)	(-4.67)	(-3.80)
Constant	1.347***	1.003***	1.303***
	(5.88)	(5.96)	(7.27)
样本量	651	651	651
Adj_ r2	0.701	0.786	0.792

注：***、**、*表示检验分别在1%、5%与10%水平上显著。括号内为相应的 t 值，并经过怀特异方差调整。

表 6-7 借鉴了 Bartelsman 等(2013)的研究，对行业生产率进行分解获得相应的行业资源配置效率，并以此作为因变量进行相关回归分析。在(1)—(3)列中分别为加入政府监管质量(GR)、媒体监督(Media)与两者交互项变量的回归结果。在第(1)列与第(3)列中，GR 系数显著为正，且在 1%水平上显著，说明政府监管质量越高，行业资源配置效率越大，即支持假设 6-1。在第(2)列与第(3)列中，Meida 系数显著为正，且至少在 5%水平上显著，说明媒体监督强度越高，行业资源配置效率越大，即支持假设 6-2。另外，第(3)列中的交互项为负，则说明随着政府监管质量的提高，媒体监督对于行业资源配置效率的提高作用在减小，即支持了假设 6-3，在政府监管质量低时，媒体监督提高资源配置效率作用更显著。

对于控制变量，CR3 符号显著为负，行业集中度(CR3)越大，行业垄断程度越高，行业资源配置效率低，符合理论与预期。MSize 符号显著为负，则说明行业规模越大，内部机制越复杂，容易出现“尾大不掉”的现象，以致行业资源配置效率降低，符合理论预期。MLev 符号显著为负，则说明行业杠杆率越大，违约风险较大，进行创新投资的可能较小，导致行业资源配置效率降低，符合理论预期。然而，对于 MXSLR 系数符号出现反向，可能是由 Media 内生性导致的，这将在稳定性检验中加以排除。

以上对于本章五个研究假设的回归结果与第 5 章中的回归结果体现出高度的一致性，这不是偶然现象，说明在一定程度上证实了企业融资约束对资源配置效率的影响。这与一些研究结论一致，即对于非国有企业，政府监管与媒体监督能够降低这类企业的融资约束，减小企业投资不足，提高企业或行业资源配置效率(陈德球等，2012；Fan et al.，2008)。

6.5.4 稳健性检验

本章的稳健性检验将从五个视角进行展开，一是相关结论其他解释的排除；二是采用企业与行业资源配置效率的其他度量方法；三是政府监管质量的其他衡量方法；四是其他稳健性检验；五是计量经济学问题。

(1)相关结论竞争性解释的排除

由于相关数据以及变量定义的缺陷，第5章中竞争性解释同样存在于本章研究中，债券市场中的政府监管与媒体监督对债券市场上市公司资源配置效率影响的结论，可能会受到股票市场中的政府监管与媒体监督影响上市公司资源配置效率这一结论的弱化。为了进一步检验本章研究结论的存在性以及正确性，本章也按照第5章的研究设计对这个竞争性解释进行排除。

通过PSM配对方法寻找发债上市公司在股票市场的对照样本，使用相关模型(6-14)与模型(6-15)对两组上市公司样本进行分组回归，检验相关系数是否存在显著性差异，以检验债券市场中政府监管与媒体监督对于发债上市公司的影响是存在的，即可以排除股票市场政府监管与媒体监督影响上市公司资源配置效率对于本章结论的干扰。

相关的计量分析结果如表6-8所示。表6-8中，(1)—(2)列为政府监管与企业资源配置效率回归结果，(3)—(4)列为媒体监督与企业资源配置效率回归结果。具体而言，在前2列中，GR变量系数在实验组中的系数显著为正，在对照组中变量系数不显著，且两者系数差异也显著，这说明政府监管对发行股票上市公司资源配置效率提高作用不显著，对债券市场发债公司的资源配置效率提高作用显著，即债券市场中政府监管对于债券市场上市公司的影响是存在的，进一步支持了本章的研究结论。在后2列中，Media系数在对照组与试验中样本中都显著，但在实验组中的Meida系数显著大于对照组中该变量系数，这说明媒体监督在提高只发行股票的上市公司的资源配置效率时，对债券市场中发债公司的资源配置效率提高作用更大，即媒体监督对于债券市场上市公司的影响是存在的，支持了本章的研究结论。

经过上述分析，排除了政府监管、媒体监督提高发债上市公司资源配置效率是由于股票市场政府监管、媒体监督对于上市公司资源配置效率的影响，证明债券市场中政府监管与媒体监督对于发债上市公司资源配置效率的作用是存在的。

表 6-8 基于对照组下政府监管、媒体监督与企业资源配置效率关系检验

变量	(1)	(2)	(3)	(4)
	对照组	实验组	对照组	实验组
	TE	TE	TE	TE
GR	0.039	0.224***		
	(0.23)	(3.21)		
Media			0.009***	0.012***
			(3.03)	(4.51)
	Prob(difference) = 0.00		Prob(difference) = 0.00	
Jianren	-0.037**	-0.023**	-0.034**	-0.021**
	(-2.11)	(-2.53)	(-2.07)	(-2.55)
RD(-1)	0.914*	0.859***	0.828	0.920***
	(1.68)	(2.90)	(1.51)	(3.72)
DLX(-1)	-0.022	0.092	-0.081	0.085
	(-0.27)	(1.34)	(-1.10)	(1.47)
DSHXC(-1)	-0.002	-0.000	-0.002*	-0.001
	(-1.63)	(-0.76)	(-1.65)	(-1.07)
GGXC(-1)	0.032***	0.040***	0.028***	0.033***
	(3.78)	(8.02)	(3.24)	(6.75)
Constant	0.278**	0.103	0.185***	0.151**
	(2.10)	(1.34)	(2.72)	(2.15)
Year	NO	YES	NO	YES
Industry	YES	YES	YES	YES
样本量	1415	1415	1415	1415
Adj_ r2	0.225	0.312	0.264	0.326

注：***、**、*表示检验分别在1%、5%与10%水平上显著。括号内为相应的 t 值，并经过怀特异方差调整。实验组为本章研究样本发债上市公司，对照组则为在股票市场中与发债上市公司同行业、同年代、规模相近的上市公司。

(2)企业与行业资源配置效率的其他度量方法

为了进一步证实前面结论的稳健性，本节将采用其他方法对企业(行业)资源配置效率进行衡量，包括使用 Richardson(2006)与 Verdi(2006)的模型对企业资源配置效率进行衡量，以及借鉴 Mclean(2012)与陈德球(2012)的研究思路，利用投资与 Tobin Q 的敏感性来衡量企业资源配置效率。

① 使用投资过度与投资不足来衡量

第一，通过 Richardson(2006)与 Verdi(2006)的模型计算出来的残差为因变量，以政府监管质量、媒体监督为自变量构建相应模型。为了检验假设 6-1，构建如下模型：

$$\text{Res}_{it} = \alpha + \beta_1\text{GR}_t + \beta_2\text{MFE}_{it-1} + \beta_3\text{Jianren}_{it-1} + \beta_4\text{DLX}_{it-1} + \beta_5\text{DSHXC}_{it-1} + \beta_6\text{GGXC}_{it-1} + \varepsilon_{it}\text{Res} > 0 \tag{6-20}$$

$$\text{Res}_{it} = \alpha + \beta_1\text{GR}_t + \beta_2\text{MFE}_{it-1} + \beta_3\text{Jianren}_{it-1} + \beta_4\text{DLX}_{it-1} + \beta_5\text{DSHXC}_{it-1} + \beta_6\text{GGXC}_{it-1} + \varepsilon_{it}\text{Res} < 0 \tag{6-21}$$

预计式(6-20)与式(6-21)中的 β_1 系数为负，说明政府监管质量越高，抑制企业过度投资，以及减少企业投资不足的作用越大，从而证明政府监管质量与资源配置效率之间呈现正向关系。

为了检验假设 6-2，构建如下模型：

$$\text{Res}_{it} = \alpha + \beta_1\text{Media}_{it} + \beta_2\text{MFE}_{it-1} + \beta_3\text{Jianren}_{it-1} + \beta_4\text{DLX}_{it-1} + \beta_5\text{DSHXC}_{it-1} + \beta_6\text{GGXC}_{it-1} + \varepsilon_{it}\text{Res} > 0 \tag{6-22}$$

$$\text{Res}_{it} = \alpha + \beta_1\text{Media}_{it} + \beta_2\text{MFE}_{it-1} + \beta_3\text{Jianren}_{it-1} + \beta_4\text{DLX}_{it-1} + \beta_5\text{DSHXC}_{it-1} + \beta_6\text{GGXC}_{it-1} + \varepsilon_{it}\text{Res} < 0 \tag{6-23}$$

预计式(6-22)与式(6-23)中的 β_1 系数为负，说明媒体监督强度越大，抑制企业过度投资，以及减少企业投资不足的作用越大，从而证明媒体监督与资源配置配置效率之间呈现正向关系。

对于假设 6-3、假设 6-4 与假设 6-5 的检验，只需按照不同的分组变量进行分组，再按上述基本模型进行回归即可，模型在这里不一一列出。其中控制变量相对于式(6-14)则多加入一个管理费用比例(MFE)变量。

表6-9借鉴Richardson(2006)与Verdi(2006)的思想，使用投资过度与投资不足衡量企业资源配置效率相关回归结果。该表主要有两部分回归结果，主回归结果以及在不同监管质量下，媒体监督与企业资源配置效率关系检验的回归结果。具体地看，(1)—(4)列为主回归结果，第(5)、(7)与(9)列为在政府监管质量低时，媒体监督与企业资源配置效率关系检验的回归结果，第(6)、(8)与(10)列为在政府监管质量高时，媒体监督与企业资源配置效率关系检验的回归结果。在主回归模型中，在(1)—(2)列中的GR符号为负，且在5%水平上显著，则说明政府监管质量能够降低企业的投资不足与投资过度，提高企业资源配置效率，即支持假设6-1。另外，在第(3)列中的Media系数为负，且在10%水平上显著，在第(4)列中的Media系数为正，但不显著，说明媒体监督能够降低企业的投资过度进而影响企业资源配置效率，即支持假设6-2。在不同政府监管质量的相关回归结果中，第(5)列中的Media符号为负，且在1%水平上显著，而第(6)列中的Media符号为负，但不显著，且两个系数的差异在1%水平上显著，说明在政府监管质量低时，媒体监督更能降低企业的过度投资，进而提高企业资源配置效率；第(9)列与第(10)列为使用绝对值作为因变量进行分析，可以理解为企业的非效率投资，在第(9)列中Media符号为负，且在1%水平上显著，而第(10)列中的Media符号为负，但不显著，说明媒体监督在政府监管质量低时更能降低企业的非效率投资，进而提高企业资源配置效率。然而，两者之间的系数差异不显著，在一定程度上减弱了上述结论，部分支持了假设6-3。

表6-10给出了在不同所有权性质企业情况中，政府监管、媒体监督与企业资源配置效率关系检验的回归结果。(1)—(4)列是以政府监管质量为自变量的回归结果，具体地，第(1)列与第(2)列是过度投资组回归结果，且GR系数只在第(1)列中显著为负，说明政府监管能够降低非国有企业的过度投资；第(3)列与第(4)列是投资不足组回归结果，GR系数在第(3)列与第(4)列中都显著为负，但是第(3)列中CR系数绝对值显著大于第(4)列中GR系数，说明政府监管更能降低非国有企业的投资不足程度。

表 6-9 **以投资过度与投资不足度量企业资源配置效率相关回归结果**

变量	主回归结果				不同监管质量相关回归结果					
	(1)	(2)	(3)	(4)	(5)	(6)	(7)	(8)	(9)	(10)
					GV01 = 0	GV01 = 1	GV01 = 0	GV01 = 1	GV01 = 0	GV01 = 1
	RES>0	RES<0	RES>0	RES<0	RES>0	RES>0	RES<0	RES<0	ABS(RES)	ABS(RES)
GR	−1.837**	−1.404***								
	(−2.33)	(−3.28)								
Media			−0.040*	0.016	−0.079***	−0.009	−0.003	0.045	−0.042***	−0.097
			(−1.88)	(0.78)	(−2.83)	(−0.28)	(−0.28)	(1.05)	(−2.70)	(−1.58)
					Prob(difference) = 0.00				Prob(difference) = 0.38	
MFE(−1)	0.774	0.055	0.939	−3.076***	1.648	0.450	−0.303	−4.784***	1.520*	4.523**
	(1.07)	(0.07)	(1.24)	(−3.30)	(1.62)	(0.41)	(−0.47)	(−3.54)	(1.90)	(2.19)
CR3	2.267**	−0.793	2.343**	−2.939***	3.506***	2.109*	−1.100***	−5.226***	2.146***	4.156***
	(2.28)	(−0.18)	(2.36)	(−4.20)	(3.83)	(1.89)	(−2.92)	(−7.48)	(4.26)	(2.59)
Jianren	0.173	−0.054	0.241**		0.234	0.217	−0.084	0.159	0.223**	0.154
	(1.64)	(−0.87)	(2.08)		(1.63)	(1.23)	(−1.17)	(1.41)	(2.16)	(0.60)

续表

变量	主回归结果				不同监管质量相关回归结果					
	(1)	(2)	(3)	(4)	(5)	(6)	(7)	(8)	(9)	(10)
					GV01=0	GV01=1	GV01=0	GV01=1	GV01=0	GV01=1
	RES>0	RES<0	RES>0	RES<0	RES>0	RES>0	RES<0	RES<0	ABS(RES)	ABS(RES)
DLX(-1)	1.066	0.083	1.010	-0.834	-0.396	2.043**	-0.682	-0.708	0.295	2.496*
	(1.60)	(0.23)	(1.51)	(-1.55)	(-0.45)	(2.00)	(-1.62)	(-0.81)	(0.57)	(1.76)
DSHXC(-1)	-0.001	-0.003	-0.002	-0.009**	-0.001	-0.002	-0.000	-0.018**	-0.001	0.022**
	(-0.29)	(-1.05)	(-0.46)	(-2.29)	(-0.10)	(-0.33)	(-0.05)	(-2.58)	(-0.28)	(2.15)
GGXC(-1)	0.011	0.043	0.008	0.028	0.035	-0.026	-0.021	0.048	0.032	-0.038
	(0.30)	(1.21)	(0.17)	(0.58)	(0.58)	(-0.41)	(-0.65)	(0.63)	(0.78)	(-0.37)
样本量	813	594	821	568	371	421	321	342	602	713
Adj_r2	0.078	0.537	0.117	0.395	0.078	0.129	0.125	0.317	0.412	0.159

注：***、**、*表示检验在1%、5%与10%水平上显著。括号内为相应的 t 值，并经过怀特异方差调整。以高(低)于政府监管质量的中位数为高(低)GR。

表 6-10 不同所有权性质下政府监管、媒体监督与企业资源配置效率关系检验

变量	(1)	(2)	(3)	(4)	(5)	(6)	(7)	(8)	(9)	(10)
	State=0	State=1	State=0	State=1	State=0	State=1	State=0	State=1	State=0	State=1
	RES>0	RES>0	RES<0	RES<0	RES>0	RES>0	RES<0	RES<0	ABS(RES)	ABS(RES)
GR	-1.907^{***}	0.080	-1.240^{***}	-0.410^{*}						
	(−4.47)	(0.19)	(−4.87)	(−1.87)						
Media					-0.048^{*}	−0.012	-0.020^{*}	0.000	-0.058^{*}	−0.015
					(−1.86)	(−0.80)	(1.74)	(0.01)	(−1.75)	(−1.19)
	Prob(difference)=0.00		Prob(difference)=0.00		Prob(difference)=0.00		Prob(difference)=0.00		Prob(difference)=0.07	
MFE(−1)	0.399	0.779^{*}	-0.873^{**}	-2.130^{***}	0.433	0.878^{*}	-0.933^{*}	-2.070^{***}	0.875	2.230^{***}
	(0.58)	(1.76)	(−2.21)	(−4.94)	(0.63)	(1.76)	(−1.82)	(−4.81)	(0.87)	(3.53)
CR3	0.419	2.490^{***}	-0.852^{***}	-1.542^{***}	0.447	2.587^{***}	-0.609^{***}	-1.272^{***}	1.205^{**}	3.522^{***}
	(1.22)	(3.79)	(−4.14)	(−5.72)	(1.38)	(3.03)	(−2.92)	(−4.97)	(2.06)	(5.49)
Jianren	0.005	0.032	−0.026	−0.006	0.042	0.038	−0.004	0.001	0.040	0.104
	(0.10)	(0.50)	(−0.74)	(−0.14)	(0.71)	(0.59)	(−0.10)	(0.04)	(0.52)	(1.24)
DLX(−1)	1.021^{**}	−0.138	−0.406	−0.340	0.765	−0.039	−0.536	−0.201	1.623^{**}	0.152
	(2.10)	(−0.45)	(−1.40)	(−1.58)	(1.59)	(−0.13)	(−1.65)	(−0.91)	(2.40)	(0.53)

续表

变量	(1)	(2)	(3)	(4)	(5)	(6)	(7)	(8)	(9)	(10)
	State=0	State=1	State=0	State=1	State=0	State=1	State=0	State=1	State=0	State=1
	RES>0	RES>0	RES<0	RES<0	RES>0	RES>0	RES<0	RES<0	ABS(RES)	ABS(RES)
DSHXC(-1)	-0.004	-0.004	-0.002	0.001	-0.003	-0.005	-0.003	-0.000	0.003	-0.002
	(-1.23)	(-1.19)	(-0.78)	(0.52)	(-0.80)	(-1.34)	(-1.00)	(-0.25)	(0.74)	(-0.57)
GGXC(-1)	0.026	-0.012	-0.035*	0.003	0.030	-0.017	-0.016	0.019	0.040	-0.009
	(0.85)	(-0.44)	(-1.65)	(0.18)	(0.84)	(-0.58)	(-0.61)	(1.05)	(0.82)	(-0.31)
Year	NO	NO	NO	NO	YES	YES	YES	YES	YES	YES
样本量	513	570	592	502	571	550	507	565	578	715
Adj_r2	0.090	0.124	0.183	0.280	0.136	0.161	0.310	0.369	0.122	0.258

注：***、**、* 表示检验分别在 1%、5%与 10%水平上显著。括号内为相应的 t 值,并经过怀特异方差调整。

以上结论支持了假设6-4b，即相对于国有企业，政府监管更能提高非国有企业的资源配置效率。

(5)—(10)列是以媒体监督为自变量的回归结果。同样，Media系数只在第(5)、(7)与(9)列中显著，也就是说，Media系数在非国有企业中显著，在其他列中不显著，而且两组系数的差异都至少在10%水平上显著。所以，以上结论表明在非国有企业中，媒体监督降低企业非效率投资作用更显著。以上结论支持了假设6-5。

另外，在第(3)列与第(7)列中，GR与Media系数都显著为负，说明政府监管与媒体监督能够降低非国有企业的投资不足程度，其原因可能是政府监管与媒体监督降低了非国有企业的融资约束，这也符合本章对表6-6结论的解释。

② 利用投资与qhat的敏感性来衡量企业资源配置效率

第二种方法则借鉴Mclean(2012)与陈德球(2012)构建投资效率的方法，但是在式(6-2)中的Tobin Q 则经过式(6-12)和式(6-13)进行修订。在此基础上构建如下模型来检验政府监管质量、媒体监督与企业资源配置效率之间的关系。具体模型如下：

$$\mathrm{INV}_{it+1}=\alpha_i+\alpha_t+\beta_1\mathrm{qhat}_{it}+\beta_2\mathrm{CF}_{it}+\beta_3\mathrm{GR}_t+\beta_4\mathrm{GR}_t*\mathrm{qhat}_{it}+\beta_5\mathrm{Size}_{it}+\beta_6\mathrm{Lev}_{it}+\varepsilon_{it} \tag{6-24}$$

$$\mathrm{INV}_{it+1}=\alpha_i+\alpha_t+\beta_1\mathrm{qhat}_{it}+\beta_2\mathrm{CF}_{it}+\beta_3\mathrm{Media}_{it}+\beta_4\mathrm{Media}_{it}*\mathrm{qhat}_{it}+\beta_5\mathrm{Size}_{it}+\beta_6\mathrm{Lev}_{it}+\varepsilon_{it} \tag{6-25}$$

CF_{it} 为公司 i 第 t 年经营活动现金流与期初总资产的比，qhat为经过本章模型对Tobin Q 进行修正的结果，测试变量为GR * qhat与Media * qhat，两个变量系数 β_1 为投资-投资机会敏感性，即为本章定义的企业资源配置效率的替代变量，β_1 越大，表示公司投资支出对于公司投资机会的敏感性越大，资源配置效率越高。所以，式(6-24)和式(6-25)中的 β_4 系数如果为正且显著，则说明政府监管质量与媒体监督越强，投资-Tobin Q 敏感性越大，投资效率越高，则假设6-1与假设6-2得证。

对于假设6-3、假设6-4与假设6-5的检验，只需按照不同的分组变量进行分组，按照式(6-24)与式(6-25)进行回归。控制变量为企业规模(Size)与杠杆率水平(Lev)。

表6-11给出了以“投资-qhat”作为企业资源配置效率替代变量的相关回归结果。表6-10的结果可以分为三个部分，(1)—(4)列是主回归结果，检验假设6-1与假设6-2；第(5)列与第(6)列为在不同政府监管质量下的回归结果，检验假设6-3；第(7)列与第(10)列为在不同企业所有权性质下的回归结果，检验假设6-4与假设6-5。在第(1)列与第(4)列中，第(1)列与第(3)列为混合回归结果，第(2)列与第(4)列为固定效应结果。其中，在第(1)列与第(2)列中，GR * qhat(-1)符号为正，且在1%水平上显著，说明政府监管质量越高，企业资源配置效率越大。在第(3)列与第(4)列中，Media * qhat(-1)在第(3)列中为正，但没有通过10%水平的显著性检验，Media * qhat(-1)却在第(4)列中为正，且在10%水平上显著，所以，也证明了媒体监督也能提高企业资源配置效率。

在不同政府监管质量下，第(5)列与第(6)列中Media * qhat(-1)系数为正，都不显著。但是，第(6)列中Media * qhat(-1)系数的显著性高于第(5)列中系数的显著性，所以部分支持了假设6-3。

在不同企业所有权性质下，在第(7)列与第(8)列中，GR * qhat(-1)系数在第(7)列中为正，且在10%水平上显著，但是这个变量系数在第(8)列中为正但不显著，且两组系数差异在5%水平上显著。该结果表明，政府监管对非国有企业资源配置效率的提高作用更大，即支持假设6-4b，这也在一定程度上证实了非国有企业融资约束的降低能够减小非国有企业投资不足的现象，使得资源配置效率提高。相似的，Media * qhat(-1)系数在第(9)列中为正，且在10%水平上显著，然而这个变量系数在第(10)列中为正，但不显著，且两组系数差异在1%水平上显著。该结果表明，媒体监督对非国有企业资源配置效率的提高作用更大，即支持假设6-5。

③ 行业资源配置效率的其他度量方法

这种方法借鉴Abiad等(2008)的思想，构建非平衡指标来衡量行业资源配置效率，具体检验模型模型如下：

表6-11 **以“投资-qhat”衡量企业资源配置效率相关回归结果**

变量	主回归				不同监管质量		不同企业所有权性质			
	(1)	(2)	(3)	(4)	(5)	(6)	(7)	(8)	(9)	(10)
	混合回归	固定效应	混合回归	固定效应	GV01=1	GV01=0	State=0	State=1	State=0	State=1
	INV	INV	INV	INV	INV	INV	INV	INV	INV	INV
qhat (−1)	0.034***	0.062***	0.007	0.013***	0.015**	0.011**	0.044**	0.035**	0.006	0.019***
	(4.66)	(8.78)	(1.52)	(3.07)	(2.17)	(2.52)	(2.11)	(1.99)	(0.93)	(3.35)
CF	0.220***	0.158***	0.184***	0.117***	0.084*	0.095***	0.061*	0.219***	0.027	0.173***
	(6.72)	(6.95)	(4.95)	(4.51)	(1.87)	(3.43)	(1.93)	(7.11)	(0.70)	(4.83)
GR * qhat(−1)	0.109***	0.229***					0.174*	0.061		
	(3.46)	(6.96)					(1.71)	(0.72)		
Media * qhat(−1)			0.002	0.002*	0.001	0.002			0.004*	0.001
			(1.45)	(1.68)	(0.26)	(1.29)			(1.79)	(0.90)
							Prob(difference) = 0.02		Prob(difference) = 0.00	

续表

变量	主回归				不同监管质量		不同企业所有权性质			
	(1)	(2)	(3)	(4)	(5)	(6)	(7)	(8)	(9)	(10)
	混合回归	固定效应	混合回归	固定效应	GV01=1	GV01=0	State=0	State=1	State=0	State=1
	INV	INV	INV	INV	INV	INV	INV	INV	INV	INV
Size	0.008***	0.014***	0.004*	0.000	0.022***	0.000	0.053***	0.050***	0.016**	-0.007
	(4.34)	(3.31)	(1.81)	(0.03)	(2.83)	(0.09)	(7.17)	(7.75)	(2.45)	(-1.10)
Lev	0.015	0.041**	0.028*	0.017	0.077*	-0.014	0.010	0.089***	-0.053	0.063*
	(1.12)	(2.02)	(1.74)	(0.66)	(1.69)	(-0.53)	(0.39)	(3.36)	(-1.44)	(1.87)
Constant	-0.061	-0.405***	0.033	-0.217	-0.467***	0.063	-1.056***	-1.086***	-0.253*	0.165
	(-1.31)	(-3.35)	(0.57)	(-1.60)	(-2.70)	(0.52)	(-6.73)	(-7.69)	(-1.78)	(1.23)
样本量	2164	2164	1637	1637	753	1411	925	1239	711	926
Adj_ r2	0.193	0.128	0.175	0.110	0.064	0.033	0.131	0.204	0.037	0.083

注：***、**、*表示检验分别在1%、5%与10%水平上显著。括号内为相应的 t 值，并经过怀特异方差调整。

$$Y_{it} = \alpha + \beta_1 GR_t + \beta_2 MLEV_{it} + \beta_3 MSize_t + \beta_4 CR3_{it} + \beta_5 MXSLR_{it} + \varepsilon_{it} \quad (6\text{-}26)$$

$$Y_{it} = \alpha + \beta_1 MMedia_t + \beta_2 MLEV_{it} + \beta_3 MSize_t + \beta_4 CR3_{it} + \beta_5 MXSLR_{it} + \varepsilon_{it} \quad (6\text{-}27)$$

$$Y_{it} = \alpha + \beta_1 GR_t + \beta_2 MMedia_t + \beta_3 GR_t * MMedia + \beta_4 MLEV_{it} + \beta_5 MSize_t + \beta_6 CR3_{it} + \beta_7 MXSLR_{it} + \varepsilon_{it} \quad (6\text{-}28)$$

上面三个式中，Y 为 GINI 系数，E(0)—E(2)代表行业资源配置效率，相应的控制变量与式(6-17)一致。所以预计模型(6-26)和(6-27)中的β_1 系数为正，模型(6-28)中β_1 系数与β_2 系数都为正，则假设6-1与假设6-2得证，如果模型(6-28)中β_3 系数为负，则假设6-3得证。相应的回归结果如表6-12所示。

表6-12中给出三部分结果，(1)—(4)列是检验政府监管质量与行业资源配置效率的关系，(5)—(8)列是检验媒体监督与行业资源配置效率的关系，(9)—(12)列是检验政府监管与媒体监督交互对行业资源配置效率的作用。结果表明，第(1)列与第(4)列中的 GR 系数显著为负，第(5)列与第(7)列中的 Media 系数显著为负，(9)—(11)列中的 GR * Media 系数显著为正。上述结果部分表明政府监管质量越高，行业资源配置效率越高，即支持假设6-1；媒体监督越强，行业资源配置效率越高，即支持假设6-2；随着政府监管质量的提高，媒体监督在提高行业资源配置效率的作用在降低，即支持假设6-3。

(3)政府监管质量其他衡量方法

基于 Cebula 和 Clark(2014)与 Dawson(2006)的分析，本章采用 Heritage Foudation(2015)统计的金融自由化指数(BF)作为政府监管质量的替代指标来进行稳健性检验。具体的结果见表6-13。

表6-13为金融自由化指数(BF)作为政府监管质量替代变量的回归结果。其中，被解释变量为企业层面的资源配置效率，使用 TE 来替代。第(1)列与第(2)列中的 BF 系数符号为正，且在5%或者10%水平上显著，说明金融自由化越高，或者是政府监管质量越高，企业资源配置效率越高，这个结论支持了假设6-1。另外，在第(3)列与第(4)列中，

表 6-12 以非平衡指标替代行业资源配置效率的相关回归结果

变量	(1)	(2)	(3)	(4)	(5)	(6)	(7)	(8)	(9)	(10)	(11)	(12)
	GINI	E0	E1	E2	GINI	E0	E1	E2	GINI	E0	E1	E2
GR	-0.552*	-0.337	-0.584	-0.711***					-3.622*	1.057	-6.614**	-0.559
	(-1.90)	(-1.51)	(-1.39)	(-3.11)					(-1.74)	(0.50)	(-2.19)	(-0.31)
Media					-0.024**	0.008	-0.025*	-0.015	-0.015	0.014	-0.007	-0.017
					(-2.13)	(0.81)	(-1.76)	(-1.33)	(-1.11)	(0.95)	(-0.35)	(-1.33)
GR * Media									0.365*	-0.163	0.680**	0.039
									(1.68)	(-0.76)	(2.07)	(0.20)
MLEV	-0.114	0.538***	-0.084	-0.234	-0.263	0.436***	-0.241	-0.434**	-0.183	0.529***	-0.161	-0.553***
	(-0.57)	(3.67)	(-0.29)	(-1.23)	(-1.31)	(3.12)	(-0.85)	(-2.31)	(-1.23)	(4.19)	(-0.79)	(-3.60)
MXSLR	-0.146	0.369**	-0.206	0.222	-0.133	0.269*	-0.192	0.159	-0.049	0.298*	-0.128	0.159
	(-0.75)	(2.46)	(-0.72)	(1.41)	(-0.67)	(1.68)	(-0.67)	(0.99)	(-0.25)	(1.88)	(-0.46)	(1.00)

续表

变量	(1)	(2)	(3)	(4)	(5)	(6)	(7)	(8)	(9)	(10)	(11)	(12)
	GINI	E0	E1	E2	GINI	E0	E1	E2	GINI	E0	E1	E2
CR3	-24.787***	-4.844	-31.340***	-26.516***	-26.269***	-3.511	-32.875***	-26.615***	-25.699***	-2.411	-30.914***	-23.315***
	(-3.99)	(-0.98)	(-3.69)	(-4.31)	(-3.94)	(-0.65)	(-3.65)	(-4.23)	(-3.74)	(-0.44)	(-3.42)	(-3.85)
MSIZE	-0.014	-0.002	-0.011	-0.053**	0.013	0.011	0.018	-0.021	0.004			
	(-0.66)	(-0.15)	(-0.37)	(-2.47)	(0.64)	(0.72)	(0.58)	(-1.14)	(0.16)			
Constant	0.868*	-0.212	0.700	1.657***	0.504	-0.482	0.316	1.158***	0.781***	-0.418***	0.691***	0.646***
	(1.86)	(-0.55)	(1.06)	(3.36)	(1.03)	(-1.28)	(0.44)	(2.66)	(4.58)	(-2.81)	(2.80)	(4.38)
样本量	347	347	347	347	346	346	346	346	344	344	344	344
Adj_r2	0.136	0.166	0.107	0.268	0.135	0.157	0.106	0.231	0.161	0.194	0.139	0.241

注：***、**、* 表示检验分别在 1%、5%与 10%水平上显著。括号内为相应的 t 值，并经过怀特异方差调整。

由于BF系数只在第(3)列，即非国有企业组中显著为正，而在第(4)列中系数为正但不显著，且两系数的差异在1%水平上显著，说明相对于国有企业，金融自由化或者政府监管提高非国有企业资源配置效率的作用更显著，这个结论支持了假设6-4b。基于上述分析，以金融自由化指数代替政府监管质量的回归是稳健的。

表6-13　　以金融自由化指数(BF)为自变量的回归结果

变量	(1)	(2)	(3)	(4)
			State=0	State=1
	TE	TE	TE	TE
BF	0.004**	0.003*	0.005**	0.003
	(2.30)	(1.83)	(2.33)	(1.10)
			Prob(Difference)=0.00	
Media		0.013***		
		(5.10)		
Jianren	-0.025***	-0.022**	-0.035***	0.000
	(-3.18)	(-2.58)	(-3.33)	(0.02)
RD(-1)	0.936***	0.863***	1.161***	0.448
	(4.30)	(3.45)	(3.39)	(1.58)
DLX(-1)	0.095	0.059	0.051	0.197**
	(1.63)	(1.02)	(0.55)	(2.24)
DSHXC(-1)	-0.001*	-0.001	-0.002**	-0.000
	(-1.72)	(-1.16)	(-2.53)	(-0.20)
GGXC(-1)	0.037***	0.029***	0.034***	0.041***
	(8.55)	(6.41)	(5.42)	(5.52)
Constant	-0.081	0.038	-0.066	-0.198
	(-0.74)	(0.35)	(-0.43)	(-1.17)
Industry	YES	YES	YES	YES
样本量	1415	1415	602	713
Adj_ r2	0.286	0.313	0.376	0.296

注：***、**、*表示检验分别在1%、5%与10%水平上显著，括号内为相应经过怀特异方差调整的t值。

(4)其他稳健性检验

有研究表明政府监管政策的不确定性会影响企业资源配置效率，这是因为政府监管政策的不确定性会提高外部融资成本，影响企业的投资决策，进而影响企业资源配置效率(Nodari，2014)。所以，政府监管质量影响企业资源配置效率的结论可能会受到政府监管政策不确定性的影响，为了避免遗漏变量问题的出现，以及进一步检验政府监管的重要性，本节将对政府监管政策的不确定性进行控制，相应的回归结果如表6-14所示。

表6-14为加入政府监管政策不确定性变量后的回归结果。第(1)列检验了政府监管政策不确定性与企业资源配置效率的回归结果，其中变量FRPU系数在5%水平上显著为负，说明监管政策不确定性程度越大，企业资源配置效率越小。第(2)列与第(3)列则在第(1)列的基础上依次加入GR与Media变量，结果发现，GR与Media系数仍然显著为正，从而进一步证实了本章假设6-1与假设6-2的正确性。

表6-14　　加入政府监管政策不确定性变量后回归结果

变量	(1)	(2)	(3)
	TE	TE	TE
GR		0.302***	0.257***
		(5.36)	(4.18)
FRPU	-0.000**	-0.000*	-0.000*
	(-1.99)	(-1.76)	(-1.87)
Media			0.000***
			(4.46)
Jianren	-0.024**	-0.023***	-0.021**
	(-2.22)	(-2.95)	(-2.47)

续表

变量	(1)	(2)	(3)
	TE	TE	TE
RD(-1)	1.000***	1.023***	0.881***
	(2.91)	(4.72)	(3.48)
DLX(-1)	0.114	0.143**	0.130**
	(1.34)	(2.56)	(2.27)
DSHXC(-1)	-0.001*	-0.001**	-0.001
	(-1.79)	(-2.29)	(-1.49)
GGXC(-1)	0.036***	0.042***	0.038***
	(5.81)	(9.59)	(8.28)
Constant	0.114	0.093	0.147**
	(1.22)	(1.42)	(2.16)
Industry	YES	YES	YES
样本量	1415	1415	1415
Adj_ r2	0.233	0.260	0.290

注：***、**、* 表示检验分别在 1%、5%与 10%水平上显著。FRPU 为 Baker 团队计算的金融监管政策不确定性指数。

(5)计量经济学问题

本章所使用的样本为混合数据，也就是说，一家公司在 2006—2015 年样本期间内，可能出现很多次，也可能出现 1 次，这可能导致样本在组内存在年度序列相关问题，其结果可能导致 t 值偏大，显著性增强。所以，本章在进行多元回归时，对相应的 t 值进行相应的聚类(cluster)调整，以及时间与年度两个维度的聚类分析；另一方面，在表6-11中，也进行了面板固定效应估计，发现结果没有实质性的改变。

另外本章回归模型也考虑了相关内生性问题。比如，媒体监督的内生性，一方面，媒体监督能够影响资源配置效率，但反过来资源配置效率的高低也会影响媒体的关注度。为此，本节将采取两种方法进行内生性处理，第一种方法采用媒体监督的滞后项代入原来方程进行相应的回归，第二种方法则是采用二阶段最小二乘法进行回归分析。这里只给出了企业层面资源配置效率的回归结果，具体见表6-15。

表6-15为考虑内生性后的部分回归结果。(1)—(6)列是采用Media滞后一期进行的回归结果，具体地，第(1)列与第(2)列是检验假设6-1的回归结果；第(3)列与第(4)列是检验假设6-2的回归结果；第(5)列与第(6)列是检验假设6-3的回归结果。第(7)列与第(8)列是采用二阶段工具变量的回归结果，其中相应的外生变量为政府监管质量、行业集中度以及企业所有权性质。结果表明，在第(1)列与第(2)列中，Media(-1)系数正，且在1%水平上显著；相比于第(3)列中的Media(-1)系数，第(4)列中的Media(-1)系数较大，且两者差异在5%水平上显著；同时，Media(-1)系数符号在第(5)列中显著为正，而在第(6)列中为正但不显著，上述结果支持了本章结论。另外，在采用二阶段进行回归后发现，Kleibergen-Paap rk LM statistic 的 P 值为0.00，在1%水平上拒绝了工具变量不可识别的原假设，Kleibergen-Paap rk Wald F statistic 的值为13.794(15%的临界值为12.83)，拒绝了工具变量是弱工具变量的原假设。同时 Hansen J statistic 的 P 值为0.15，说明没有拒绝所有变量都是外生的这一原假设，这也就是说模型中没有过度识别问题。所以整体上，模型工具变量较好。第(8)列中的Media系数符号为正，且在1%水平上显著，则也证实了本章假设6-2的正确性。

基于以上五个方面的稳健性检验以及内生性分析，证实本章的结论是稳健的。

表 6-15　　内生性控制后的相关回归结果

变量	(1)	(2)	(3)	(4)	(5)	(6)	(7)	(8)
			GV01=1	GV01=0	State=0	State=1	一阶段	二阶段
	TE	TE	TE	TE	TE	TE	Media	TE
Media(-1)/(Media)	0.009***	0.009***	0.009*	0.011***	0.028***	0.001		0.026*
	(3.23)	(3.12)	(1.77)	(2.94)	(4.80)	(0.38)		(1.77)
			Prob(Difference)=0.04		Prob(Difference)=0.00			
Jianrer	-0.025***	-0.025***	-0.021*	-0.026**	-0.040***	0.004	0.063	-0.019***
	(-3.08)	(-3.11)	(-1.69)	(-2.38)	(-3.86)	(0.30)	(0.60)	(-2.57)
RD(-1)	0.933***	0.954***	0.578	1.281***	1.073***	0.605*	-7.110*	0.778***
	(3.98)	(4.09)	(1.53)	(3.85)	(2.94)	(1.91)	(-1.87)	(3.195)
DLX(-1)	0.117**	0.117**	0.135	0.085	-0.040	0.246***	2.482***	0.015
	(1.98)	(1.98)	(1.51)	(1.04)	(-0.42)	(2.72)	(2.84)	(0.23)
DSHXC(-1)	-0.001	-0.001	-0.001	-0.001	-0.001	-0.000	-0.004	-0.000
	(-1.51)	(-1.63)	(-0.94)	(-1.41)	(-1.50)	(-0.54)	(-0.55)	(-0.73)
GGXC(-1)	0.033***	0.033***	0.028***	0.033***	0.024***	0.040***	0.391**	0.025***
	(6.47)	(6.55)	(3.94)	(4.90)	(3.25)	(4.82)	(5.74)	(3.64)

续表

变量	(1)	(2)	(3)	(4)	(5)	(6)	(7)	(8)
			GV01=1	GV01=0	State=0	State=1	一阶段	二阶段
	TE	TE	TE	TE	TE	TE	Media	TE
GR		0.187***						
		(3.09)						
State							0.352***	
							(3.15)	
FEPU							-0.002***	
							(-2.77)	
CR5							0.396	
							(1.21)	
样本量	946	946	480	666	613	533	1415	1415
Adj_r2	0.304	0.298	0.347	0.292	0.426	0.299	0.192	0.186
Kleibergen-Paap rk LM statistic(P)							0.00	
Kleibergen-Paap rk Wald F statistic							13.794	
Hansen J test(p)							0.15	

注：***、**、*表示检验分别在1%、5%与10%水平上显著。(1)—(7)括号内为相应的 t 值，(8)为相应的 Z 值，都经过怀特异方差调整。

6.6 本章小结

本章考察了政府监管、媒体监督与资源配置效率相关关系，并在此基础上，针对不同政府监管质量与不同企业所有权性质进行分组计量分析。在进行多种稳健性测试后，实证结果表明，第一，无论是企业资源配置效率还是行业资源配置效率，政府监管质量越高、媒体监督越强，企业或行业的资源配置效率越高。然而，通过解释 TE 为因变量的回归方程中 GR 与 Media 系数经济意义(标准化系数)时发现，相对于政府监管，媒体监督对于资源配置效率的提高作用更大。第二，随着政府监管质量的提高，媒体监督对资源配置效率的提高作用在降低。第三，相对于国有企业，政府监管对非国有企业资源配置效率的提高作用更大，而媒体监督只能提高非国有企业的资源配置效率，对于国有企业资源配置效率的提高作用不明显，这说明政府监管与媒体监督对非国有企业更有利。总之，本章的结论表明，目前的政府监管质量与媒体监督都能提高企业(行业)资源配置效率，但是这种提高作用受到不同政府监管质量或不同企业所有权性质的影响。另外，本章的结论也表示，政府监管、媒体监督对于资源配置效率影响可以使用企业融资约束进行解释，即政府监管与媒体监督能够通过降低企业融资约束来提高企业或行业资源配置效率。

第7章　政府监管、媒体监督与债权人财富实证研究

本章结合中国债券市场背景，以监管理论、信息不对称以及委托代理等理论为基础提出相应的假设，利用中国债券市场中发债上市公司的数据，构建相应的回归模型，采用相关计量方法，在尽量控制内生性的情况下，实证检验政府监管、媒体监督与债权人财富之间的关系，以及进一步检验不同政府监管质量、企业所有权性质对于上述关系的影响。

7.1　理论拓展与假设提出

本章将对第4章博弈模型中的主要结论进行精练，并以监管理论、信息不对称以及委托代理等理论为基础进行阐述与推理，提出相应的研究假设。本章研究的内容可以概括为，政府监管与债权人财富的关系、媒体监督与债权人财富的关系、政府监管与债权人财富的关系是否受到企业所有权性质的影响，以及媒体监督与债权人财富的关系是否受到政府监管质量或者企业所有权性质的影响。以下理论扩展与假设提出基于上述研究内容进行展开。

7.1.1　政府监管与债权人财富

保护投资者利益已经受到了政府部门与学者们的一致关注，因为这关系着资本市场的发展。委托代理理论认为，委托代理问题是影响债权人财富的重要因素(罗本德、张宗益，2006；姜国华等，2006；La Porta et al. , 2000)。Jensen 和 Meckling(1976)认为在所有权与经营权分离的现代公司组织结构中，经理人很容易为了个人私利而损害债权人与股东利益。所以，有部分学者从委托代理问题角度研究政府监管环境与制度对于债权人财富的影响。比如，Roe(2006)认为政府监管能够在事前、事中以及事后对企业进行监管，提高企业公司内部治理能力，从而保证债权人财富。另外，LLSV 一系列文献提出法律制度对投资者保护的重要性。比如，La Porta 等(1999)通过理论与定性研究表明政府可以通过行政许可审批、行政监管、法律监管以及事后处罚来干预企业的正常决策决定，从而对债权人利益进行保护，实现债券市场的发展。La Porta 等(2006)认为由政府主导的公共执法以及监管行为，能够积极保护债权人财富，提高市场参与者的积极性，这对市场发展有着重要作用。另外，政府监管的加强往往伴随着投资者保护的增强，这将导致股票市场价值的增长(La Porta et al. , 1997)以及较多的股利分配(La Porta et al. , 2000)等。

政府监管质量提高，能够完善企业相关信息披露制度，使得企业与投资者之间的信息不对称程度降低。这一方面使得投资者能够充分了解企业经营的状况与风险，进行科学合理的投资；另一方面，也能降低投资者收集信息的成本，加强投资者监督的积极性，减少“搭便车”的可能，使得对经理人的监督更加严格，从而保证自身利益。

基于上述研究发现，政府监管质量的提高，往往伴随着法律制度的完善，这将导致企业内部委托代理问题减少，保证经理人的投资决策最小程度地损害债权人利益，或者增加债权人财富。进而，政府监管能够减小企业与投资者之间信息不对称，有利于投资者进行合理决策以规避风险，也有利于投资者对管理层进行监督，保护自身利益。所以，本章提出第一个研究假设：

假设 7-1：政府监管质量越高，债权人财富越高。

7.1.2 媒体监督与债权人财富

媒体监督影响债权人财富的理论基础主要为公司治理理论与信息不

对称理论。在公司治理理论方面，声誉理论认为，管理层会重视其声誉以稳固其职位、获得更多的报酬以及在人才市场获得更好的择业机会。文献表明，媒体报道能够影响经理人声誉，对经理的行为进行约束。也就是说，媒体在公司治理中扮演着重要角色（Dyck & Zingales，2004；Joe et al.，2009）。通过理论分析与实证检验，Dyck 和 Zingales(2004)发现，媒体监督能够降低大股东的隧道效应与管理层的壕沟效应。通过比较分析代理问题严重与不严重的公司所受到的媒体关注程度，Dyck 等（2008)发现，代理问题严重的企业更容易受到媒体的关注，而当媒体关注这些企业后，这些企业将会采取措施来减小代理冲突。Joe 等(2009)发现，媒体会对董事会的效率进行关注，缺乏效率的董事会在受到媒体关注后，通常会采取措施，提高效率。在对中国媒体监督的公司治理效应进行的研究方面，李培功、沈艺峰(2010)比较早地实证检验了媒体监督对公司治理效应的影响。随后，一些研究者(于忠泊等，2011；戴亦一等，2011；杨德明、赵璨，2012；罗进辉，2012)分别从代理成本、财务重述、盈余管理、高管薪酬监督等角度研究了媒体监督的公司治理效应。

现有研究认为，媒体发挥外部公司治理机制作用的途径主要有两个：一是媒体对资本市场制度的缺陷进行广泛报道，形成社会舆论压力，促使资本市场的政策制定者对公司准入制度、退出制度、定价制度以及信息披露制度加以修改，从制度上要求企业具备较高的公司治理水平(Besley & Prat，2001；Dyck et al.，2008)；二是作为资本市场中一个重要参与者，经理人的薪酬主要取决于企业业绩(显性)与市场声誉(隐性)。一旦被媒体负面报道后，企业业绩将会下降，并且会影响经理人的声誉。媒体监督可以迫使经理人减少从事有利于个人私利的行为，维护企业业绩与自身声誉(Fama，1980；Fama & Jensen，1983；Dyck & Zingales，2002)。由于中国资本市场行政审批的特殊性，媒体报道能够引起行政机构的介入，促使企业改正其不良行为，提高企业公司治理强度(李培功、沈艺峰，2010)。

因此，从公司治理理论上看，媒体报道可以迫使管理层重视自己的社会声誉，努力工作，纠正其个人私利行为，继而促使其公司治理水平上升。随着公司治理水平的提高，企业内部的委托代理问题有所降低，债券价格上涨，债权人财富增多。

另外，从信息不对称理论来看，媒体报道能够降低企业与投资者之间的信息不对称程度，从而影响债务融资成本。首先，研究发现，媒体报道有利于减轻企业与投资者之间的信息不对称程度(Fang & Peress, 2009; Tetlock, 2010)。Fang 和 Peress(2009)认为，即使媒体不提供真正有意义的信息，媒体报道也可以缓解信息摩擦和影响资产的定价。其次，大量研究表明，信息不对称可以影响资产定价。Copeland 和 Galai (1983) 的研究表明，即使在风险中性的条件下，只要市场上有非对称信息存在，买卖价差就会存在。Duffie 和 Lando(2001) 研究了非对称信息在企业债券信用风险定价中的作用，并认为信息不对称会导致投资者对公司价值产生不同的理解，进而对公司信用利差的期限结构产生不同的预期。周宏等(2012, 2014)与林晚发等(2013)都认为信息不对称与债券信用利差之间存在显著的正相关关系；Cheng 等(2011)在研究中，把债券信用利差作为信息不对称的替代变量。基于此，本章认为，受媒体报道越多的企业，与投资者之间的信息不对称程度较低，从而有利于保护债权人财富。

基于上述分析，由于中国债券市场行政审批的特殊性，媒体报道能够引起行政机构的介入，促使企业改正其不良行为，提高企业公司治理强度，另外，中国债券市场内部的信息不对称广泛存在，媒体报道能够降低企业与投资者之间的信息不对称程度，有利于债权人及时调整投资战略，减少财富损失。所以，本章提出第二个研究假设：

假设 7-2：媒体监督程度越大，债权人财富越高。

7.1.3 媒体监督与债权人财富：基于不同政府监管质量影响

一些研究者认为政府监管或者干预水平能够影响媒体监督与债权人财富之间的关系，他们的总体思想在于政府监管能够影响媒体监督的公司治理作用。比如，戴亦一等(2011)认为，各地区的政府干预水平、法律水平以及行业进入堡垒都会影响媒体公司治理效应的发挥，进而影响债权人财富。Dyck 和 Zingales(2002)认为，在法制水平较高的地区，企业公司治理水平与信息透明度较好，这能从内部根源上减轻企业的委托代理问题。同时，有研究表明，在政府监管质量较高时，投资者保护程度较强，投资者财富更容易受到保护(La porta et al.，1998；Chen et al.，2009；肖作平与黄璜，2013)。基于此，本章认为政府监管质量高时，媒体监督发挥公司治理作用的空间有限；在政府监管质量低时，政府监管既不能对企业进行事前监督，也不能对企业进行及时的事后惩罚，导致难以从内部根源上对管理层进行监督，企业内部的代理问题十分严重，所以媒体发挥作用的空间会更大。基于此，本章提出第三个假设：

假设 7-3：相对于高质量的政府监管，在低质量政府监管下，媒体监督保护与提高债权人财富的作用更显著。

7.1.4　政府监管、媒体监督与债权人财富：基于所有权性质影响

由于中国的特殊的企业制度背景，不同的企业所有权性质导致企业承担的社会责任不同。有研究表明，一方面，国有企业承担着更多的政策性目标与负担(Boycko et al.，1996；林毅夫、刘培林，2001)，所以政府会放松对国有企业的监管，以保证国有企业能够存活，甚至健康发展，以实现政府目标；另一方面，国有企业的管理层拥有广泛的政治资源，这使得政府监管在国有企业中的作用大打折扣。就非国有企业而言，由于其缺乏保护伞，通过政府监管，能够降低企业内部委托代理问题与信息不对称程度来保护投资者财富，从而政府监管的作用得以体现。基于上述分析，本章提出第四个假设：

假设 7-4：相对于国有企业，政府监管保护与提高非国有企业债权人财富的作用更显著。

同样，一些研究表明，媒体监督与投资者财富之间的关系可能会受到企业所有权性质的影响(徐浩萍、吕长江，2007)。中国企业发行债券，要经过证监会、发改委或中国人民银行的审批。在这种行政审批的

背景下，国有企业更容易获得发债资格。Shleifer 和 Vishny(1994)认为，国有企业因为更有可能受到政府保护，媒体的负面报道对它们不会造成致命的伤害。一方面，对国有企业管理层的评价来自政府部门而非投资者，所以媒体对于国有企业管理层的监督作用微乎其微。对于非国有企业，当媒体进行负面报道后，其市场反应相当剧烈，导致企业市场价值降低，影响投资者对管理层的评价，迫使管理者不断改进工作，实现企业价值最大化；另一方面，对于非国有企业，当媒体进行负面报道后，投资者认为企业违约风险增大，投资者相对规模下降，债券价格下降，债权人财富降低。基于上述分析，本章提出第五个假设：

假设 7-5：相对于国有企业，媒体监督保护与提高非国有企业债权人财富的作用更显著。

7.2 数据来源与样本选择

本节将着重介绍本章实证分析所使用的数据来源，以及样本的选择过程。

7.2.1 数据来源

本章的数据主要来源于三类数据库：一是公共数据库，包括 Wind 资讯金融数据库，CSMAR 国泰安数据库；二是手工收集相应的数据，并整理成个人数据库；三是来自世界银行数据库。所以，本章的数据与第 5、6 章数据来源一致，详细见表 5-1 与表 6-1。另外，对于本章重要的被解释变量债券信用利差(债权人财富的替代变量)的收集过程如下，首先从 Wind 数据库下载债券的到期收益率，对于债券到期收益率存在缺失的情况，通过和讯网(http://www.hexun.com/)进行手工收集并补全。

7.2.2　样本选择

由于本章的研究主要基于中国企业债券市场，另外，CSMAR 数据库提供的公司员工人数以及媒体监督数据主要基于上市公司，所以本章的研究样本主要为中国债券市场中发债的上市公司。由于《上市公司证券发行管理办法》颁布时间为 2006 年，所以本章研究选择的样本区间为 2006—2015 年。最后，对相关变量存在缺失值的情况进行剔除，剩余得到 1058 个观测值，并作为本章的研究样本量，为了避免极端值对模型估计结果的影响，所有财务指标与媒体监督等变量数据都进行了 1% 的缩尾处理。

7.3　变量定义

本节将对本章所有涉及的变量进行定义与列示，具体如下：

7.3.1　债权人财富

对于债权人财富，现有文献主要基于两种方法进行定义。一是对债券持有人未来收益进行贴现计算获得；二是采用债券的信用利差来衡量。本章将借鉴 Adams 和 Mansi（2009）的研究，采用债券信用利差（CS）来衡量债权人财富。CS 被定义为债券的每年末到期收益率与相同剩余期限国债每年无风险收益率之差。根据 Adams 和 Mansi（2009）的研究结论，债券信用利差越小，债权人财富越高。

本章采用以下两种不同方式计算债券的年末到期收益率：第一，按照以往研究，选择每年最后一个交易日的到期收益率；第二，为了避免最后一天债券到期收益率受到偶然因素的影响，采用每年末最后连续 5 天到期收益率的平均值作为每年末到期收益率。本章以第二种方法计算得到的债券年末到期收益率用于稳健性检验。

7.3.2 政府监管质量

本章采用世界银行(www.govindicators.org)公布的监管质量指数来替代。该指数反映了政府制定和合理实施相关政策以允许或促进相关利益体发展的能力。另外，该指数参照31个基础来源数据报告(Kaufmann et al.，2010)，以及对相关机构、智库、非政府组织、国际组织以及私有个体企业的受访者与专家进行问卷调查所得。该指数反映了政府的能力，GR取值范围为-2.5到2.5，GR值越小，说明政府监管质量越弱。另外，借鉴Cebula和Clark (2014)的研究，发现金融自由化与政府监管质量之间存在正相关关系，这个结论也得到了Dawson (2006)研究的支持，所以本章继续采用Heritage Foudation(2015)统计的金融自由化指数作为政府监管质量的替代指标来进行稳健性检验。

7.3.3 媒体监督

社会监督指由公民、法人或其他组织对行政机关及其工作人员的行政行为进行的一种没有法律效力的监督，如社会舆论监督、新闻媒体监督、信访、申诉等。本章则采用相关新闻媒体监督作为社会监督的替代变量。对于媒体监督，与国内大部分采用媒体负面报道次数作为媒体监督替代变量(戴亦一等，2011、2013)不同的是，本章定义每个发债企业每年被媒体报道次数(N)的对数值为媒体监督的强度(于忠泊等，2011)，具体计算公式为$\ln(1+N)$。这是因为Fang和Peress(2009)的研究结论认为无论媒体报道是负面的还是正面的，都可以缓解信息摩擦和影响资产的定价。相对于媒体负面报道的显性监督和约束压力，媒体正面(非负)报道能够增加企业受惩罚力度，导致经理人更大的、潜在的声誉损失(Dyck et al.，2008)。

7.3.4 其他变量

本章主要变量与第5章、第6章所定义的变量是一致的，这里不作赘述，其他变量如表7-1所示，对于因变量、测试变量与控制变量的具体介绍将在 7.4 节计量模型中展开。

表 7-1　　本章其他变量定义

变量	变量名	变量定义
CS	债券持有人财富	债券的每年末到期收益率与相同剩余期限的国债每年无风险收益率之差。CS 越大，债权人财富越小
Size	企业规模	企业固定资产的对数值
Lev	企业杠杆率水平	企业总负债与总资产的比
LDZC	企业流动资产比例	企业自由现金流与总资产的比
IQ	企业机构投资者持股比例	机构投资者持股比例
CREDIT	债券信用评级	AAA=5，AA+=4，AA=3，AA-=2，A+=1
AGE	债券已存续期限	债券发行期限与剩余期限的差
Year	年度变量	本章的样本区间为 2006—2015 年，存在 9 个年度虚拟变量
Industry	行业变量	以 2001 年证监会行业分类明细，制造业取前四位，其他行业取前一位

7.4　计量模型

为了检验本章提出的五个研究假设，本章构建如下模型进行分析。一是基于全部样本，着重检验政府监管与债权人财富的关系，以及检验媒体监督与债权人财富的关系；二是按照政府监管质量高低把全样本分组，分析在不同政府监管质量下，媒体监督对债权人财富影响的差异；三是按照企业所有权性质把全样本分组，分析在不同所有权性质企业中，政府质量与媒体监督对于债权人财富影响的差异。相关基本模型如下：

本章采用混合回归模型，并在此基础上控制年份与行业变量。模型(7-1)—模型(7-3)是本章的主要回归模型：

$$CS_{it} = \alpha + \beta_1 GR_t + \beta_2 Size_{it} + \beta_3 Lev_{it} + \beta_4 AGE_{it} + \beta_5 CREDIT_{it} + \beta_6 IO_{it} + \beta_7 LDZC_{it} + Industry + \varepsilon_{it} \tag{7-1}$$

$$CS_{it} = \alpha + \beta_1 Media_{it} + \beta_2 Size_{it} + \beta_3 Lev_{it} + \beta_4 AGE_{it} + \beta_5 CREDIT_{it} + \beta_6 IO_{it} + \beta_7 LDZC_{it} + Year + Industry + \varepsilon_{it} \tag{7-2}$$

$$CS_{it} = \alpha + \beta_1 GR_t + \beta_2 Media_{it} + \beta_3 Size_{it} + \beta_4 Lev_{it} + \beta_5 AGE_{it} + \beta_6 CREDIT_{it} + \beta_7 IO_{it} + \beta_8 LDZC_{it} + Industry + \varepsilon_{it} \tag{7-3}$$

这三个基础回归模型的建立是为了检验假设 7-1 与假设 7-2；其次，利用模型(7-2)，按照政府监管质量高低分组回归，检验不同组中 Media 的系数大小，可以检验假设 7-3 的正确性；进一步来看，利用模型(7-1)与模型(7-2)按照企业所有权性质分组回归，分别检验不同组中 GR 与 Media 的系数大小，可以验证假设 7-4 与假设 7-5 的正确性。

(1)因变量

三个基本模型(7-1)—模型(7-3)的因变量都为 CS，债券信用利差，作为债权人财富的替代变量。一般情况下，债券信用利差越高，债券违约风险越高，债权人财富越低(Adams & Mansi，2009)。债券信用利差 CS 的计算方法具体见变量定义。

(2)测试变量

GR 为政府监管质量，GR 数值越大，政府监管质量越高。根据前面的理论模型推导以及相关理论分析，政府监管质量高，能够显著降低企业内部的委托代理问题，以及企业与投资者之间的信息不对称，从而降低债券信用利差，提高债权人财富。根据研究假设 7-1，本章预计 GR 系数符号为负。

Media 为企业在每年中所受到媒体报道的总数量的对数值。Media 数值越大，证明企业所受到的媒体监督越强。根据前面的理论模型推导以及相关理论分析，媒体报道数量越高，媒体监督能力越强，外部公司治理能力越强，越能降低企业内部委托代理问题；另一方面，从信息不对称角度来看，媒体监督能够降低信息不对称程度，从而保护债权人财富。所以根据研究假设5-2，本章预计 Media 系数符号为负。

(3)分组变量

本章将采用两个变量进行分组，一是政府监管质量，二是企业所有权性质。对于政府监管质量，当政府监管质量指标大于其中位数时，设 GV01=1，反之，设 GV01=0。对于企业所有权性质，当企业是国有企业时，设 State=1，其他情况下，State=0。

(4)控制变量

Size 为企业规模，等于企业固定资产的自然对数。一般情况下，企业规模越大，有形资产比例越高，融资约束越小，其违约的风险也就越小，债券信用利差较低，能够对债权人财富起到很好的保护作用。因此，本章对企业规模进行控制，并预期符号为负。

Lev 为企业杠杆率水平，采用企业每年年末总负债与总资产的比率来衡量企业杠杆率。在结构模型中，企业杠杆率越大，信用风险就越大，债券利差也就越大，债权人财富越少。因此，本章预计企业杠杆率应与信用利差预期为正相关关系，符号为正。

IQ 为机构投资者持股比例，本章采用年末机构投资者持股数与总股数的比值来计算。一般情况下，机构投资者持股比例越高，外部监督功能越强，企业债券信用利差越小，债权人财富越高。所以，本章预计 IQ 的符号为负。

LDZC 为企业流动资产比例，本章将其定义为企业现金持有与总资产的比值。一般情况下，当前流动资产比例越高，债券当期违约风险越低，导致信用利差减小，债权人财富增大。所以，本章预计 LDZC 符号为负。

AGE 为债券已存续年限，即债券发行年与当期年的差值。Yu (2005)认为，一只债券已存续年限越长，其交易就越不频繁，流动性就越差，债券利差也就越大。但从信息不对称的角度来说，一只债券已存续的年限越长，其已披露的信息就越多，企业债券发行者与投资者之间的信息不对称程度越低，其信用利差应该越小。所以，本章不预计债券已存续年限(AGE)与债权人财富的关系符号。

CREDIT 为债券的信用等级，本章以下述方式对信用等级进行赋值：AAA=5，AA+=4，AA=3，AA-=2，A+=1。一般情况下，债券信用评价越高，债券未来的违约风险越低，债券信用利差越小，债权人财富越大。所以，本章预计符号为负。

最后，Year 与 Industry 为年份与行业哑变量。在以 GR 为自变量进行回归时，只进行行业控制；在以 Media 为自变量进行回归时，同时对年份与行业进行控制。

7.5 实证分析

以下将进行本章的实证分析，主要包括样本的描述性统计分析、单变量分析、多元回归分析以及相应的稳健性检验。

7.5.1 描述性统计分析

表 7-2 为回归方程主要变量的描述性统计分析结果。结果表明，债券信用利差的均值与中位数分别为 2.661 和 2.496，这说明在中国债券市场中，债券的信用风险较高，债权人财富存在一定的风险，以致债权人财富相对较低。另外，该指标的极小值为 0.014，极大值为 6.500，标准差为 1.283，说明发债上市公司的违约风险相对分散，不同企业的违约状况存在显著差异。政府监管质量 GR 均值与-0.267，极小与极大值分别为-0.31 与-0.13。企业所受到的媒体监督水平 Media 的均值为 2.542，说明发债的上市公司平均每年受到 13 条媒体报道，另外该变量的极小与极大值分别为 0 与 7.351，说明发债上市公司之间受到媒体报道的差别较大，这也为本章相关计量分析提供可能。在其他控制变量方面，发债上市公司的企业规模(Size)的均值与中位数为 22.07 与 21.76。企业流动资产比(LDZC)均值为 0.116，极小值与极大值分别为 0.001 与 0.479，分布较分散，这种现象也证实了企业之间违约风险的差异。

企业的杠杆率水平(Lev)均值为 0.579，机构投资者持股比例(IQ)均值为 52.11%。另外，对于债券属性方面，债券的信用评级(CREDIT)为 3.839，说明债券的信用评级较高。债券存在年限均值为 1.38。

表 7-2　　变量描述性统计分析

变量	样本量	均值	中位数	标准差	极小值	极大值
CS(%)	1058	2.661	2.496	1.283	0.014	6.500
GR	1058	−0.267	−0.258	0.041	−0.310	−0.130
Media	1058	2.542	2.302	1.654	0	7.351
Size	1058	22.07	21.76	1.976	18.04	27.06
Lev	1058	0.579	0.579	0.148	0.257	0.966
LDZC	1058	0.116	0.095	0.089	0.001	0.479
CREDIT	1058	3.839	4	0.884	1	5
AGE	1058	1.380	1	1.710	0	12
IQ(%)	1058	52.11	54.31	23.14	1.077	98.13

7.5.2　单变量分析

本节进行简单的单变量分析，以对假设证明提供直观上的证据。首先，本节将债券信用利差与媒体监督强度按照企业所有权性质进行分组检验；其次，给出相关变量的相关系数矩阵，以初步检验各个变量之间的相关关系以及判断多重共线性是否严重。

(1)债券信用利差、媒体监督在不同所有权性质企业的差异分析

表 7-3 中的 A 部分为债券信用利差在不同所有权性质企业中的差别。具体地看，国有发债企业的债券信用利差均值与中位数分别为 2.164 和 2.004，非国有发债企业的债券信用利差均值与中位数分别为

3.401 和 3.226，并且两者均值与中位数的差异都在1%水平上显著，得到国有发债企业债券信用利差低于非国有发债企业。这说明国有企业的违约风险较低，这可能是由于政府干预与担保的作用，所以媒体监督功能可能受到抑制。B 部分为媒体监督强度在不同所有权性质企业中的差别。具体地，国有发债企业的媒体监督均值与中位数分别为 2.019 和 0，非国有发债企业的媒体监督均值与中位数分别为 2.892 和 0，并且两者均值的差异在1%水平上显著，得到国有发债企业的受媒体报道程度高于非国有企业的结论。这说明媒体报道存在政策性倾向，关注国有企业。

表 7-3 **不同所有权性质企业相关变量差异分析**

组别	样本量	均值	中位数	t 检验	Wilcoxon 检验
Panel A：债券信用利差					
非国有	444	3.401	3.226	15.791***	14.312***
国有	614	2.164	2.004		
Panel B：媒体监督强度					
非国有	444	2.019	0	-7.832***	-0.363
国有	614	2.892	0		

注：*** 表示检验在1%水平上显著。

(2)变量间相关系数表

从表 7-4 中可以得到 GR 与 CS 相关系数为-0.113，在1%水平上显著，说明 GR 越高，企业债券信用利差越小，债权人财富越高，初步支持假设 7-1。Media 与 CS 的相关系数为-0.293，在1%水平上显著，这也说明媒体监督越强，企业债券信用利差越低，债权人财富越高，初步支持假设 7-2。另外，其他控制变量(除了 LDZC 与 Lev)与 CS 的相关系数大多符合预期，且在一定的水平上显著。进一步来看，解释变量之间的相关性不强，初步判断多重共线性不严重。

表 7-4 **变量相关系数表**

	CS	GR	Media	Size	LEV	LDZC	CREDIT	AGE	IQ
CS	1								
GR	-0.113***	1							
Media	-0.293***	0.016	1						
Size	-0.473***	0.020	0.373***	1					
Lev	-0.060*	0.026	0.077**	0.331***	1				
LDZC	0.160***	0.060*	-0.031*	-0.084*	-0.054*	1			
CREDIT	-0.562***	0.101***	-0.430***	0.638***	0.198***	-0.263***	1		
AGE	-0.128***	-0.163***	0.099**	0.267***	0.233***	-0.184***	0.184***	1	
IQ	-0.346***	0.033	0.239***	0.460***	0.030	-0.164***	0.341***	0.124***	1

注：***、**、* 表示检验分别在 1%、5%与 10%水平上显著。

7.5.3 多元回归分析

本节将进一步构建多元回归模型来检验本章的主要结论。在控制债权人财富的其他影响因素下，检验政府监管、社会监督与债权人财富的关系，以及这种关系是否受到政府监管质量强弱或者企业所有权性质的影响。

表 7-5 为政府监管、媒体监督与债权人财富关系检验的回归结果。第(1)列与第(2)列为没有加入相关控制变量时，政府监管、媒体监督与债权人财富的相关关系检验回归结果，第(3)列与第(4)列为加入相关控制变量时，政府监管、媒体监督与债权人财富关系检验的回归结果，第(5)列是把政府监管与媒体监督同时加入回归模型时的回归结果。

在第(1)、(3)与(5)列中，GR 的估计系数分别为-2.045、-1.509与-1.427，且至少都在 10%水平上显著，这说明政府监管质量越强，企业债券信用利差越低，债权人财富越高，这个结果支持研究假设7-1；另外在第(2)、(4)与(5)列中，Media 的估计系数为-0.217、-0.055

与-0.063，且至少都在10%水平上显著，这个结果支持研究假设5-2，即媒体监督越强，债券信用利差越低，债权人财富越高。上述研究结果表明，政府监管质量越高，或者媒体监督越强，企业内部的委托代理问题越小，企业与投资者之间的信息不对称程度越小，债权人财富越高。进一步来看，第(5)列为同时加入GR与Media变量，发现两变量系数符号仍然为正，且都在1%水平上显著，它们的经济意义在于，GR的一个标准差波动，将会造成债权人财富4.5%的变化，而对于Media的一个标准差波动，将会造成债权人财富8.1%的变化。所以在整体上，相对于政府监管，媒体监督保护或者提高债权人财富的作用较大。从控制变量来看，企业规模(Size)、流动资产比例(LDZC)、机构投资者持股比例(IQ)与信用评级(CREDIT)的系数在第(3)—(5)列中都显著为负，同时，企业杠杆率(Lev)系数在第(3)—(5)列中显著为正，这些结果说明企业规模越大、流动资产比例越高、机构投资者持股比例越高、杠杆率越低以及债券信用评级越高的企业，企业债券信用利差越小，债权人财富越高，与前文理论分析一致。最后，债券已存续年限(AGE)系数在第(3)—(5)列中不显著。

表7-5 政府监管、媒体监督与债权人财富关系检验回归结果

变量	(1)	(2)	(3)	(4)	(5)
	CS	CS	CS	CS	CS
GR	-2.045**		-1.509*		-1.427*
	(-1.97)		(-1.94)		(-1.90)
Media		-0.217***		-0.055*	-0.063**
		(-8.55)		(-1.94)	(-2.71)
Size			-0.168***	-0.160***	-0.153***
			(-3.07)	(-5.08)	(-2.98)

续表

变量	(1)	(2)	(3)	(4)	(5)
	CS	CS	CS	CS	CS
Lev			1.227**	1.237***	1.192**
			(2.29)	(3.93)	(2.27)
LDZC			-0.895**	-0.865*	-0.820*
			(-2.27)	(-1.83)	(-2.09)
CREDIT			-0.491***	-0.454***	-0.460***
			(-5.85)	(-6.92)	(-5.02)
IQ			-0.006***	-0.006***	-0.006***
			(-3.06)	(-3.44)	(-3.06)
AGE			0.012	0.015	0.018
			(0.81)	(0.70)	(1.36)
Constant	2.379***	3.513***	7.357***	5.649***	7.118***
	(5.06)	(8.59)	(8.95)	(8.57)	(9.25)
Year	NO	YES	NO	YES	NO
Industry	YES	YES	YES	YES	YES
样本量	1058	1058	1058	1058	1058
Adj_r2	0.182	0.244	0.393	0.407	0.398

注：***、**、*表示检验分别在1%、5%与10%水平上显著。括号内为相应的 t 值，并经过怀特异方差调整。

表 7-6 为在不同政府监管质量与企业所有权性质下，政府监管、媒体监督与债权人财富关系检验的进一步回归结果。第(1)列与第(2)列为在不同的政府监管质量下，媒体监督与债权人财富之间关系检验的回归结果；第(3)列与第(4)列为在不同的企业所有权性质下，政府监管与债权人财富之间关系检验的回归结果；第(5)列与第(6)列为在不同的企业所有权性质下，媒体监督与债权人财富之间关系检验的回归

结果。

在第(1)列与第(2)列中，Media 的估计系数为 0.006 与-0.069，后者在5%水平上显著，而前者不显著，且两系数的差异在10%水平上显著，这说明，不同于政府监管质量高的情况，在政府监管质量低时，媒体监督保护与提高债权人财富的作用更显著，这个结果支持研究假设7-3。在第(3)列与第(4)列中，GR 的估计系数为-4.324 与 0.722，前者在5%水平上显著，后者不显著，且两者的差异在1%水平上显著，说明政府监管保护与提高债权人财富的作用在非国有企业中更显著，这个结果支持研究假设7-4，其原因可能是，国有企业的特殊政治目标以及较高的政治联系，使得政府监管对于国有企业投资者保护作用不显著。在第(5)列与第(6)列中，Media 的估计系数为-0.096 与-0.047，两者都在10%水平上显著，且两者系数差异在5%水平上显著，说明媒体监督保护与提高债权人财富的作用在非国有企业中更显著，这个结果支持研究假设7-5，其原因可能为国有企业由于有着政府的保护，媒体监督作用受到一定程度上的限制。其他控制变量的系数与表7-5结果相似，满足相应的预期。

表7-6 **影响政府监管、媒体监督与债权人财富关系因素分析**

变量	不同政府监管质量		不同企业所有权性质			
	(1)	(2)	(3)	(4)	(5)	(6)
	GV01=1	GV01=0	State=0	State=1	State=0	State=1
	CS	CS	CS	CS	CS	CS
GR			-4.324**	0.722		
			(-2.36)	(0.72)		
Media	0.006	-0.069**			-0.096*	-0.047*
	(0.14)	(-1.99)			(-1.79)	(-1.70)
	Prob(difference)=0.00		Prob(difference)=0.00		Prob(difference)=0.03	
Size	-0.176***	-0.161***	-0.295***	-0.104***	-0.304***	-0.091***
	(-3.20)	(-4.14)	(-4.94)	(-3.04)	(-5.24)	(-2.81)

续表

变量	不同政府监管质量			不同企业所有权性质		
	(1)	(2)	(3)	(4)	(5)	(6)
	GV01=1	GV01=0	State=0	State=1	State=0	State=1
	CS	CS	CS	CS	CS	CS
Lev	0.656	1.324***	2.087***	1.608***	2.039***	1.565***
	(1.30)	(3.36)	(3.06)	(4.60)	(3.08)	(4.56)
LDZC	-1.351	-0.846	-0.733	-1.320**	-1.072*	-1.140*
	(-1.45)	(-1.50)	(-1.24)	(-2.14)	(-1.85)	(-1.84)
CREDIT	-0.632***	-0.410***	-0.515***	-0.386***	-0.473***	-0.363***
	(-6.27)	(-4.99)	(-4.17)	(-6.07)	(-3.63)	(-5.26)
IQ	-0.006**	-0.006***	-0.013***	0.002	-0.013***	0.002
	(-2.29)	(-2.81)	(-4.43)	(1.27)	(-4.37)	(1.18)
AGE	-0.041	0.033	-0.040	0.015	-0.149**	0.015
	(-1.03)	(1.25)	(-0.63)	(0.76)	(-2.31)	(0.76)
Constant	7.885***	7.520***	9.223***	6.225***	8.904***	5.760***
	(6.38)	(10.28)	(8.04)	(7.88)	(7.91)	(8.20)
Year	YES	YES	NO	NO	YES	YES
Industry	YES	YES	YES	YES	YES	YES
样本量	313	745	444	614	444	614
Adj_r2	0.572	0.365	0.283	0.343	0.320	0.347

注：***、**、*表示检验分别在 1%、5%与 10%水平上显著。括号内为相应的 t 值，并经过怀特异方差调整。GV01=1 为高政府监管质量组，即 GR≥Median(GR)，反之，为低政府监管质量组，即 GV01=0。这里 State=1，表示企业为国有企业，State=0，表示企业为非国有企业。

以上对于本章检验五个研究假设的回归结果与第 5 章、第 6 章的回归结果在各个细节上都体现出高度的一致性，这在一定程度上证实了企业融资约束与资源配置效率对于投资者财富的影响，即企业融资约束越小，企业或行业资源配置效率越高，对投资者财富的保护及提高越有利。一方面，已有研究认为企业融资约束能够引起股票价格的剧烈波动，其原因在于企业融资约束反映出外部宏观经济环境的状况(Gomes et al.，2003)，在国内的研究中，李焰、黄磊(2008)认为企业面临的融资约束越大，则更有可能采取激进的融资策略，使得企业投资风险加大，以致投资者承担风险增大，利益受损。所以，企业融资约束能够影响证券价格，从而影响投资者财富。另一方面，资源配置效率的提高，能够提高社会总财富，使得投资者财富增多，这正与2013年12月27日国务院颁布的《关于进一步加强资本市场中小投资者合法权益保护工作的意见》中提出的夯实资本市场发展基础、提高资本市场内在质量和运行效率、优化市场资源配置、让中小投资者权益保护真正落到实处的精神相一致。

7.5.4 稳健性检验

本章的稳健性检验将从四个视角进行展开，一是采用其他方法衡量债券信用利差；二是政府监管质量的替代变量；三是其他稳健性检验；四是计量经济学问题。具体如下：

(1)采用年末最后5天(连续5天)债券到期收益率的均值来计算债券信用利差(CS5)，如果存在年末5天不连续的情形，对该样本进行删除。具体结果如表7-7所示。

表7-7中，第(1)—(5)列对假设7-1与假设7-2进行稳健性检验，发现第(1)、(3)与(5)列中GR系数符号为负，且至少在5%水平上显著，支持假设7-1；另外，第(2)、(4)与(5)列中Media系数符号为负，且至少在10%水平上显著，支持假设7-2。这些结果表明，政府监管质量越强、媒体监督越强，企业债券信用利差越低，债权人财富越高。

第(6)列与第(7)列对假设7-3进行了检验，即在不同的政府监管质量下，媒体监督对于债权人财富保护或提高作用的差异。发现Media系数在政府监管质量低组中显著，在政府监管质量高组中不显著，且两系数差异在1%水平上显著，从而得到媒体监督对债权人保护的作用在政府监管质量低时更显著，支持假设7-3。

表 7-7　**以 CS5 为因变量的回归结果**

变量	基本回归					不同政府监管质量		不同企业所有权性质			
	(1)	(2)	(3)	(4)	(5)	(6)	(7)	(8)	(9)	(10)	(11)
						GV01=1	GV01=0	State=0	State=1	State=0	State=1
	CS5	CS5	CS5	CS5	CS5	CS5	CS5	CS5	CS5	CS5	CS5
GR	-3. 145***		-2. 417***		-2. 379***			-6. 540***	-0. 343		
	(-2. 83)		(-3. 03)		(-2. 98)			(-3. 34)	(-0. 32)		
Media		-0. 216***		-0. 051*	-0. 060***	0. 060	-0. 075**			-0. 106*	-0. 061**
		(-7. 67)		(-1. 93)	(-3. 13)	(1. 46)	(-2. 02)			(-1. 77)	(-1. 99)
						Prob(difference)= 0. 00		Prob(difference)= 0. 00		Prob(difference)= 0. 06	
Size			-0. 172***	-0. 152***	-0. 155***	-0. 130**	-0. 167***	-0. 242***	-0. 101**	-0. 221***	-0. 085**
			(-3. 14)	(-3. 04)	(-3. 15)	(-2. 28)	(-3. 88)	(-3. 92)	(-2. 32)	(-3. 68)	(-2. 07)
Lev			1. 388**	1. 336**	1. 338**	0. 347	1. 484***	1. 909**	1. 853***	1. 923**	1. 785***
			(2. 82)	(2. 84)	(2. 79)	(0. 69)	(3. 55)	(2. 51)	(4. 95)	(2. 56)	(4. 84)
LDZC			-0. 947***	-0. 901***	-0. 902***	-0. 579	-1. 045*	-0. 924	-1. 179*	-1. 139*	-1. 054
			(-3. 47)	(-3. 48)	(-3. 14)	(-0. 68)	(-1. 76)	(-1. 43)	(-1. 76)	(-1. 77)	(-1. 59)
CREDIT			-0. 486***	-0. 467***	-0. 461***	-0. 834***	-0. 394***	-0. 391***	-0. 441***	-0. 367**	-0. 414***
			(-5. 47)	(-4. 71)	(-4. 78)	(-9. 33)	(-4. 45)	(-2. 68)	(-5. 98)	(-2. 48)	(-5. 31)

续表

变量	基本回归					不同政府监管质量		不同企业所有权性质			
	(1)	(2)	(3)	(4)	(5)	(6)	(7)	(8)	(9)	(10)	(11)
						GV01=1	GV01=0	State=0	State=1	State=0	State=1
	CS5	CS5	CS5	CS5	CS5	CS5	CS5	CS5	CS5	CS5	CS5
IQ			-0.007***	-0.008***	-0.007***	-0.007**	-0.008***	-0.015***	0.002	-0.014***	0.003
			(-4.06)	(-4.54)	(-4.05)	(-2.26)	(-3.11)	(-4.37)	(1.08)	(-4.27)	(1.15)
AGE			-0.013	-0.002	-0.008	-0.074*	0.013	-0.195***	0.024	-0.237***	0.032
			(-0.78)	(-0.14)	(-0.55)	(-1.79)	(0.46)	(-2.60)	(1.14)	(-3.05)	(1.47)
Constant	2.066***	3.508***	7.182***	6.517***	6.909***	8.182***	7.681***	7.381***	4.957***	8.971***	4.758***
	(4.26)	(8.52)	(8.90)	(9.86)	(9.64)	(6.66)	(9.87)	(6.30)	(5.72)	(9.01)	(6.25)
Year	NO	YES	NO	YES	NO	YES	YES	NO	NO	YES	YES
Industry	YES	YES	YES	YES	YES	YES	YES	YES	YES	YES	YES
样本量	974	974	974	974	974	262	712	407	567	407	567
Adj_r2	0.184	0.237	0.385	0.406	0.389	0.698	0.341	0.273	0.355	0.315	0.361

注：***、**、*表示检验分别在1%、5%与10%水平上显著。括号内为相应的 t 值，并经过怀特异方差调整。GV01=1为高政府监管质量组，即GR≥Median(GR)，反之，为低政府监管质量组，即GV01=0。这里State=1，表示企业为国有企业，State=0，表示企业为非国有企业。被解释变量CS5则根据每年最后连续5个交易日平均到期收益率计算所得。

第(8)—(10)列对假设 7-4 与假设 7-5 进行了检验，即在不同企业所有权性质下，政府监管或媒体监督对于债权人财富保护与提高作用的差异。发现政府监管质量(GR)只在 State=0 即非国有企业组中显著为负，而在 State=1 即国有企业组中不显著，且两系数差异在 10%水平上显著；另外，媒体监督(Media)系数在国有与非国有两个组中都显著，但在非国有企业组中的系数绝对值在 10%水平上显著大于国有企业系数绝对值。上述结论说明，无论是政府监管或是媒体监督，它们对非国有企业的债权人财富保护与提高作用更强，即支持了假设 7-4 与假设 7-5。

(2)政府监管质量其他衡量方法

基于 Cebula 和 Clark(2014)与 Dawson(2006)的分析，本章继续采用 Heritage Foudation(2015s)统计的金融自由化指数(BF)作为政府监管质量的替代指标来进行稳健性检验。具体的结果见表 7-8。

表 7-8 为金融自由化指数(BF)作为政府监管质量替代变量的回归结果。第(1)列与第(2)列中的 BF 系数符号为负，且都在 1%水平上显著，说明金融自由化越高，或者是政府监管质量越高，企业债券信用利差越小，债权人财富越大，这个结论支持了假设 7-1。另外，在第(3)列与第(4)列中，由于 BF 系数只在第(3)列，即非国有企业中显著为负，而在第(4)列中系数为负但不显著，且两系数的差异在 5%水平上显著，说明相对于国有企业，金融自由化或者政府监管保护非国有企业投资者财富的作用更显著，这个结论支持了假设 7-4。基于上述分析，以金融自由化指数代替政府监管质量的回归是稳健的。

表 7-8　**以金融自由化指数(BF)为自变量的回归结果**

变量	(1)	(2)	(3)	(4)
			State=0	State=1
	CS	CS	CS	CS
BF	−0.054***	−0.043***	−0.073*	−0.032
	(−6.00)	(−3.69)	(−1.69)	(−1.38)
			Prob(Difference)=0.04	

续表

变量	(1)	(2)	(3)	(4)
			State=0	State=1
	CS	CS	CS	CS
Media		-0.056**		
		(-2.15)		
Size	-0.172***	-0.158***	-0.294***	-0.102***
	(-3.12)	(-3.07)	(-4.94)	(-2.97)
Lev	1.187**	1.160**	1.993***	1.585***
	(2.23)	(2.22)	(2.88)	(4.53)
LDZC	-0.972**	-0.904**	-0.957	-1.290**
	(-2.52)	(-2.38)	(-1.59)	(-2.10)
CREDIT	-0.489***	-0.463***	-0.532***	-0.387***
	(-5.90)	(-5.08)	(-4.34)	(-6.08)
IQ	-0.006***	-0.006***	-0.014***	0.002
	(-3.05)	(-3.05)	(-4.56)	(1.09)
AGE	0.019	0.024*	0.010	0.007
	(1.34)	(1.83)	(0.18)	(0.39)
Constant	10.425***	9.670***	13.983***	7.537***
	(13.06)	(12.41)	(5.87)	(5.78)
Industry	YES	YES	YES	YES
样本量	1058	1058	444	614
Adj_r2	0.395	0.398	0.276	0.344

注：***、**、*表示检验分别在1%、5%与10%水平上显著，括号内为相应经过怀特异方差调整的 t 值。

(3)其他稳健性检验

有研究表明政府监管政策的不确定性会影响债券信用利差，正如Nodar(2014)认为政府监管政策的不确定性会提高外部融资成本，从而增加债券信用利差；Brogaard和Detzel(2013)认为经济政策不确定性增长1%，权益资本的隐含成本将增加85%。所以，政府监管质量与债券信用利差的关系可能受到政府监管不确定性的影响，为了避免遗漏变量问题的出现，以及进一步检验政府监管的重要性，本节将对政府监管政策的不确定性进行控制，相应的回归结果如表7-9所示。

表7-9为加入政府监管政策不确定性变量后的回归结果。第(1)列检验了政府监管政策不确定性与债券信用利差的回归结果，其中变量FRPU系数在10%水平上显著为正，说明监管政策不确定程度越大，债券信用利差越大，债权人财富越小。第(2)列与第(3)列则在第(1)列上依次加入GR与Media变量，发现，GR与Media系数仍然显著为负，进一步证实了本章假设7-1与假设7-2的正确性。

表7-9　　加入政府监管政策不确定性变量后回归结果

变量	(1)	(2)	(3)
	CS	CS	CS
GR		-2.232**	-2.010**
		(-2.44)	(-2.18)
FRPU	0.001*	0.001***	0.001**
	(1.82)	(2.85)	(2.07)
Media			-0.052*
			(-1.85)
Size	-0.173***	-0.170***	-0.157***
	(-5.27)	(-5.18)	(-4.95)
Lev	1.180***	1.200***	1.177***
	(3.74)	(3.84)	(3.80)
LDZC	-1.034**	-0.922*	-0.854*
	(-2.20)	(-1.95)	(-1.82)

续表

变量	(1)	(2)	(3)
	CS	CS	CS
CREDIT	-0.493***	-0.487***	-0.462***
	(-8.05)	(-7.96)	(-7.02)
IQ	-0.006***	-0.006***	-0.006***
	(-3.29)	(-3.41)	(-3.34)
AGE	0.029	0.013	0.017
	(1.45)	(0.64)	(0.83)
Constant	7.755***	6.945***	6.835***
	(11.64)	(9.63)	(9.55)
Industry	YES	YES	YES
样本量	1058	1058	1058
Adj_r2	0.393	0.397	0.400

注：***、**、*表示检验分别在1%、5%与10%水平上显著。FRPU为Baker团队计算的金融监管政策不确定性指数。

(4)计量经济学问题

本章所使用的样本为混合数据，也就是说，一家公司在2006—2015年样本期间内，可能出现很多次，也可能出现1次，这可能导致样本在组内存在年度序列相关问题，其结果可能导致t值偏大，显著性增强。所以，本章在进行多元回归时，对相应的t值进行相应的聚类(cluster)调整，以及时间与年度两个维度的聚类分析，发现结果没有实质性的改变。

另外，本章也考虑了相关内生性问题。比如，媒体监督的内生性，一方面，媒体监督能够影响债权人财富，但反过来债权人财富的变化也会影响媒体的关注度。为此，本节将采取两种方法进行内生性处理，第一种方法采用工具变量的方法来进行内生性处理，这能够克服双向因果对于本章估计结果的影响。Lin等(2011)认为，如果内生性问题只存在于企业层面，而不是行业或区域层面，那么行业或区域特有的成分仅仅影响单个企业增长的因素。所以他们提出在研究相关治理问题时，将样本按照行业(SIC 码)和地区进行分类组合，每个样本必然落在一个行业/地区中，通过计算这个行业/地区的平均值作为该企业变量的工具变量。基于 Lin 等(2011)的思路，媒体监督采用行业调整后的数值，即以各企业的 Media 减去行业均值，得到 TMedia。然后，以 TMedia 带入原模型进行回归。第二种方法则是采用二阶段最小二乘法进行回归分析，即采用政府监管、企业所有权性质以及行业集中度作为 Media 的外生变量进行 2sls 估计。具体结果见表 7-10 所示。

表 7-10 为控制内生性的回归结果，第(1)—(6)列以行业处理的 Media 为工具变量的回归结果。第(1)列与第(2)列为检验假设 7-2，可以发现 TMedia 在两个模型中为负，且至少在 5%水平上显著，这个结论支持了假设 7-2，媒体监督越强，债券信用利差越低，债权人财富越高。第(3)列与第(4)列为检验假设 7-3，可以发现 TMedia 系数只有在政府监管质量低组中显著为负，且两系数之间的差异在 1%水平上显著，这个结论表明，在政府监管质量低时，媒体监督保护与提高债权人财富的作用更显著，即支持了假设 7-3。第(5)列与第(6)列为检验假设 7-5，可以发现 TMedia 系数只有在非国有企业组中显著为负，且两系数之间的差异在 1%水平上显著，这个结论表明，媒体监督保护与提高非国有企业债权人财富的作用更显著，即支持了假设 7-5。第(7)列与第(8)列为采用二阶段最小二乘法进行内生性控制的回归结果，这里的外生性变量为政府监管政策的不确定性 FEPU 与行业集中度 CR5。第(8)列中的 Media-hat 系数在 10%水平上显著为负，与以上研究结论一致，支持了假设 7-1，另外，在两阶段模型中，leibergen-Paap rk LM statistic 的 P 值为 0.00，在 5%水平上拒绝了工具变量不可识别的原假设，Kleibergen-Paap rk Wald F statistic 的值为 22.176(15%的临界值为 11.59)，拒绝了工具变量是弱工具变量的原假设。同时 Hansen J statistic 的 P 值为 0.472，说明没有拒绝所有变量都是外生的这一原假设，这也就是说模型中没有过度识别问题。所以工具变量的选取是合理的。

表 7-10 内生性控制后的相关回归结果

变量	(1)	(2)	(3)	(4)	(5)	(6)	(7)	(8)
	行业 IV	行业 IV	GV01=1	GV01=0	State=0	State=1	一阶段	二阶段
	CS	CS	CS	CS	CS	CS	Media	CS
TMedia(Media-hat)	-0.221***	-0.039**	0.009	-0.048**	-0.086**	-0.020		-0.213**
	(-8.14)	(-2.04)	(0.25)	(-2.27)	(-2.14)	(-1.33)		(-2.10)
			Prob(difference)=0.00		Prob(difference)=0.00			
Size		-0.164***	-0.177***	-0.165***	-0.309***	-0.104***	0.259***	-0.118***
		(-5.47)	(-3.17)	(-4.72)	(-5.45)	(-5.38)	(5.54)	(-2.75)
Lev		1.239***	0.659	1.322***	2.030***	1.691***	-0.449	1.089***
		(4.62)	(1.38)	(5.31)	(3.32)	(4.86)	(-1.09)	(3.40)
LDZC		-0.888**	-1.357	-0.873***	-1.068**	-1.233***	1.467**	-0.717
		(-2.20)	(-1.36)	(-2.92)	(-2.33)	(-3.31)	(2.35)	(-1.42)
CREDIT		-0.463***	-0.634***	-0.420***	-0.475**	-0.369***	0.477***	-0.391***
		(-6.05)	(-4.23)	(-7.08)	(-2.45)	(-6.23)	(5.93)	(-4.78)
IQ		-0.006***	-0.006***	-0.006***	-0.013***	0.002	0.003	-0.005***
		(-4.66)	(-3.79)	(-4.05)	(-4.85)	(0.53)	(1.24)	(-2.90)

续表

变量	(1)	(2)	(3)	(4)	(5)	(6)	(7)	(8)
	行业 IV	行业 IV	GV01=1	GV01=0	State=0	State=1	一阶段	二阶段
	CS	CS	CS	CS	CS	CS	Media	CS
AGE		0.012	-0.041	0.030	-0.148**	0.021	0.056*	0.040*
		(0.34)	(-1.23)	(0.52)	(-2.27)	(0.49)	(1.61)	(1.84)
FEPU							-0.005**	
							(-6.07)	
CR5							1.965*	
							(1.77)	
样本量	1058	1058	313	745	444	614	1058	1058
Adj_r2	0.239	0.405	0.572	0.362	0.318	0.367	0.277	0.371
Kleibergen-Paap rk LM statistic(P)							0.00	
Kleibergen-Paap rk Wald F statistic							22.176	
HansenJ test(p)							0.472	

注：***、**、*表示检验分别在1%、5%与10%水平上显著。(1)—(7)括号内为相应的 t 值，(8)为相应的Z值，并经过怀特异方差调整。GV01=1为高政府监管质量组，即GR≥Median(GR)，反之，为低政府监管质量组，即GV01=0。这里State=1，表示企业为国有企业，State=0，表示企业为非国有企业。

基于以上五个方面的稳健性检验以及内生性分析，证实本章的结论是相对正确的。

7.6　本章小结

本章考察了政府监管、媒体监督与债权人财富之间的关系，并在此基础上，针对不同的政府监管质量以及不同的企业所有权性质分组进行计量分析。在进行多种稳健性测试后，实证结果表明，第一，政府监管质量越高，媒体监督越强，债权人财富更容易受到保护与提高，然而，通过解释 CS 为因变量的回归方程中 GR 与 Media 系数经济意义(标准化系数)时发现，相对于政府监管，媒体监督保护与提高债权人财富的作用更大。第二，随着政府监管质量的提高，媒体监督对债权人财富的保护与提高作用在降低，这也就是说，媒体监督对于债权人财富的保护作用在低质量的政府监管环境下更显著。第三，相对于国有企业，媒体监督对非国有企业债权人财富的保护与提高作用更大，而政府监管只能保护或提高非国有企业债权人财富，对于保护或提高国有企业债权人财富的作用不显著。这说明政府监管与媒体监督对非国有企业债权人更有利。总之，本章的结论表明，目前的政府监管质量与媒体监督都能保护或提高债权人财富，但是这种效果受到不同政府监管质量与不同企业所有权性质的影响。另外，本章结论与第 5 章、第 6 章的回归结果结论对照分析发现，政府监管、媒体监督对于债权人财富影响可能存在以下路径：一是通过提高企业或行业资源配置效率来保护或提高债权人财富；二是可以通过降低企业融资约束，降低企业违约风险来保护或提高债权人财富。

第8章　研究结论与政策建议

本章是全书的研究结论与政策建议部分。首先，简要地概括了本书的研究结论；其次，根据相应的研究结论提出相应的政策建议；最后，总结了研究局限以及未来的研究方向。

8.1　研究结论

笔者基于政府监管、信息不对称以及委托代理理论，首先构建多主体博弈模型，分析政府监管与媒体监督对于投资者保护的重要性与必要性；同时在实证层面，以中国债券市场为研究对象，从投资者保护为切入点，以企业融资约束、资源配置效率以及债权人财富三个直接后果研究政府监管与媒体监督的效率，并对两者效率进行比较。第二，检验在不同的环境下，政府监管与媒体监督效率的差异，即检验政府监管的强弱是否影响媒体监督对于投资者保护作用，以及政府监管与媒体监督对于投资者保护作用是否受到企业所有权性质的影响。最后，结合中国债券市场背景以及相应的实证研究结果，提出相应的政策建议。

整体上，政府监管与媒体监督能够降低企业融资约束、提高企业(行业)资源配置效率以及保护(提高)债权人财富。但是，相对于政府监管，媒体监督在提高企业(行业)资源配置效率以及保护(提高)债权人财富效果上更显著。另外，政府监管与媒体监督效率会受到不同监管质量或企业所有权性质的影响，在不同的监管质量下，媒体监督效率体现出一定的差异，以及在不同的企业所有权性质下，政府监管与媒体监督效率也存在一定的差异。最后笔者也发现，企业融资约束、资源配置效率与债权人财富是一个有机联系的整体，作为政府监管、媒体监督的最终目标——债权人财富，政府监管与媒体监督影响债权人财富可能存在以下路径：一是通过提高企业或行业资源配置效率来保护或提高债权人财富；二是可以通过降低企业融资约束，降低企业违约风险来保护或提高债权人财富。同时，企业融资约束也会影响企业(行业)资源配置效率。基于此，本书的研究结论主要如下：

(1)政府监管、媒体监督与企业融资约束

第一，政府监管质量越高、媒体监督越强，企业融资约束越小；然而，相对于媒体监督，政府监管对于降低企业融资约束的作用更大。第二，随着政府监管质量的提高，媒体监督对企业融资约束的降低作用在减小，这也就是说，媒体监督降低企业融资约束的作用在低质量政府监管环境下更显著。第三，相对于国有企业，政府监管对非国有企业融资约束的降低作用更大，而媒体监督只能降低非国有企业的融资约束，对于降低国有企业融资约束的作用不显著，这说明政府监管与媒体监督对非国有企业更有利。总之，本书的结论表明，目前的政府监管质量与媒体监督都能降低企业融资约束，对于企业有效运行有着重要作用，然而整体上应该着重提高政府监管质量，从根本上降低企业融资约束。进一步而言，对于企业融资约束的作用，政府监管质量与媒体监督之间存在显著的互补性，即在政府监管质量较弱时，媒体监督作用更大。这暗示着，在现阶段的中国，政府监管质量与国外发达国家政府监管质量还存在一定的差距，政府决策者在提高政府监管质量的同时，更应该加强媒体监督的社会性与合法性。另外，在国有企业中，由于政府负担的存在，政府会支持国有企业借贷行为，使得国有企业存在“预算软约束”，而民营企业融资受到歧视。所以，通过提高政府监管质量与加强媒体监督，民营企业融资约束将降低。

(2)政府监管、媒体监督与资源配置效率

第一，政府监管质量越高、媒体监督越强，企业或行业的资源配置效率越高；然而，相对于政府监管，媒体监督对于资源配置效率的提高作用更大。第二，随着政府监管质量的提高，媒体监督对资源配置效率的提高作用在降低。第三，相对于国有企业，政府监管对非国有企业资源配置效率的提高作用更大，而媒体监督只能提高非国有企业的资源配置效率，对于提高国有企业资源配置效率的作用不显著，这说明政府监管与媒体监督对非国有企业更有利。总之，结论表明，目前的政府监管质量与媒体监督都能提高资源配置效率，并且这种影响可以通过降低企业融资约束来实现。进一步，对于资源配置效率的作用，政府监管质量与媒体监督之间也存在显著的互补性，这与企业融资约束的作用一致，即在政府监管质量较弱时，媒体监督功能更大。另外，国有企业由于政府负担的存在，会进行过度投资行为，导致资源配置效率低下，虽然随着政府监管质量与媒体监督的提高，在一定程度上能够抑制国有企业的过度投资行为，但是，政府监管质量对于降低非国有企业融资约束的作用更显著，更有利于提高非国有企业的资源配置效率。

(3)政府监管、媒体监督与债权人财富

第一，政府监管质量越高，媒体监督越强，债权人财富更容易受到保护与提高；然而，相对于政府监管，媒体监督对于债权人财富的保护作用更大。第二，随着政府监管质量的提高，媒体监督对债权人财富的保护与提高作用在降低，这也就是说，媒体监督对于债权人财富的保护与提高作用在低质量的政府监管环境下更显著。第三，相对于国有企业，媒体监督对非国有企业债权人财富的保护与提高作用更大，即政府监管只保护与提高非国有企业债权人财富，对国有企业债权人财富的保护与提高作用不显著。这说明政府监管与媒体监督对非国有企业债权人更有利。总之，结论表明，对于在中国债券市场中的发债上市公司而言，在公司治理与信息不对称理论主导下，政府监管与媒体监督确实能够提高债权人财富，这种影响可以通过降低企业融资约束与资源配置效率来实现。进一步来看，对于保护与提高债权人财富的作用，政府监管质量与媒体监督之间存在显著的互补性，即在政府监管质量较弱时，媒体监督功能更大。另外，由于国有企业存在政府部门的隐性担保，政府监管质量或媒体监督对于国有企业债权人财富影响不显著，而对于非国有企业债权人的财富的影响显著。

8.2 政策建议

(1)提高政府监管与媒体监督效率，缓解民营企业的融资难问题

由于国有企业政策性目标与政策负担，国有企业往往存在"预算软约束"，这将导致民营企业融资约束增大，继而制约了民营企业的正常经营与发展。截至2014年12月，国家多个部门联合出台了多项措施以缓解民营企业以及中小企业融资约束的政策，比如，2013年7月5日，国务院发布了《关于金融支持经济结构调整和转型升级的指导意见》(国办发〔2013〕67号)，提出应加强对重点领域和薄弱环节的金融支持。2014年11月19日，国务院总理李克强在国务院常务会议上提出增加存贷比指标弹性、抓紧出台股票发行注册制改革方案、加快利率市场化改革等10条办法，旨在缓解融资成本高的问题。这些政策的实施取得了一定的成效。但是，民营企业融资难的问题在现阶段仍然存在。关于缓解民营企业的融资难问题，本书的政策建议主要有：

第一，目前中国债券市场政府监管呈现出多头监管态势，这将导致监管冲突以及监管失位。然而，伴随着一系列相关政策的制定与修订，政府监管质量在一定程度上有着明显改善，这在一定程度上能够缓解企业融资难问题，尤其是民营企业融资难。但是相对于国外发达国家的政府监管质量，中国政府监管质量还远远落后，所以如何有效提高政府监管质量、降低企业融资约束是政府部门未来决策的重心。

第二，媒体监督能够降低企业融资约束，尤其是民营企业的融资约束，同时，媒体监督能够与政府监管形成互补，在政府监管质量弱的环境下，媒体监督降低企业融资约束的作用更显著。目前，中国国内媒体报道的广泛度、独立性与真实性还存在一定的缺陷，这将制约媒体监督作用的实现。所以，政府部门需要加强对媒体报道的规范，引导媒体报道真实性与合法化，逐步提高媒体监督职能。

第三，对于降低企业融资约束方面，应该着重提高法律制度、监管制度效应，从根本上解决企业融资约束问题，尤其是解决非国有企业融资难问题。然而现阶段，由于中国债券市场的不完善，法律法规配套设施不健全，急切需要媒体监督发挥其治理作用。同时，对于媒体的有限资源，应该进行合理分配，对于国有企业与法制化水平低地区的企业更应加强媒体的报道。

(2)提高政府监管与媒体监督效率，优化资源配置

资本市场的功能在于提高资源配置效率，政府监管与媒体监督对于资本市场资源配置效率有着重要影响。本书以债券市场为对象，以投资者保护为视角，全面分析了政府监管、媒体监督对资源配置效率的影响，并从中获得的政策建议主要有：

第一，政府监管有优化资源配置的作用。长期以来，由于国有企业政策性目标与政策负担的存在，过度投资相当严重，而民营企业由于融资约束的存在，投资往往不足。所以，政府监管部门应严格按照相应标准对相关企业的进行考核，建立健全上市公司的进入与退出机制，严格执行相应退市条件，提高市场资源配置效率。

第二，笔者发现媒体监督也有提高资源配置效率的作用，而且在非国有企业中这种提高作用更显著。这要求媒体机构加强对上市公司的报道，尤其是对非国有企业的报道，从而加强行政干预的介入，提高相应的资源配置效率。另外，笔者也发现，相对于政府监管，媒体监督提高资源配置效率的作用更大。所以，这要求政府监管部门重视媒体报道内容，引导与规范相关报道，积极对相关报道介入考察，以加强媒体监督效应。

(3)提高政府监管与媒体监督效率，保护与提高债权人财富

债券市场的发展，离不开中小投资者的积极参与，但是，由于信息不对称与企业内部委托代理问题的存在，使得中小投资者财富受到严重损害，从而在一定程度上制约了债券市场的发展。本书检验了政府监管、媒体监督与债权人财富之间的关系，从中获得的政策建议主要有：

第一，政府部门应提高政府监管质量，从根本上保护与提高债权人

财富。具体表现在，加强发债企业的信息披露水平，完善信息披露机制，这能够增大企业的信息披露程度，从根本上降低企业与投资者之间的信息不对称程度，提高投资者决策能力；另一方面，加强对经营不佳与违规企业的惩处，保证良好企业参与市场的积极性，给予投资者良好的投资环境。

第二，政府部门应正确引导媒体报道，让媒体监督作为外部公司治理功能得以实现，另外，加强投资者对媒体报道的感知风险能力，使投资者关注媒体报道，并形成自身感知，服务自身。

(4)摒弃政府监管与社会监督谁更有效的争论，提高两者监管效率

关于政府监管与社会监督谁更有效的争论在国外持续了相当一段时间。然而，本书的研究结论表明，政府监管与媒体监督都体现出一定的效率。对于降低企业融资约束，政府监管作用比媒体监督作用更大；而在提高资源配置效率与债权人财富方面，媒体监督的作用更大。基于此，当下中国债券市场由于在政府监管质量方面与发达国家还存在明显差距，所以政府部门在不断提高政府监管质量的同时，也要提高媒体监督水平，两者应体现出一种良性互补的关系，共同促进市场健康发展。

(5)对政府监管政策改革应循序渐进，避免造成政府监管政策不确定性增大

在不完美的金融市场中，不确定的外生冲击将会降低企业的预期收益，这将增大企业面临的风险。中国债券市场还处于初步阶段，市场还处于半强度有效状态，所以随着企业风险增大，企业破产概率增大，这将会导致外部融资成本增大、融资约束增大、资源配置效率降低，进而使得债权人财富降低。从政策角度来看，这些结果表明政策制定者应该十分重视政府监管制度的设计，特别是政策的管理与信用上。由于在设计中缺少透明度，一个临时的监管或者经济政策很可能损害整个市场经济状况，所以应该考虑政策的“正确性”和“果断性”之间的权衡。这要求政府尽可能采取果断行动，尽管有时不正确，而不是故意采取模糊政策，使得相关经济主体依照模糊政策进行相关生产和消费决策，从而损害相关利益者利益。

(6)企业融资约束、资源配置效率与债权人财富的整体认知

企业融资约束、资源配置效率与债权人财富，作为投资者保护的三个方面并不是孤立的，这三个方面是一个有机联系的整体，笔者发现以债权人财富作为监管目标时，政府监管与媒体监督可以通过影响企业融资约束或资源配置效率实现相应目标，所以任意割裂三者关系将会使投资者保护效果大打折扣。基于此，这要求政府部门从全局上对投资者进行保护，不能陷入“脚痛医脚”的怪圈，而需要建立健全各项法律机制，使得整个资本市场运行良好，从根本上对投资者权益进行保护。

8.3　研究局限与展望

(1)研究局限

本书的研究局限主要体现在以下三个方面：

第一，本书研究了政府监管与媒体监督对于投资者保护的作用，具体研究政府监管与媒体监督对企业融资约束、资源配置效率与债权人财富的影响。对于这个庞大的工程，笔者从理论模型与实证检验角度分析了上述关系，并在此基础上研究不同政府监管质量与企业所有权性质对于上述关系的影响。但是没有结合企业其他特征、行业特征分析政府监管、媒体监督与企业融资约束、资源配置效率、债权人财富的之间关系，这可能会在一定程度上影响本书对研究结论的深入讨论。

第二，由于研究设计的需要，研究对象仅为债券市场中发债的上市公司，对于发债的非上市公司，由于某些数据的缺陷，不予考虑。所以，书中的样本能否反映中国企业债券市场的总体情况还有待进一步验证，这在一定程度上使得本书研究结论受到一定的质疑。

第三，由于相关数据较难获得以及度量上的困难，本书只考虑了社会监督中媒体监督的作用，而没有考虑社会监督中其他组成部分，比如信用评级机构的监督、投资者个人诉讼监督等，这可能使得本书关于社

会监督的重要性证明缺少进一步证据。在后续的研究中可以考虑信用评级机构监督效应以及投资者诉讼效应。

(2)研究展望

随着债券市场相关制度的改善与制定，以及党的十八大明确要求“提高直接融资比重，大力发展债券市场”，债券市场将在未来一段时间内得到迅速的发展。债券市场发展能够降低企业的融资约束，另一方面也能提高金融市场的资源配置效率。但是，中国目前资本市场的发展还远远满足不了企业的融资要求，非国有企业仍然存在融资难的困境。因此，政府监管质量与媒体监督的作用仍然是未来研究的主题。另外，结合中国债券市场需求结构、制度背景的特殊性，这将给未来研究提供更多更好的研究素材。

第一，进一步深入探讨影响政府监管、媒体监督与投资者保护关系的因素。比如，非国有企业的融资约束会受到高管政治联系的影响。有研究表明，高管的政治联系能够起到企业资源与信息效应的作用，便于非国有企业获得贷款。所以，以高管的政治联系，管理层特征为视角，分析政府监管、媒体监督与投资者保护关系在不同企业特征中存在差异的原因将是未来研究的方向。

第二，利用企业债券的完整数据，更加全面地对研究结论进行检验分析，从而保证研究结论的稳定性。另外，由于上市公司与非上市公司的企业特征、信息监管环境以及监管主体的不同，利用非上市发债公司数据，可能会发现与上市发债公司不一样的结论。

第三，为了进一步了解政府监管、媒体监督对投资者保护的影响。未来的研究可以采用倍差法(DID)或者事件研究法对债券市场相关政策制定的效应、或者媒体报道的市场反应进行分析，这在一定程度上将对本书的研究结论提供支持。

第四，本书也将对社会监督其他方面(信用评级机构监督以及投资者诉讼)对投资者保护的影响进行研究，从而丰富社会监督功能的研究，对社会监督重要性的研究提供更充足的证据。

第五，随着互联网的发展，以报纸为媒介的新闻传递方式已慢慢被互联网媒介所取代，自然对于媒体监督的衡量也应进行改变，后续可以试着以互联网中的媒体报道数量作为相应替代变量进行相关研究。

参 考 文 献

[1]安义宽. 论企业债券市场的监管[J]. 宏观经济管理，2006(4)：51-53.

[2]白重恩，路江涌，陶志刚. 中国私营企业银行贷款的经验研究[J]. 经济学(季刊)，2005(2)：1-18.

[3]陈德球，李思飞，钟昀珈. 政府质量、投资与资源配置效率[J]. 世界经济，2012(3)：89-110.

[4]陈工孟，高宁. 我国证券监管有效性的实证研究[J]. 管理世界，2005(7)：40-47.

[5]陈胜蓝，陈英丽，胡佳妮. 市场竞争程度、股权性质与公司融资约束——基于中国20个行业上市公司的实证分析[J]. 农业经济研究，2012(4)：28-36.

[6]程小可，杨程程，姚立杰. 内部控制、银企关联与融资约束——来自中国上市公司的经验证据[J]. 审计研究，2013(5)：80-86.

[7]戴亦一，潘越，刘思超. 媒体监督、政府干预与公司治理：来自中国上市公司财务重述视角的证据[J]. 世界经济，2011(11)：121-144.

[8]邓建平，曾勇. 金融关联能否缓解民营企业的融资约束[J]. 金融研究，2011(8)：78-92.

[9]丁志国，闰作远，苏治，等. 股权分置改革财富再分配效应[J]. 财贸研究，2006(11)：21-26.

[10]杜兴强，赖少娟，杜颖洁. “发审委”联系、潜规则与IPO市场的资源配置效率[J]. 金融研究，2013(3)：143-156.

[11]范学俊．金融政策与资源配置效率——1992—2005 年中国的实证[J]．数量经济技术经济研究，2008(2)：3-15.

[12]方军雄．市场化进程与资源配置效率的改善[J]．经济研究，2006(5)：50-61.

[13]方军雄．所有制、市场化进程与资源配置效率[J]．管理世界，2007(11)：27-35.

[14]方军雄．市场分割与资源配置效率的损害——来自企业并购的证据[J]．财经研究，2009(9)：36-47.

[15]冯素玲．上市公司违规处罚信息市场反应研究[M]．济南：山东人民出版社，2014.

[16]高雷，宋顺林．掏空、财富效应与投资者保护——基于上市公司关联担保的经验证据[J]．中国会计评论，2007(3)：21-41.

[17]高强，邹恒甫．企业债券与公司债券的信息有效性实证研究[J]．金融研究，2010(7)：99-117.

[18]龚六堂，谢丹阳．我国省份之间的要素流动和边际生产率的差异分析[J]．经济研究，2004(1)：45-53.

[19]郭丽虹，徐晓萍．中小企业融资约束的影响因素分析[J]．南方经济，2012(12)：36-48.

[20]韩立岩，蔡红艳．我国资源配置效率及其与金融市场关系评价研究[J]．管理世界，2002(1)：65-70.

[21]韩立岩，王哲兵．我国实体经济资源配置效率与行业差异[J]．经济研究，2005(1)：77-84.

[22]郝项超，古志辉，程斌宏．上市公司并购与债权人财富效应[J]．经济学(季刊)，2011(1)：551-570.

[23]何贤杰，肖土盛，陈信元．企业社会责任信息披露与公司融资约束[J]．财经研究，2012(8)：60-71.

[24]贺建刚，魏明海，刘峰．利益输送、媒体监督与公司治理：五粮液案例研究[J]．管理世界，2008(10)：141-150.

[25]洪艳蓉．资产证券化监管：巴塞尔委员会的经验与启示[J]．证券

市场导报，2005(1)：4-11.
[26]洪艳蓉．公司债券的多头监管、路径依赖与未来发展框架[J]．证券市场导报，2010(4)：9-16.
[27]花贵如，刘志远，许骞．投资者情绪、企业投资行为与资源配置效率[J]．会计研究，2010(11)：49-55.
[28]黄建武．新编法理学教程[M]．广州：广东高等教育出版社，2008：191-201.
[29]黄梅波，范修礼．金融监管模式的权衡：官方监管与市场监管[J]．财经研究，2010(9)：134-143.
[30]黄运成．中国证券市场发展与信用评级[J]．管理世界，1993(3)：90-93.
[31]黄志忠，谢军．宏观货币政策、区域金融发展和企业融资约束——货币政策传导机制的微观证据[J]．会计研究，2013(1)：63-69.
[32]季华，魏明海，柳建华．资产注入、证券市场监管与绩效[J]．会计研究，2010(2)：47-56.
[33]姜国华，徐信忠，赵龙凯．公司治理和投资者保护研究综述[J]．管理世界，2006(6)：162-170.
[34]鞠晓生，卢荻，虞义华．融资约束、营运资本管理与企业创新可持续性[J]．经济研究，2013(1)：4-16.
[35]邝梅，赵柯．中国公司债券市场与宏观经济关系实证分析[J]．南开经济研究，2008(4)：56-67.
[36]黎来芳，程雨，张伟华．投资者保护能否抑制企业过度投资？——基于融投资关系的研究[J]．中国软科学，2012(1)：144-152.
[37]李长爱．政府行政监管与行业自律监管的协调发展——提高我国注册会计师行业监管效率研究[J]．审计研究，2004(6)：71-75.
[38]李长爱，申慧慧．我国注册会计师行业监管效率研究[J]．审计研究，2008(5)：74-80.

[39]李茂良，李常青，魏志华．半强制分红政策能增加投资者财富吗——基于市场流动性视角的事件研究[J]．山西财经大学学报，2014(6)：49-58.

[40]李培功，沈艺峰．媒体的公司治理作用：中国的经验证据[J]．经济研究，2010：14-27.

[41]李青原．会计信息质量与公司资源配置效率——来自我国上市公司的经验证据[J]．财务与会计，2009(12)：115-124.

[42]李青原，李江冰，江春，等．金融发展与地区实体经济资源配置效率——来自省级工业行业数据的证据[J]．经济学(季刊)，2013(1)：527-548.

[43]林晚发，李国平，王海妹，等．分析师预测与企业债券信用利差——基于2008—2012年中国企业债券数据[J]．会计研究，2013(8)：69-75.

[44]李维安，姜涛．公司治理与企业过度投资行为研究——来自中国上市公司的证据[J]．财贸经济，2007(12)：56-61.

[45]李焰，黄磊．融资约束与上市公司股票价格波动——基于我国资本市场的经验证据[J]．财贸经济，2008(10)：44-49.

[46]李云鹤，李湛，唐松莲．企业生命周期、公司治理与公司资源配置效率[J]．南开管理评论，2011(3)：110-121.

[47]林毅夫，李志斌．政策性负担、道德风险与预算软约束[J]．经济研究，2004(2)：17-27.

[48]林毅夫，刘培林．自生能力和国企改革[J]．经济研究，2001(9)：60-70.

[49]刘志远，花贵如．政府控制、机构投资者持股与投资者权益保护[J]．财经研究，2009(4)：119-130.

[50]陆铭，陈钊，严冀．收益递增、发展战略与区域经济分割[J]．经济研究，2004(1)：54- 63.

[51]罗本德，张宗益．公司治理效率与投资者保护：一个理论分析框架[J]．管理工程学报，2006(4)：61-67.

[52]罗党论，甄丽明．民营控制、政治关系与企业融资约束——基于中国民营上市公司的经验证据[J]．金融研究，2008(12)：64-172.
[53]罗宏，陈丽霖．增值税转型对企业融资约束的影响研究[J]．会计研究，2012(12)：43-49.
[54]罗进辉．媒体报道的公司治理作用——双重代理成本视角[J]．金融研究，2012(10)：153-166.
[55]罗琦，秦国楼．投资者保护与公司现金持有[J]．金融研究，2009(10)：162-178.
[56]罗琦，王寅．投资者保护与控股股东资产偏好[J]．会计研究，2010(2)：57-64.
[57]孟焰，袁淳，吴溪．非经常性损益、监管制度化与ST公司摘帽的市场反应[J]．管理世界，2008(8)：33-39.
[58]倪子靖，史晋川．规制俘获理论述评[J]．浙江社会科学，2009(5)：99-106.
[59]潘文卿，张伟．中国资源配置效率与金融发展相关性研究[J]．管理世界，2003(8)：16-23.
[60]潘越，戴亦一．双重上市与融资约束——来自中国“A+H”双重上市公司的经验证据[J]．中国工业经济，2008(5)：139-149.
[61]饶华春．中国金融发展与企业融资约束的缓解——基于系统广义矩估计的动态面板数据分析[J]．金融研究，2009(9)：156-164.
[62]饶育蕾，汪玉英．中国上市公司大股东对投资影响的实证研究[J]．南开管理评论，2006(5)：67-73.
[63]沈红波，寇宏，张川．金融发展、融资约束与企业投资的实证研究[J]．中国工业经济，2010(6)：55-64.
[64]宋常，韩斯玥，张羽瑶．中国债券市场的多头监管：低效监管抑或部门竞争[J]．上海金融，2013(2)：54-59.
[65]檀学燕．基于制度变迁的中国股票市场有效性分析[J]．中央财经大学学报，2010(9)：44-46.
[66]唐雪松，周晓苏，马如静．上市公司过度投资行为及其制约机制

的实证研究[J]. 会计研究，2007(7)：41-52.
[67]田野，陈全. 政府监管、自主裁量与审批效率[J]. 金融研究，2012(3)：95-108.
[68]王鹏. 投资者保护、代理成本与公司绩效[J]. 经济研究，2008(2)：68-82.
[69]王少飞，孙铮，张旭. 审计意见、制度环境与融资约束——来自我国上市公司的实证分析[J]. 审计研究，2009(2)：63-72.
[70]魏明海，柳建华. 国企分红、治理因素与过度投资[J]. 管理世界，2007(4)：88-95.
[71]吴德胜，吕斐适，于善辉. 流通股股东在股权分置改革中是否获得了财富增值?[J]. 南开经济研究，2008(2)：126-143.
[72]肖作平，黄璜. 媒体监督、所有权性质和权益资本成本[J]. 证券市场导报，2013(12)：14-20.
[73]谢志华等，北京工商大学“会计与投资者保护”项目组. 会计的投资者保护功能及评价[J]. 会计研究，2014(4)：34-41.
[74]徐浩萍，吕长江. 政府角色、所有权性质与权益资本成本[J]. 会计研究，2007(6)：61-67.
[75]许庆. 技术效率、配置效率与中国的粮食生产——基于农户的微观实证研究[J]. 国家社科基金成果发布，2013(8)：84-95.
[76]杨德明，赵璨. 媒体监督、媒体治理与高管薪酬[J]. 经济研究，2012(6)：116-126.
[77]杨继伟，聂顺江. 股价信息含量与企业资源配置效率研究[J]. 管理科学，2010(12)：81-90.
[78]杨谊，蒲勇健，陆玉. 我国银行官方监管目标与市场约束的实证研究[J]. 管理世界，2009(1)：168-169.
[79]姚颐，刘志远. 投票权制度改进与中小投资者利益保护[J]. 管理世界，2011(3)：144-153.
[80]姚颐，刘志远，王健. 股权分置改革、机构投资者与投资者保护[J]. 金融研究，2007(11)：45-56.

[81]叶宗伟，熊鹏．从中美公司债券的比较研究看我国公司债券的滞后发展[J]．亚太经济，2003(3)：33-35.

[82]应千伟，连玉君，陆军．贷款利率改革与微观资源配置效率[J]．经济学家，2010(1)：76-85.

[83]应惟伟．经济周期对企业投资影响的实证研究——基于投资现金流敏感性视角[J]．财政研究，2008(5)：30-34.

[84]于蔚，汪淼军，金祥荣．政治关联和融资约束：信息效应与资源效应[J]．经济研究，2012(9)：129-138.

[85]于文超，何勤英．投资者保护、政治联系与资源配置效率[J]．金融研究，2013(5)：152-166.

[86]于忠泊，田高良，齐保垒．媒体关注的公司治理机制——基于盈余管理视角的考察[J]．管理世界，2011(9)：127-140.

[87]余明桂，潘红波．政治关系、制度环境与民营企业银行贷款[J]．管理世界，2008(8)：9-22.

[88]岳书敬．基于低碳经济视角的资源配置效率研究——来自中国工业的分析与检验[J]．数量经济技术经济研究，2011(4)：110-123.

[89]张成栋．中国证券市场低效运作的制度缺陷与治理对策[J]．金融研究，2005(9)：155-162.

[90]张纯，吕伟．机构投资者、终极产权与融资约束[J]．管理世界，2007(11)：119-126.

[91]张金鑫，王逸．会计稳健性与公司融资约束——基于两类稳健性视角的研究[J]．会计研究，2013(9)：44-50.

[92]张美霞．基金业绩、基金经理更换与投资者财富效应——一项基于我国资本市场的实证研究[J]．山西财经大学学报，2007(9)：98-105.

[93]张信东．我国可转换债券市场弱式效能的分析[J]．中国软科学，2005(3)：171-145.

[94]张雅慧，万迪昉，付雷鸣．股票收益的媒体效应：风险补偿还是过度关注弱势[J]．金融研究，2011(8)：143-156.

[95]张艳．信息博弈与监管：我国证券市场监管新视角[J]．管理世界，2002(5)：33-41.

[96]张宗新，朱伟骅．证券监管、执法效率与投资者保护关——基于国际经验的一种实证分析[J]．财贸经济，2007(11)：3-8.

[97]张蕴萍，陈言，张明明．中国货币政策对城乡收入结构的非对称影响[J]．学习与探索，2017(10)：130-136.

[98]郑江淮，何旭强，王华．上市公司投资的融资约束：从股权结构角度的实证分析[J]．金融研究，2011(11)：92-99.

[99]郑志刚，丁冬，汪昌云．媒体的负面报道、经理人声誉与企业业绩改善——来自我国上市公司的证据[J]．金融研究，2011(12)：163-176.

[100]中国证券监督管理委员会．中国资本市场发展报告[M]．北京：中国金融出版社，2010.

[101]周春梅．盈余质量对资源配置效率的影响及作用机理[J]．南开管理评论，2009(5)：109-117.

[102]周宏，林晚发，李国平．信息不确定、信息不对称与债券信用利差[J]．统计研究，2014(5)：66-72.

[103]周宏，林晚发，李国平，等．信息不对称与企业债券信用风险估价——基于2008—2011年中国企业债券数据[J]．会计研究，2012(12)：36-42.

[104]周宏，温笑天，夏剑超，等．评级机构数量选择对企业债券信用风险监管的影响——基于评级机构与发债企业串谋行为的博弈分析[J]．会计研究，2013(8)：76-80.

[105]周世民，王书飞，陈勇兵．出口能缓解民营企业融资约束吗？——基于匹配的倍差法之经验分析[J]．南开经济研究，2013(3)：95-109.

[106]周中胜，陈汉文．会计信息透明度与资源配置效率[J]．会计研究，2008(12)：56-62.

[107]朱凯，陈信元．金融发展、审计意见与上市公司融资约束[J]．金

融研究，2009(7)：66-80.

[108]祝继高，陆正飞．产权性质、股权再融资与资源配置效率[J]．金融研究，2011(1)：131-148.

[109]邹辉文，黄明星．基于股价异常波动的中国股市监管效率实证分析[J]．财经研究，2010(1)：134-143.

[110]Abiad A.，Oomes N.，Ueda K. The Quality Effect：Does Financial Liberalization Improve the Allocation of Capital？[J]．Journal of Development Economics，2008，87(2)：270-282.

[111]Acemoglu D.，Johnson S.，Robinson J. A. The Colonial Origins of Comparative Development：An Empirical Investigation[J]．American Economic Review，2001，91(5)：1369-1401.

[112]Adams J. C.，Mansi S. A. CEO Turnover and Bondholder Wealth[J]．Journal of Banking & Finance，2009，33(3)：522-533.

[113]Akerlof G. A. The Market for Lemons：Quality Uncertainty and the Market Mechanism[J]．Quarterly Journal of Economics，1970，84(3)：488-500.

[114]Allen F.，Qian J.，Qian M. China's Financial System：Past，Present，and Future[J]．China's Great Economic Transformation，2005：506-568.

[115]Almeida H.，Campello M.，Weisbach M. S. The Cash Flow Sensitivity of Cash[J]．Journal of Finance，2004，59(4)：1777-1804.

[116]Almeida H，Wolfenzon D. The Effect of External Finance on the Equilibrium Allocation of Capital[J]．Journal of Financial Economics，2005，75(1)：133-164.

[117]Anand A. L. Is Systemic Risk Relevant to Securities Regulation？[J]．University of Toronto Law Journal，2010，60(4)：941-981.

[118]Arrow K. J. The Potentials and Limits of the Market in Resource Allocation[M]．London：The Macmillan Press，1985.

[119] Asquith P., Kim E. The Impact of Merger Bids on the Participating Firms' Security Holders[J]. The Journal of Finance, 1982, 37(5): 1209-1228.

[120] Asquith P., Wizman T. A. Event Risk, Covenants, and Bondholder Returns in Leveraged Buyouts[J]. Journal of Financial Economics, 1990, 27(1): 195-213.

[121] Baker S., Bloom N., Davis S. Measuring Economic Policy Uncertainty[J]. Chicago Booth Research Paper, 2015, 13(2).

[122] Bartelsman E., Haltiwanger J., Scarpetta S. Cross-country Differences in Productivity: The Role of Allocation and Selection[J]. The American Economic Review, 2013, 103(1): 305-334.

[123] Barth J., Caprio G., Levine R. Bank Supervision and Regulation: What Works Best? [J]. Journal of Financial Intermediation, 2003, 13(2): 205-248.

[124] Baumol W. J., Fischer D. Cost-minimizing Number of Firms and Determination of Industry Structure[J]. The Quarterly Journal of Economics, 1978, 92(3): 439-467.

[125] Beck T., Levine R. Stock Markets, Banks and Growth: Panel Evidence[J]. Journal of Banking & Finance, 2004, 28(3): 423-442.

[126] Beck T., Demirguç-Kunt A., Maksimovic V. Financial and Legal Constraints to Growth: Does Firm Size Matter? [J]. The Journal of Finance, 2005, 60(1): 137-177.

[127] Beck T., Levine R. Industry Growth and Capital Allocation: Does Having a Market- or Bank-based System Matter? [J]. Journal of Financial Economics, 2002, 64(2): 147-180.

[128] Becker G. S. Theory of Competition Among Pressure Groups for Political Influence[J]. Quarterly Journal of Economics, 1983, 98(3): 371-400.

[129] Becker G. S. Crime and Punishment: An Economic Approach [J]. Journal of Political Economy, 1968, 76(2): 169-217.

[130] Bekaert G., Harvey C. R., Lundblad, C. Does Financial Liberalization Spur Growth? [J]. Journal of Financial Economics, 2005, 77(1): 3-55.

[131] Benston G. J. The Market for Public Accounting Services: Demand, Supply and Regulation [J]. Journal of Accounting and Public Policy, 1985, 4(1): 33-79.

[132] Berg S. V., Jiang L. L., Lin. C. Regulation and corporate corruption: New evidence from the telecom sector [J]. Journal of Comparative Economics, 2012, 40(1): 22-43.

[133] Bernanke B., Gertler M. Agency Costs, Net Worth, and Business Fluctuations [J]. The American Economic Review, 1989, 79(1): 14-31.

[134] Bernanke B., Gertler M. Financial Fragility and Economic Performance [J]. Quarterly Journal of Economics, 1990, 6(2): 87-14.

[135] Bernstein M. H. Regulating Business by Independent Commission [M]. Princeton: Princeton University Press, 1955.

[136] Bertrand M., Mullainathan S. Enjoying the Quiet Life? Corporate Governance and Managerial Preferences [J]. Journal of Political Economy, 2003, 111(5): 1043-1075.

[137] Besley T. Principled Agents: Motivation and Incentives in Politics [M]. Oxford: Oxford University Press, 2006.

[138] Besley T., Prat A. Handcuffs for the Grabbing Hand? The Role of the Media in Political Accountability [J]. American Economic Review, 2001, 96(3): 720-736.

[139] Bhattacharya U., Daouk H. The World Price of Insider Trading [J]. Journal of Finance, 2002, 57(1): 75-108.

[140] Billett M. T., King T. H. D., Mauer D. C. Bondholder Wealth Effects in Mergers and Acquisitions: New Evidence from the 1980s and 1990s[J]. The Journal of Finance, 2004, 59(1): 107-135.

[141] Blanchard O., Rhee C., Lawrence S. The Stock Market, Profit, and Investment[J]. Quarterly Journal of Economics, 1993, 108(1): 115-136.

[142] Boadway R. W., Bruce. N. Welfare Economics [M]. Oxford: Blackwell, 1984.

[143] Bolaky B., Caroline F. Trade, Regulations, and Growth, World Bank Policy Research Paper 3255, 2004.

[144] Borio C. Towards a Macro-prudential Framework for Financial Supervision and Regulation? [J]. CESifo Economic Studies, 2003, 49(2): 181-215.

[145] Boycko M., Shleifer A., Vishny R. W. A Theory of Privatisation [J]. The Economic Journal, 1996, 106(405): 309-319.

[146] Breyer S. G. Regulation and its Reform [M]. Gambridge, MA: Harvard University Press, 1982.

[147] Brogaard J., Detzel A. The Asset Pricing Implications of Government Economic Policy Uncertainty [J]. Woring Paper, University of Washington, 2013.

[148] Burak G. A., Malmendier U., Tate G. Financial Expertise of Directors [J]. Journal of Financial Economics, 2008, 88 (2): 323-354.

[149] Bushee B. J., Core J. E., Guay W. et al. J. The Role of Business Press as An Information Intermediary [J]. Journal of Accounting Research, 2010, 48(1): 1-19.

[150] Bushman R., Smith A. Transparency, Financial Accounting Information and Corporate Governance[J]. Economic Policy Review, 2003, 9(1): 65-87.

[151] Busse M., Groizard J. L. Foreign Direct Investment, Regulations, and Growth [J]. Working Paper, University of the Balearic Islands, 2006.

[152] Cabral L., Mata J. On the Evolution of the Firm Size Distribution: Facts and Theory [J]. American Economic Review, 2003, 93(4): 1075-1090.

[153] Cebula R. J, Clark J. M. The Effects of Economic Freedom, Regulatory Quality and Taxation on the Level of Per Capita Real Income: a Preliminary Analysis for OECD Nations and non-G8 OECD Nations [J]. Applied Economics, 2014, 46(31): 3836-3848.

[154] Chakravarty S., Yilmazer T. A Multistage Model of Loans and the Role of Relationships [J]. Financial Management, 2009, 38(4): 781-816.

[155] Chari A., Henry P. B. The Invisible Hand in Emerging Markets: Discerning or Indiscriminate? [J]. University of Michigan Business School Working Paper, 2003.

[156] Charumilind C., Kali R., Wiwattanakantang Y. Connected Lending: Thailand before the Financial Crisis [J]. The Journal of Business, 2006, 79(1): 181-218.

[157] Chen G., Firth M., Gao D. N. et al. Ownership Structure, Corporate Governance, and Fraud: Evidence from China [J]. Journal of Corporate Finance, 2006, 12(3): 424-448.

[158] Chen K. C. W., Chen Z. et al. C. Legal Protection of Investors, Corporate Governance, and the Cost of Equity Capital [J]. Journal of Corporate Finance, 2009, 15(3): 273-289.

[159] Chen K. C. W., Yuan H. Earnings Management and Capital Resource Allocation: Evidence from China's Accounting-Based Regulation of Rights Issues [J]. The Accounting Review, 2004, 79(3): 645-665.

[160] Chen S., Sun Z., Tang S. et al. Government Intervention and Investment Efficiency: Evidence from China[J]. Journal of Corporate Finance, 2011, 17(2): 259-271.

[161] Cheng M., Dhaliwal D., Neamtiu M. Asset Securitization, Securitization Recourse, and Information Uncertainty [J]. The Accounting Review, 2011, 86(2): 541-586.

[162] Chow C. K. W., Fung M. K. Y. Ownership Structure, Lending Bias, and Liquidity Constraints: Evidence from Shanghai's Manufacturing Sector[J]. Journal of Comparative Economics, 1998, 26(2): 301-316.

[163] Christensen H. B., Hail L., Leuz C. Capital-Market Effects of Securities Regulation: The Role of Implementation and Enforcement[J]. Chicago Booth Research Paper, 2011.

[164] Claessens S, Laeven L. Financial Development, Property Rights, and Growth[J]. The Journal of Finance, 2003, 58(6): 2401-2436.

[165] Claessens S., Feijen E., Laeven L. Political Connections and Preferential Access to Finance: The Role of Campaign Contributions [J]. Journal of Financial Economics, 2008, 88(3): 554-580.

[166] Cleary S. The Relationship between Firm Investment and Financial Status[J]. Journal of Finance, 1999, 54(2): 673-692.

[167] Coase R. The Problem of Social Cost [J]. Journal of Law and Economics, 1960(3): 1-44.

[168] Copeland T. E., Galai D. Information Effects and the Bid-Ask Spread[J]. Journal of Finance, 1983, 38(5): 1457-1469.

[169] Dawson J. W. Regulation, Investment, and Growth across Countries [J]. Cato Journal, 2006, 26(3): 489-509.

[170] Demirguc-Kunt A., Maksimovic V. Law, Finance, and Firm Growth[J]. Journal of Finance, 1998, 53(6): 2107-2137.

[171] Demirguc-Kunt A., Maksimovic V. Institutions, Financial Markets,

and Firm Debt Maturity[J]. Journal of Financial Economics, 1999, 54(3): 295-336.

[172] Dinc I. S. Politicians and Banks: Political Influences on Government-owned Banks in Emerging Markets [J]. Journal of Financial Economics, 2005, 77(2): 453-479.

[173] Dittmar A., Mahrt-Smith J. Corporate Governance and the Value of Cash Holdings[J]. Journal of Financial Economics, 2007, 83(3): 599-634.

[174] Duffie D., Lando D. Term Structures of Credit Spreads with Incomplete Accounting Information [J]. Journal of the Econometric Society, 2001, 69(3): 633-664.

[175] Dyck A., Volchkova N., Zingales L. The Corporate Governance Role of the Media: Evidence from Russia[J]. Journal of Finance, 2008, 63(3): 1039-1135.

[176] Dyck A., Zingales L. The Corporate Governance Role of the Media[J]. NBER Working Paper, 2002.

[177] Dyck A., Zingales L. Private Benefits of Control: An International Comparison[J]. Journal of Finance, 2004, 59(2): 537-600.

[178] Engelberg J., Gao P., Parsons C. A. Friends with Money [J]. Journal of Financial Economics, 2012, 103(1): 169-188.

[179] Faccio M. Politically Connected Firms [J]. American Economic Review, 2006, 96(1): 369-386.

[180] Fama E. F. Efficient Capital Markets: A Review of Theory and Empirical Work[J]. Jounanl of Finance, 1970, 25(2): 383-417.

[181] Fama E. F. Agency Problems and the Theory of the Firm[J]. Journal of Political Economy, 1980, 88(2): 288-307.

[182] Fama E. F., Jensen M. C. Separation of Ownership and Control[J]. Journal of Law and Economics, 1983, 26(2): 301-325.

[183] Fan J. P. H., Wei K. C., Xu X. Corporate Finance and Governance

in Emerging Markets: A Selective Review and an Agenda for Future Research[J]. Journal of Corporate Finance, 2011, 17(2): 207-214.

[184] Fan C. S., Lin C., Treisman D. Political Decentralization and Corruption: Evidence from Around the World[J]. Journal of Public Economics, 2008, 93(1): 14-34.

[185] Fan J. P. H., Wong T. J., Zhang T. Politically-Connected CEOs, Corporate Governance, and Post-IPO Performance of China's Newly Partially Privatized Firms[J]. Journal of Financial Economics, 2007, 84(2): 330-357.

[186] Fan J. P. H., Titman S., Twite G. An International Comparison of Capital Structure and Debt Maturity Choices[J]. Journal of Financial and Quantitative Analysis, 2006, 47(1): 23-56.

[187] Fang L., Peress J. Media Coverage and the Cross-section of Stock Returns[J]. The Journal of Finance, 2009, 64(5): 2023-2052.

[188] Fazzari S., Hubbard R. G., Petersen B. C., Financing Constraints and Corporate Investment[J]. NBER Working Papers, 1988.

[189] Fazzari S. M., Hubbard R. G., Petersen B. C. Investment-cash Flow Sensitivities are Useful: A Comment on Kaplan and Zingales[J]. Quarterly Journal of Economics, 2000, 115(2): 695-705.

[190] Foley C. F., Greenwood R. The Evolution of Corporate Ownership After the IPO: The Impact of Investor Protection [J]. Review of Financial Studies, 2010, 9(3): 1231-1260.

[191] Frankel R., Li X. Characteristics of a Firm's Information Environment and the Information Asymmetry between Outsiders and Insiders[J]. Journal of Accounting and Economics, 2004, 37(2): 229-259.

[192] Galbraith J. K. The Affluent Society[M]. NY: Mentor, 1970.

[193] Galindo A., Schiantarelli F., Weiss A. Does Financial Liberalization Improve the Allocation of Investment: Micro-evidence from Developing Countries[J]. Journal of Development Economics, 2007, 83(2):

562-587.

[194] Gallarotti G. M. Robert Jervis: System Effects: Complexity in Political and Social Life[J]. Constitutional Political Economy, 2000, 11(3): 281-283.

[195] Gertler M. Financial Capacity and Output Fluctuations in an Economy with Multi-period Financial Relationships[J]. The Review of Economic Studies, 1992, 59(3): 455-472.

[196] Gillen M. The Role of Securities Regulation in Promoting a Competitive Capital Market [J]. Modernize Securities Legislation in Canada, Working Paper, 2006.

[197] Glaeser E., Shleifer A. A Reason for Quantity Regulation [J]. American Economic Review, 2001, 91(2): 431-435.

[198] Glaeser E., Shleifer A. Legal Origins [J]. Quarterly Journal of Economics, 2002, 117(4): 1193-1230.

[199] Glaeser E., Shleifer A. The Rise of the Regulatory State[J]. Journal of Economic Literature, 2003, 41(2): 401-425.

[200] Goodhart C., Sunirand P., Tsomocos D. A model to Analyse Financial Fragility[J]. Economic Theory, 2006, 27(1): 107-142.

[201] Goss A., Roberts G. S. The Impact of Corporate Social Responsibility on the Cost of Bank Loans[J]. Journal of Bankingand Finance, 2001, 35(7): 1794-1810.

[202] Greenwald B., Stiglitz J. E., Weiss A. Informational Imperfections in the Capital Market and Macroeconomic Fluctuations[J]. The American Economic Review, 1984, 74(2): 194-199.

[203] Greenwald B. C., Stiglitz J. E. Externalities in Economies with Imperfect Information and Incomplete Markets[J]. Quarterly Journal of Economics, 1986, 101(3): 229-264.

[204] Grossman S., Hart O. Disclosure Laws and Takeover Bids[J]. Journal of Finance, 1980, 35(2): 323-334.

[205] Hadlock C. J., Pierce J. R. Does the KZ Index Provide a Useful Measure of Financial Constraints? [J]. Review of Financial Studies, 2009.

[206] Hahn J., Lee H. Financial Constraints, Debt Capacity, and the Cross-section of Stock Returns[J]. The Journal of Finance, 2009, 64(2): 891-921.

[207] Hart O. Regulation and Sarbanes-Oxley [J]. Journal of Accounting Research, 2009, 47(2): 437-445.

[208] Haw I-M, Qi D., Wu D. et al. Market Consequences of Earnings Management in Response to Security Regulations in China [J]. Contemporary Accounting Research, 2005, 22(1): 95-140.

[209] Hay J., Shleifer A. Private Enforcement of Public Laws: A Theory of Legal Reform [J]. American Economic Review, 1998, 88 (2): 398-403.

[210] Hennessy C. A. Tobin Q, Debt Overhang, and Investment[J]. The Journal of Finance, 2004, 59(4): 1717-1742.

[211] Heritage Foundation. Economic Freedom Indices: Explore the Data. Available at http: //www. heritage. org/Index/Explore. aspx, 2015.

[212] Hickman W. B. Corporate Bond Quality and Investor Experience[J]. The American Economic Review, 1959, 49(10): 188-190.

[213] Huber P. Stock Market Returns in Thin Markets: Evidence From theVienna Stock Exchange[J]. Applied Financial Economics, 1997, 7(5): 493-498.

[214] Jensen M. C., Meckling W. H. Theory of the Firm: Managerial Behavior, Agency Costs, and Ownership Structure [M]. Springer Netherlands, 1976.

[215] Joe J. R., Louis H., Robinson D. Managers' and Investors' Responses to Media Exposure of Board Ineffectiveness[J]. Journal of Financial and Quantitative Analysis, 2009, 44(3): 579-605.

[216] Johnson S., Mitton T. Cronyism and Capital Controls: Evidence from Malaysia [J]. Journal of Financial Economics, 2003, 67 (2): 351-382.

[217] Kahan M., Rock E. B. Hedge Funds in Corporate Governance and Corporate Control [J]. University of Pennsylvania Law Review, 2006, 155(3): 1021-1093.

[218] Kaplan S. N., Zingales L. Do Financing Constraints Explain Why Investment is Correlated with Cash Flow? [J]. Quarterly Journal of Economics, 1997, 112: 169-215.

[219] Kaufmann D., Kraay A., Mastruzzi M. The Worldwide Governance Indicators: A Summary of Methodology, Data and Analytical Issues, World Bank Policy Research Working Paper, 2010(5430).

[220] Kethineni V. Political Economy of State Intervention in Health Care [J]. Economic and Political Weekly, 1991, 26 (42): 2427-2433.

[221] Khurana I. K., Martin X., Pereira R. Financial Development and the Cash Flow Sensitivity of Cash [J]. The Journal of Financial and Quantitative Analysis, 2006, 41(4): 787-807.

[222] Khwaja A. L., Mian A. Unchecked Intermediaries: Price Manipulation in an Emerging Stock Market [J]. Journal of Financial Economics, 2005, 78: 203-241.

[223] King R. G., Levine R. Finance, Entrepreneurship and Growth [J]. Journal of Monetary Economics, 1993, 32(3): 513-542.

[224] Klapper L. F., Love I. Corporate Governance, Investor Protection, and Performance in Emerging Markets [J]. Journal of Corporate Finance, 2004, 10(5): 703-728.

[225] La Porta R., Lopez-De-Silanes F., Shleifer A., et al. Legal Determinants of External Finance [J]. The Journal of Finance, 1997, 52(3): 1131-1150.

[226] La Porta R., Lopez-De-Silanes F., Shleifer A. et al. Law and Finance [J]. Journal of Political Economy, 1998, 106 (6): 1113-1155.

[227] La Porta R., Lopez-De-Silanes F., Shleifer A. What Works in Securities Laws? [J]. The Journal of Finance, 2006, 6(1): 1-32.

[228] La Porta R., Lopez-De-Silanes F., Shleifer A., et al. The Quality of Government [J]. Journal of Law, Economics and Organizations, 1999, 15(1): 222-279.

[229] La Porta R., Lopez-de-Silanes F., Shleifer A. et al. Vishny R. Investor Protection and Corporate Governance [J]. Journal of Financial Economics, 2000, 58(1): 3-27.

[230] La Porta R., Lopez-de-Silanes F., Shleifer A. et al. Investor Protection and Corporate Valuation [J]. Journal of Finance, 2002, 57(3): 1147-1170.

[231] Lambert R., Leuz C., Verrecchia R. E. Accounting Information, Disclosure, and the Cost of Capital [J]. Journal of Accounting Research, 2007, 45(2): 385-420.

[232] Lambiase A. The Role of State Securities Regulators in Protecting Investors [J]. President North American Securities Administrators Association, Working Paper, 2004.

[233] Lehne R. Government and Business: American Political Economy in Comparative Perspective [M]. Washington, DC: CQ Press, 2006.

[234] Leuz C., Nanda D., Wysocki P. D. Earnings Management and Investor Protection: An International Comparison [J]. Journal of Financial Economics, 2003, 69(3): 505-527.

[235] Leuz C., Verrecchia R. E. The Economic Consequences of Increased Disclosure [J]. Journal of Accounting Research, 2000, 38 (9): 91-136.

[236] Leuza C., Nandab D., Wysockic P. D. Earnings Management and

Investor Protection: An International Comparison [J]. Journal of Financial Economics, 2003, 69(3): 505-527.

[237] Levine R. Financial Development and Economic Growth: Views and Agenda [J]. Journal of Economic Literature, 1997, 35 (2): 688-726.

[238] Levine R., Zervos S. Stock Markets, Banks, and Economic Growth[J]. American Economic Review, 1998, 88(3): 537-558.

[239] Lin C., Ma Y., Malatesta P. et al. H. Corporate Ownership Structure and Bank Loan Syndicate Structure [J]. Journal of Financial Economics, 2011, 7: 1-22.

[240] Liu B. X., McConnell J. J. The Role of the Media in Corporate Governance: Do the Media Influence Managers' Capital Allocation Decisions? [J]. Journal of Financial Economics, 2013, 110(1): 1-17.

[241] Love I. Financial Development and Financing Constraints: International Evidence from the Structural Investment Model [J]. Review of Financial Studies, 2003, 16(3): 765-791.

[242] MacKay P., Phillips G. M. How Does Industry Affect Firm Financial Structure? [J]. Review of Financial Studies, 2005, 18 (4): 1433-1466.

[243] Mclean R. D., Zhang T. Y., Zhao M. X. Why Does the Law Matter? Investor Protection and Its Effects on Investment, Finance, and Growth[J]. The Journal of Finance, 2012, 67(1): 314-350.

[244] Merton R. C. On the Pricing of Corporate Debt: The Risk Structure of Interest Rates[J]. The Journal of Finance, 1974, 29(2): 449-470.

[245] Modigliani F., Miller M. H. The Cost of Capital, Corporation Finance and the Theory of Investment[J]. The American Economic Review, 1958, 48(3): 261-297.

[246] Morck R., Yeung B., Yu W. The Information Content of Stock

Markets: Why Do Emerging Markets Have Synchronous Stock Price Movements[J]. Journal of Financial Economics, 2000, 58(1): 215-260.

[247] Morck R., Shleifer A., Vishny R. W. Alternative Mechanisms for Corporate Control[J]. American Economic Review, 1989, 79(4): 842-852.

[248] Myers S. C. The Capital Structure Puzzle[J]. The Journal of Finance, 1984, 39(3): 574-592.

[249] Myers S. C., Majluf N. S. Corporate Financing and Investment Decisions when Firms Have Information that Investors Do Not Have[J]. Journal of Financial Economics, 1984, 13(2): 187-221.

[250] Nodari G. Financial regulation policy uncertainty and credit spreads in the US[J]. Journal of Macroeconomics, 2014, 41: 122-132.

[251] Nourayi M. M. Stock Price Responses to the SEC's Enforcement Actions[J]. Journal of Accounting and Public Policy, 1995, 13(4): 333-347.

[252] Ogus A. I. Regulation: Legal Form and Economic Theory[M]. Oxford: Clarendon Press, 1994.

[253] Ogus A. I. Regulation: Legal Form and Economic Theory[M]. Oxford: Hart Publishing, 2004.

[254] Olley G. S., Pakes A. The Dynamics of Productivity in the Telecommunications Equipment Industry[J]. Econometrica, 1996, 64: 1263-1297.

[255] Owen B. M., Braeutigam R. The Regulation Game: Strategic Use of the Administrative Process[M]. Cambridge: Ballinger, 1978.

[256] Polk C., Sapienza P. The Stock Market and Corporate Investment: A Test of Catering Theory[J]. Review of Financial Studies, 2009, 22(1): 187-217.

[257] Povel P., Raith M. Financial Constraints and Product Market

Competition: Exante VS Expost Incentives[J]. International Journal of Industrial Organization, 2004, 22(7): 917-949.

[258] Rajan R., Zingales L. Saving capitalism from the capitalists [J]. Working Paper, 2003.

[259] Rajan R. G., Zingales L. Which Capitalism? Lessons form the East Asian Crisis [J]. Journal of Applied Corporate Finance, 1998, 11(3): 40-48.

[260] Rauh J. D. Investment and Financing Constraints: Evidence from the Funding of Corporate Pension Plans [J]. The Journal of Finance, 2006, 61(1): 33-71.

[261] Richardson B. A., Richardson M. J., González G. et al. A Canopy Trimming Experiment in Puerto Rico: the Response of Litter Invertebrate Communities to Canopy Loss and Debris Deposition in a Tropical Forest Subject to Hurricanes [J]. Ecosystems, 2010, 13(2): 286-301.

[262] Richardson S. Over-investment of Free Cash Flow [J]. Review of Accounting Studies, 2006, 11(2-3): 159-189.

[263] Roe G. In Defense of Milankovitch[J]. Geophysical Research Letters, 2006, 33(24): 1-5.

[264] Romano R. The Need for Competition in International Securities Regulation[J]. Theoretical Inquiries in Law, 2001, 2(2): 1-179.

[265] Ryoo H. J., Smith G. Korean Stock Prices Under Price Limits: Variance Ratio Tests of Random Walks [J]. Applied Financial Economics, 2002, 12(8): 545-553.

[266] Shleifer A., Wolfenzonb D. Investor Protection and Equity Markets[J]. Journal of Financial Economics, 2002, 66(1): 3-27.

[267] Shleifer A., Vishny R. W. Politicians and Firms [J]. Quarterly Journal of Economics, 1994, 109(4): 995-1025.

[268] Shleifer A., Vishny R. W. Corruption [J]. Quarterly Journal of

Economics, 1993, 108(3): 599-618.

[269] Shleifer A., Vishny R. W. Large Shareholders and Corporate Control[J]. Journal of Political Economy, 1986, 94(3): 461-488.

[270] Sisli-Ciamarra E. Monitoring by Affiliated Bankers on Board of Directors: Evidence from Corporate Financing Outcomes[J]. Financial Management, 2012, 41(3): 665-702.

[271] Stiglitz J. E., Weiss A. Credit Rationing in Markets with Imperfect Information[J]. Journal American Economic Review, 1981, 71(3): 393-410.

[272] Stulz R. M. Managerial Discretion and Optimal Financing Policies[J]. Journal of Financial Economics, 1990, 26(1): 3-27.

[273] Tetlock P. C. Does Public Financial News Resolve Asymmetric Information [J]. Review of Financial Studies, 2010, 23 (9): 3520-3557.

[274] Titman S., Wei K. C., Xie F. Capital Investments and Stock Returns[J]. Journal of Financial and Quantitative Analysis, 2004, 39 (4): 677-700.

[275] Verdi R. S. Financial Reporting Quality and Investment Efficiency[J]. Working Paper, 2006.

[276] Viscusi W. K., Harrington J. E., Vernon J. M. Economics of Regulation and Antitrust[M]. Cambridge: MIT Press, 2005.

[277] Wang H. J. A Stochastic Frontier Analysis of Financing Constraints on Investment: The Case of Financial Liberalization in Taiwan [J]. Journal of Business and Economic Statistics, 2003, 21(3): 406-419.

[278] Westley C. Government Regulation and Income Inequality in the United States, 1970-1990 [J]. Applied Economics Letters, 1998, 5: 805-808.

[279] Whited T. M. Debt, Liquidity Constraints and Corporate Investment: Evidence from Panel Data[J]. Journal of Finance, 1992, 47(4):

1425-1460.

[280] Wurgler J. Financial Markets and the Allocation of Capital[J]. Journal of Financial Economics, 2000, 58(1): 187-214.

[281] Zingales L. In Search of New Foundations[J]. The Journal of Finance, 2000, 55(4): 1623-1653.

[282] Zingales L. The Future of Securities Regulation [J]. Journal of Accounting Research, 2009, 47(2): 391-425.

后　　记

此书的底稿为我在博士阶段的学位论文。2012 年，我选择中央财经大学开启我的博士生涯，因为这里有着众多优秀的老师与学者，引领我走进学术的殿堂。三年的中央财经大学生活，转瞬即逝。蓦然回首，过往岁月，仍历历在目。回顾三年来的学习与生活，对于当初的选择，备感欣慰。在中央财经大学求学的这段时间无疑是我人生中最重要的转折阶段，这里给了我许多崭新的“开始”；让我有机会接受规范的学术训练；有机会与国内外知名学者交流学习；有机会认识许多良师益友并与他们共同进步。

博士阶段的研究方向一度影响着我随后的科研方向。近五年来，我的学术关注点始终围绕债券市场相关问题，与其结下了不解之缘。因此，在债券市场的研究中，我自然而然地研究了债券市场监管与社会监督对于投资者利益保护的作用，两者具有很强的互补效应。本书也对债券市场相关监管制度进行了回归与总结，对相关后续研究问题也进行了阐释。正是在这种影响下，在武汉大学经济与管理学院工作期间，我进一步从信用评级机构这一信息中介对债券市场相关问题进行分析与研究。

本书主要分为 8 章：第 1 章为引言，介绍债券市场的现实背景，以及研究问题的原因与研究内容；第 2 章为理论基础与文献综述，对目前债券市场相关理论与相关文献进行综述；第 3 章为债券市场制度背景与现状，介绍了债券市场相关制度变迁与监管现状；第 4 章则从博弈论角度分析了政府监管家与社会监督的互补性；第 5 章到第 7 章则是从融资约束、资源配置效率与债权人财富角度实证分析政府监管与社会监督的互补性；第 8 章则对本书的研究结论与政策建议进行了总结。

本书的写作和出版，得到了国家自然科学基金青年项目、教育部人文社会科学青年项目以及武汉大学自主科研(人文社会科学)青年项目的资助。另外，本书也得到武汉大学经济与管理学院与武汉大学出版社的大力支持，在此，对各方领导的关心以及编辑陈红老师的帮助表示由衷的感谢。

林晚发

2018 年 8 月 1 日

武昌珞珈山